U0499455

第七届孙冶方经济学家发展论坛报告（2024）

The Seventh Sun Yefang Economist Development Forum Report 2024

新质生产力与中国式现代化

孙冶方经济科学基金会

浙江省社会科学界联合会　编写

浙江财经大学

中国财经出版传媒集团

经济科学出版社
Economic Science Press

·北京·

图书在版编目（CIP）数据

新质生产力与中国式现代化 / 孙冶方经济科学基金会，浙江省社会科学界联合会，浙江财经大学编写 . 北京 ：经济科学出版社，2024. 11. -- ISBN 978 -7 -5218 -6467 -0

Ⅰ. F120. 2；D61

中国国家版本馆 CIP 数据核字第 2024CZ3715 号

责任编辑：王红英　汪武静
责任校对：易　超
责任印制：邱　天

新质生产力与中国式现代化
孙冶方经济科学基金会
浙江省社会科学界联合会　编写
浙江财经大学
经济科学出版社出版、发行　新华书店经销
社址：北京市海淀区阜成路甲 28 号　邮编：100142
总编部电话：010 -88191217　发行部电话：010 -88191522
网址：www. esp. com. cn
电子邮箱：esp@ esp. com. cn
天猫网店：经济科学出版社旗舰店
网址：http：//jjkxcbs. tmall. com
固安华明印业有限公司印装
710 ×1000　16 开　23. 75 印张　280000 字
2024 年 11 月第 1 版　2024 年 11 月第 1 次印刷
ISBN 978 -7 -5218 -6467 -0　定价：78. 00 元
（图书出现印装问题，本社负责调换。电话：010 -88191545）

第七届孙冶方经济学家发展论坛报告（2024）
《新质生产力与中国式现代化》
编委会

序　言

孙冶方经济学家发展论坛（原中国经济学家高端论坛）由孙冶方经济科学基金会、浙江省社会科学界联合会担任学术指导，浙江财经大学主办。本论坛从2017年举办第一届起，现已经成功举办了六届，旨在搭建国内深入探讨中国经济社会发展前沿问题、梳理总结地方改革实践经验的高端学术交流平台。论坛传承以孙冶方为代表的老一辈经济学家“敬畏规律、守护真理”精神，遵循“促进经济理论创新、推动经济科学发展”宗旨，聚焦热点，崇实创新。论坛聚焦中央经济工作会议精神和全国两会经济议题，汇聚国内外著名专家学者，为全面深化经济体制改革建言献策，推动经济学科发展推陈出新。

2023 年 9 月，习近平总书记在黑龙江考察调研期间首次提到“新质生产力”。[①] 2024 年 1 月 31 日，习近平在中共中央政治局第十一次集体学习时强调，加快发展新质生产力，扎实推进高质量发展。[②] 为了更好地阐释新质生产力的深刻内涵与本质要求，探索新质生产力发展实践，同时践行“真”“情”“实”“意”总要求，创新发展新时代浙学，在孙冶方经济科学基金会、浙江省社会科学界联合会指导下，浙江财经大学于 2024 年 5 月 18 日举办第七届孙冶方经济学家发展论坛。本次论坛主题是“新质生产力与中国式现代化”，同时本次论坛也是省社科联学术年会活动主题“践行‘真’‘情’‘实’‘意’总要求，创新发展新时代浙学”的系列学术活动之一。本次论坛设立了若干平行论坛，供与会者进行深入研讨和交流。

本次会议的主论坛由浙江财经大学科研处、钱塘区社会科学界联合会承办。浙江省社会科学界联合会副主席陈先春、孙冶方经济科学基金会副秘书长周济、浙江财经大学党委书记李金昌为大会致辞，浙江财经大学党委副书记、副校长（主持行政日常工作）魏江主持论坛开幕式。十四届全国政协常委、经济委员会副主任马建堂，中国人民大学原校长、教授刘伟，中国社会科学院工业经济研究所所长、研究员史丹，南京大学商学院教授、经济增长研究院院长沈坤荣，上海财经大学公共经济与管理学院院长、教授范子英，杭州电子科技大学副校长、新质生产力研究院副院长、教授周青六

① 习近平总书记强调的“新质生产力”［N］. 人民网，2024－03－18.

② 习近平在中共中央政治局第十一次集体学习时强调加快发展新质生产力扎实推进高质量发展［N］. 新华网，2024－02－01.

位专家分别围绕深入学习新质生产力理论、以科技创新、体制变革推动新质生产力发展，科学认识与切实发展新质生产力，新质生产力与新兴产业发展，厚植新质生产力，增强发展新动能，从索罗悖论到新质生产力，推进标准化建设赋能新质生产力发展为主题进行主旨报告。浙江财经大学教授李永友和浙江财经大学科研处处长、教授王建明主持主论坛主旨演讲。浙江财经大学校领导班子，孙冶方经济学科学基金会代表，杭州市钱塘区管委会代表，企业界、新闻界、出版界代表，中国人民大学、中国社会科学院、浙江大学、南京大学、同济大学、上海财经大学、中央财经大学和浙江财经大学等国内高等院校和科研单位代表共600余人参加了此次论坛。

本次论坛还包括六个分论坛。分论坛一题为“新质生产力与高质量发展”，由浙江财经大学经济学院、中国政府监管研究院承办，经济学院院长罗俊与经济学院副院长王岭共同主持。浙江大学民营经济研究中心主任潘士远、复旦大学经济学院副院长寇宗来、浙江大学劳动经济研究所副所长张川川、浙江大学中国农村发展研究院常务副院长龚斌磊、浙江财经大学中国政府监管研究院院长金通、浙江财经大学经济学院教授李玉花等专家学者出席。

分论坛二题为“新质生产力与积极财政政策”，由浙江财经大学财政税务学院承办，财政税务学院院长付文林主持。中国人民大学国家发展与战略研究院教授尹恒、山东大学经济学院教授汤玉刚、东北财经大学东北全面振兴研究院教授周波、南京大学商学院（准聘）副教授金刚、湖南大学经济与贸易学院副教授冀云阳，以及浙江财经大学财政税务学院教授金戈、教授鲁建坤和副教授田磊等专家学者出席。

分论坛三题为“新质生产力与金融强国”，由浙江财经大学金融学院、盈阳金融科技学院承办，金融学院副院长金骋路和林祺共同主持。中央财经大学金融学院副院长彭俞超、西南财经大学中国金融研究院副院长董青马、北京师范大学金融系主任胡海峰、同济大学经济与管理学院党委副书记阮青松、浙江大学经济学院金融系副系主任骆兴国、宁波通商银行总行风险部模型管理专家潘陈新以及浙江财经大学金融创新与普惠金融研究中心主任陈荣达等专家学者出席。

分论坛四题为“新质生产力与评价监测”，由浙江财经大学数据科学学院承办，浙江财经大学党委书记李金昌与江西财经大学教授罗良清共同主持。江西财经大学讲席教授邱东、河南大学特聘教授肖红叶、国家统计局统计科学研究所研究员何强、河北省投入产出与大数据研究院院长宋辉、浙江财经大学数据科学学院院长洪兴建等专家学者出席。

分论坛五题为“新质生产力与数智创新创业”，由浙江财经大学管理学院承办，管理学院副院长戴维奇主持。中央党校经济学部主任赵振华，中国科学技术大学二级教授、EMBA 中心主任刘志迎，清华大学长聘教授、社科学院经济所副所长戎珂，杭州电子科技大学管理学院院长杨伟，北京理工大学副研究员尹西明等专家学者出席。

分论坛六题为“新质生产力与治理现代化”，由浙江财经大学公共管理学院承办，公共管理学院副院长黄志岭主持。上海财经大学社会保障研究中心主任杨翠迎、浙江工商大学公共管理学院副院长黄红华和英贤慈善学院副院长周俊、浙江大学中国地方政府创新研究中心主任陈国权以及浙江财经大学公共管理学院教授杨雪锋和金太军等专家学者出席。

《新质生产力与中国式现代化》是第七届孙冶方经济学家发展论坛主办方在会场速记和现场录音摄像的基础上，精心梳理与会专家的演讲与互动内容，提炼核心观点后整理而成的成果。由经济科学出版社正式出版，目的是让更多的人能够了解与会专家学者的精彩演讲和独到观点，增强更多读者对新质生产力与中国式现代化的认识和实践。

目录

Contents

论坛开幕式

主旨报告

分论坛一：新质生产力与高质量发展

分论坛二：新质生产力与积极财政政策

分论坛三：新质生产力与金融强国

分论坛四：新质生产力与评价监测

分论坛五：新质生产力与数智创新创业

分论坛六：新质生产力与治理现代化

论坛开幕式 

浙江财经大学党委副书记、副校长魏江主持开幕式

浙江省社会科学界联合会副主席陈先春致辞

孙冶方经济科学基金会副秘书长周济致辞

浙江财经大学党委书记李金昌致辞

论坛开幕式

浙江财经大学党委副书记、副校长魏江主持开幕式

尊敬的各位领导、各位嘉宾，老师们、同学们：

大家上午好！

孟夏时节、万物并秀。在这美好时刻，得益于孙冶方经济科学基金会、浙江省社会科学界联合会的精心指导，以及兄弟院校和科研机构的大力支持，由浙江财经大学主办的第七届孙冶方经济学家发展论坛，在钱塘江畔正式开幕了。

今年是浙江财经大学建校50周年，当前，我校正全面谋定实施“新财经战略”，昂首奋进在一流财经大学建设的新征程上。在此学校发展的重要时刻，你们的到来是对我校最大的关心厚爱，也是给予我校的发展赋能。

孙冶方经济学家发展论坛自2017年发起以来，已连续举办了六届。论坛邀请国内外著名专家学者，围绕中国经济社会发展前沿问题和创新观点展开对话交流，承载着为全面深化经济体制改革建言献策，推动经济学科发展推陈出新的崇高使命。本届论坛将深入学习贯彻中央经济工作会议和全国两会精神，以新质生产力与中国式现代化为主题，让我们共同期待论坛取得丰硕的成果。

下面，我非常荣幸地向大家介绍出席今天论坛的各位领导和嘉宾。他们是十四届全国政协常委、经济委员会副主任马建堂先生，中国人民大学原校长、国家一级教授刘伟先生，中国社会科学院工业经济研究所所长、研究员史丹女士，浙江省社会科学界联合会党组成员、副主席陈先春先生，孙冶方经济科学基金会副秘书长周济先生，南京大学商学院教授、经济增长研究院院长沈坤荣先生，上海财经大学公共经济与管理学院院长范子英先生，杭州电子科技大学副校长周青先生，浙江财经大学党委书记李金昌先生，钱塘新区党工委委员、区委常委、宣传部部长刘国娟女士，钱塘新区管委会副主任、区政府党组成员李俊女士。

由于时间关系，出席各分论坛的演讲嘉宾，在这里就不一一介绍了，后面的主题发言环节再逐一推出介绍。

出席今天论坛的还有孙冶方经济科学基金会秘书处领导，浙江省社会科学界联合会相关处室领导，钱塘区相关部门、平台、街道领导、省内外兄弟高校同仁，新闻出版界朋友以及浙江财经大学部分校友、师生代表。

让我们以最热烈的掌声，对大家的到来表示诚挚的欢迎和衷心的感谢！

我们相信本次论坛在接下来的时间，能够取得丰硕的理论与实践相结合，历史与时代相结合的理论成果和实践成果。

浙江省社会科学界联合会副主席陈先春致辞

各位嘉宾、专家学者，同志们、朋友们：

大家上午好！

今天，由孙冶方经济科学基金会、浙江省社会科学界联合会担任学术指导，浙江财经大学主办的第七届孙冶方经济学家发展论坛在这里隆重举行。论坛举办方诚挚邀请我参加这样一个高层次的学术论坛，我深感荣幸，也很高兴。首先，请允许我代表浙江省社会科学界联合会对本次论坛的顺利举办表示热烈的祝贺！向出席本次论坛的各位嘉宾、专家学者表示热烈的欢迎和诚挚的问候！

我国正处于实现“两个一百年”奋斗目标、实现中华民族伟大复兴的关键历史时期。随着我国进入高质量发展阶段，习近平总书记创造性提出发展新质生产力重大论断，这既是习近平经济思想的最新成果，更对新时代新征程推动高质量发展、推进中国式现代化具有重大现实意义和深远历史意义。实际上，浙江省关于当代生产力发展规律的探索早已开始。21 世纪初，时任浙江省委书记的习近平同志就明确强调要推进科技进步、提高自主创新能力、提升产业层次、实现“凤凰涅槃”，并为浙江省量身定制了“八八战略”这一省域发展的总纲领总方略。20 多年来，历届浙江省委深化落实“八八战略”，持续推进科技创新、紧抓人才第一资源、率先发展数字经济、始终坚持绿色发展和激发民营企业活力等重要举措，不断推动省域高质量发展，为形成和发展新质生产力提供了浙江样本。

今年我们浙江省社会科学界联合会学术年会的活动主题是：践行“真”“情”“实”“意”总要求，创新发展新时代哲学。这次第七届孙冶方经济学家发展论坛，聚焦“新质生产力”这一重大理论和实践命题，是积极响应习近平总书记在中共中央政治局第十一次集体学习时关于“加快发展新质生产力，扎实推进高质量发展”的号召，也是积极践行2004年12月23日，时任浙江省委书记习近平同志在浙江省哲学社会科学界联合会第五届代表大会上对广大社科工作者坚持“真”“情”“实”“意”的要求：各学术社团应坚持以习近平新时代中国特色社会主义思想为指导，发挥学术团体在理论研究、决策咨询等方面的作用，团结凝聚各领域的专家学者，从丰富的实践中研究问题，汲取养分，提出真知灼见，创造学术精品，特别是，目前对新的生产力理论、与新质生产力相适应的新型生产关系等领域开展深入的理论研究，为推动浙江省的高质量发展迈上新台阶发挥社科界的积极作用。

作为浙江省社会科学界的一员，浙江财经大学是省重点建设高校和省高水平建设大学，是浙江省提升人文社会科学的学术水平，推动哲学社会科学繁荣的重要力量之一。做好新质生产力体系化研究、学理化阐释和大众化传播，应积极作为，也大有可为。我也相信本次论坛的成果将推进新质生产力理论创新，也必将为推动浙江省经济高质量发展提供实践指导。

最后，我代表浙江省社会科学界联合会对论坛的举办方浙江财经大学表示由衷的感谢!

预祝本次论坛圆满成功!祝各位远道而来的嘉宾、朋友们身体健康、工作顺利，在杭州度过美好的时光，留下美好的回忆!

谢谢大家!

孙冶方经济科学基金会副秘书长周济致辞

尊敬的各位领导、各位嘉宾，老师们、同学们：

大家上午好！

今天我们相聚在杭州钱塘江畔的浙江财经大学，隆重举行第七届孙冶方经济学家发展论坛。首先，我代表孙冶方经济科学基金会向本届论坛的成功召开表示衷心的祝贺！

孙冶方经济学家发展论坛由孙冶方经济科学基金会和浙江省社会科学界联合会担任学术指导，浙江财经大学举办，于2017年4月举办了第一届，至今已成功举办了六届。论坛旨在传承以孙冶方为代表的老一辈经济学家敬畏规律、守护真理的精神，聚焦中央经济工作会议精神和全国两会经济议题，深入探讨中国经济社会发展的前沿问题，梳理总结地方改革的经验，已成为我国经济学领域具有较大影响力的高端学术交流平台。

改革开放四十多年来，中国的经济飞速发展，生产力快速提升，取得了举世瞩目的发展成就，这些成就不仅让中国人民快速实现了从站起来到富起来的伟大飞跃，也为全球的经济发展和社会繁荣作出了巨大贡献。

近些年来，国际局势深刻变化，全球发展格局调整，以及自然、环境、人口结构等条件日益加剧，一场由生产力变革推动的全新经济体系亟待建立，新的经济发展模式需要新的经济理论。在此背景下，2023 年 9 月，习近平总书记在黑龙江考察期间，首次提出“新质生产力”一词，强调要积极培育新能源、新材料、先进制造、电子信息等战略性新兴产业，积极培育未来产业，加快形成新质生产力，增强发展新动能。[①] 此后，习近平总书记又在多个重要场合做了深入论述。习近平总书记关于新质生产力的重要论述，为我们在新发展阶段打造经济发展新引擎、增强发展新动能、构建发展新优势，提供了重要指引和根本遵循。

本届论坛积极响应习近平总书记关于新质生产力的发展要求，以新质生产力与中国式现代化为主题，紧扣当前经济热点，汇聚学界资深学者、政府工作人员以及业界精英，碰撞思想、交流观点、百家争鸣，深入探讨新质生产力的时代内涵，以及推动中国式现代化的实现路径。相信本届论坛一定能启发创新思维，启迪发展思路，丰富发展理论，为培育新质生产力、探索发展新动能、实现高质量发展作出贡献。

今年恰逢浙江财经大学 50 周年校庆，短短 50 年，浙江财经大学形成了完善的培养体系和综合的学科体系，实现了跨越式发展，为国家输送了大量的高质量人才。在此，我谨代表孙冶方科学基金会向浙江财经大学 50 周年校庆表示衷心的祝贺，也感谢浙江财经大学对我们合作共建的孙冶方经济科学奖文献馆工作的大力支持。感谢浙江财经大学图书馆在文献馆建设与宣传孙冶方经济科学基金会、扩大孙冶方经济科学奖的社会影响等方面做出的努力。我们也为文献馆成为浙江省社会科学普及基地、大中小幼一体化思政教育

① 习近平总书记强调的“新质生产力”［N］. 学习时报，2024 - 03 - 18.

基地感到由衷的高兴。

衷心祝愿浙江财经大学继往开来，再创辉煌，早日实现新财经战略目标与高水平大学建设目标，也祝愿孙冶方经济科学奖文献馆与孙冶方经济学家发展论坛越办越好，为学校特色发展与社会服务贡献更大的力量。

最后，预祝本届论坛圆满成功，谢谢大家！

浙江财经大学党委书记李金昌致辞

尊敬的各位领导、各位来宾，老师们、同学们：

大家上午好！

在这惠风和畅、繁花似锦的美好时节，很高兴与大家再次相聚在奔腾的钱塘江畔、美丽的浙财校园。今天，我们在这里隆重举行第七届孙冶方经济学家发展论坛。首先，我谨代表浙江财经大学，对各位领导嘉宾的到来表示最热烈的欢迎！向长期以来支持学校建设发展的各位朋友表示最衷心的感谢！

习近平指出，科技创新能够催生新产业、新模式、新动能，是发展新质生产力的核心要素。必须加强科技创新特别是原创性、颠覆性科技创新，加快实现高水平科技自立自强，打好关键核心技术攻坚战，使原创性、颠覆性科技创新成果竞相涌现，培育发展新质生产力的新动能。① 当前，新质生产力已然成为推动高质量发展、实现新型工业化的重要推动力，是撬动中国经济高质量发展的关键支点。习近平总书记关于新质生产力的系列重要论述，为我们在新发展阶段打造经济发展新引擎、增强发展新动能、构筑发展新优势提供了重要遵循和方向指引。

作为浙江省新一轮高水平大学建设高校，浙江财经大学充分依

① 习近平在中共中央政治局第十一次集体学习时强调 加快发展新质生产力 扎实推进高质量发展［N］. 新华网，2024－02－01.

托学科特色与科研优势，积极服务国家战略和浙江经济社会重大发展需求，聚焦新质生产力、中国式现代化、共同富裕等重大时代课题，产出了一批时代性、原创性、引领性成果。近年来，学校承担国家社科基金重大项目立项数居全国第 51 位、全国财经类高校前列；41 项研究报告得到党和国家领导人重要批示；在第九届高等学校科学研究优秀成果奖（人文社会科学）中获 7 项奖励，其中一等奖 1 项，二等奖 3 项，三等奖 3 项，获奖数居全国财经类高校和浙江省属高校前列。

面向未来，学校将全面推进“新财经战略”，以新学科体系为引领、新培养体系为基础、新生态体系为支撑、新治理体系为保障，加快形成“学科—科研—人才”三位一体发展格局和“教育—科技—人才”一体化发展模式，全力推进特色鲜明的一流财经大学建设。

今年，学校将中国经济学家高端论坛更名为孙冶方经济学家发展论坛。虽然名称有所变化，但我们始终秉持论坛宗旨，与广大专家和同仁一道，全面聚焦国家和社会重大需求，持续探讨中国经济社会发展的前沿问题，自觉以回答“中国之问、世界之问、人民之问、时代之问”为学术己任，为推进高质量发展、强国建设、民族复兴提供理论支撑和智力支持。本届论坛以“新质生产力与中国式现代化”为主题开展深入的学术交流，既是对国家宏大叙事的关注，也是对国家关于推动新质生产力发展号召的积极响应。

友谊只有交流才能加深，智慧只有碰撞才能升华。我们期待来自全国各地的专家学者能够积极围绕论坛主题，展开互动交流与讨论，立足实际问题、梳理发展脉络、研讨发展方向，形成更多有益于推动中国式现代化发展的箴言良策，为新质生产力和中国式现代化的创新与实践注入源源不断的动力和活力。

最后，预祝本次论坛圆满成功！

祝与会的各位嘉宾、朋友们身体健康、工作顺利！

谢谢大家！

主旨报告 

主旨报告

深入学习新质生产力理论，以科技创新、体制变革推动新质生产力发展

马建堂*

尊敬的李书记、陈主席、刘校长、史所长、周秘书长，尊敬的各位老师、各位同学：

非常高兴来到浙江财经大学和老师同学们一起分享学习习近平总书记关于新质生产力理论的一些体会。

我这篇体会的题目是“深入学习新质生产力理论，以科技创新、体制变革推动新质生产力发展”。习近平总书记 2024 年 1 月 31 日在中央政治局第一次集体学习时强调，新质生产力是创新起主导作用，摆脱传统经济增长方式、生产力发展路径，具有高科技、高

---

* 报告人简介：马建堂：现任十四届全国政协常委、经济委员会副主任，经济学博士，研究员。曾任国务院发展研究中心宏观调节部部长，原国家经济贸易委员会综合司司长、副秘书长，国务院国有资产监督管理委员会副秘书长，青海省委常委、副省长，国家统计局党组书记、局长，国家行政学院党委副书记、常务副院长，国务院发展研究中心党组书记。中共第十八届中央委员会候补委员、委员。著有《周期波动与结构变动》《结构与行为——中国产业组织研究》《中国产业结构研究》《世纪之交的国有企业改革研究》等，曾获我国经济学最高奖——孙冶方经济科学奖，其“中国经济结构调整理论”获中国经济理论创新奖。主要研究领域：企业行为、产业结构、产业组织和宏观经济。

效能、高质量的特征，符合新发展理念的先进生产力质态。[①] 我们要认真学习这一极具前瞻性、战略性的指示，牢牢抓住科学发明、技术创新、产业创新和体制变革等关键环节，因地制宜加快发展新质生产力。

一、重视科技创新是中国共产党人的历史传承

1957 年 2 月，毛泽东主席在关于正确处理人民内部矛盾问题的著名讲话中指出，将我国建设成为一个具有现代工业、现代农业、现代科学文化的社会主义国家。[②] 1964 年 12 月，周恩来总理在政府工作报告中正式向全国人民提出了包括建设现代科学强国的四个现代化目标。[③] 改革开放以来，党中央更加重视科技创新。早在 1988 年 9 月 5 日，邓小平同志在会见捷克斯洛伐克总统时就提出科学技术是第一生产力的重要论断。[④] 这是对马克思科学技术观生产管理的继承和发展，把科学技术对于国家发展的重大意义提升到了前所未有的高度。

随后，党中央在此后的全党重点工作中不断地贯彻这一重要论断，深入实施科教兴国战略、人才强国战略，不断完善国家创新体系、建设创造型国家。特别是党的十八大以来，党中央提出创新是第一动力，全面实施创新驱动发展战略，建设科技强国。科技事业在中国式现代化历史征程中始终占据十分重要的战略地位，发挥了

---

① 习近平在中共中央政治局第十一次集体学习时强调 加快发展新质生产力 扎实推进高质量发展 [N]. 新华网，2024 - 02 - 01.

② 关于正确处理人民内部矛盾的问题 [N]. 人民日报，1957 - 06 - 19.

③ 周恩来与“四个现代化”的提出 [N]. 共产党员网，2023 - 03 - 05.

④ 40 年 40 个瞬间 | 邓小平：“科学技术是第一生产力” [N]. 中国经济周刊，2018 - 12 - 05.

极端重要的战略引领作用。

一方面，我国科技实力从量的积累迈向质的飞跃，从点的突破迈向系统能力的提升，基础研究源自创新，产业变革均取得重要进展；另一方面，面对我国包括科技在内的整个国家实力的跃升和崛起，美西方从狭隘的国家私利和偏执的意识形态出发，对我国科技实施全方位的精准围堵、遏制打压，企图延缓我国关键学科、重点产业、战略领域的科技突破与产业变革，幻想把我国若干产业遏制在中低端，不自量力地妄想以此遏制中华民族伟大复兴的历史进程。

面对中华民族伟大复兴进入加速期和战略全局，以及美西方与我国科技、军事、经济博弈斗争尖锐复杂的世界大局，习近平总书记站在中华民族加快屹立于世界之林的高度，指出把握高质量发展是新时代加快构建新发展格局的战略要求和时代使命。从 2023 年 9 月考察黑龙江起，短短半年的时间，总书记多次号召全党全面认识加快发展新质生产力，并对新质生产力的内涵与本质、特点与路径、体制变革与注意事项作了系统深入和十分具有针对性的论述和强调。我们要认真地学习领会。

二、发展新质生产力的论述是习近平经济思想的体系性理论升华

习近平经济思想是应用马克思政治经济学的基本原理，对新时代经济发展实践做出系统的理论概括，包括加强党对经济工作全面领导的保障论，坚持以人民为中心的立场论，进入新发展阶段的方位论，坚持新发展理念、构建新发展格局的路径论，以高质量发展实现中国式现代化的目标论，坚持和完善社会主义基本经济制度的方向论，坚持改革开放的实践创新和理论创新，坚持正确工作策略和方法的方法论。这些论述集中系统地总结并充分运用了我国经济发展的成功经验，又从新的实际出发，提出一系列的新理念、新思想、新战略，集中回答了进入新时代的经济“怎么办”、经济发展改革开放安全“如何干”等重大问题。

新质生产力理论的提出，是习近平经济思想的最新理论成果，是对习近平经济思想体系性的理论升华，是对马克思政治经济学的原创性贡献，是对马克思主义生产力学术的重大创新。

一是回答了新时代“发展什么样的生产力”“怎样发展生产力”的时代课题。马克思主义经济学家指出，物质生产力是全部社会生活的物质前提。邓小平同志指出，社会主义的任务很多，但根本一条就是发展生产力。习近平总书记提出加快发展新质生产力，深化了对社会主义根本任务的认识，明确新质生产力是创新起主导作用，摆脱传统经济增长方式的一种新型发展模式，生产力发展路径具有高科技、高效能、高质量特征，符合新发展理念的先进生产力质态；指出要加大创新力度，培育壮大新产业，超前布局建设未来产业，完善现代化产业体系，因地制宜发展生产力等一系列具体的指导方针。

二是更加突出科技创新在生产力发展中的核心作用。马克思明确了生产力中也包括科学的论断，劳动生产力是随着科学和技术的不断进步而不断发展的。毛泽东主席强调不搞科学技术，生产力就无法提高。邓小平同志指出，科学技术是第一生产力。习近平总书记指出，科技创新能够催生新业态、新产业、新模式、新动能，是发展新质生产力的核心要素。这进一步深化了对生产力动力机制的认识。

三是更重视生产力在“质”的方面变化。传统的生产力理论主要从两个方面认识生产力的发展。正如马克思在《资本论》中指出，生产力事实上是决定有目的的生产活动在一定时间内的效率。新质生产力的提出，进一步深化了对生产力“质”的规定性的认识。习近平总书记指出，新质生产力由技术革命性突破、生产要素创新性配置、产业深度转型升级而催生，以劳动者、劳动资料、劳动对象及其优化组合的要素为基本内涵，以全要素生产率大幅提升为核心的标志，突出了生产力“质”的变化，深化了对生产力演进规律的认识。

四是发展新质生产力将推动生产关系和社会交往方式的重大变革。生产力是推动社会进步最活跃、最革命的因素。中国率先发展新质生产力，将带来生产关系、上层建筑和社会交往方式重大变革，甚至根本性的重塑，将会促进生产方式、生活方式、社会交往方式巨大的转型，为发展中国家走向现代化作全新的选择。

三、以科技创新为本源，加快发展新质生产力

习近平总书记强调科技创新能够催生新产业、新模式、新动能，是发展新质生产力的核心要素。我的学习体会是，科技创新包含科学发现、技术创新和产业变革三个相互联系、相互转换、相互激发的环节。科学发现是科学家通过学习、观察、实验和推理等方式，揭示自然界和人类未知规律和现象的过程，它是原创性、颠覆性技术创新的基础；技术创新是将新的科学发现和知识创新应用于新技术、新工艺、新产品的过程，它是科学发现和知识创新的应用。产品变革是将科学发现和技术创新稳定可持续地应用于各类产业，并培育和创造新产业、新业态、新模式的过程。

发挥科技创新对发展新质生产力的本源作用。首先，要加强基础科学研究，要遵循科学规律，鼓励科学家自由畅想、大胆假设、认真求证。加快重组和构建国家科研的战略力量，大力培养科技领军人才，加快科研活动的协同创新，扩大开放合作，优化基础研究的布局，围绕国家科学前沿和国家需求部署重大科学问题，加大财政投入和政策的支持力度，同时鼓励社会力量设立科学基金。

其次，要加强科技成果的转化。如果说科学发现是解决 0 到 1 的问题，科技成果的转化就是要解决 1 到 10 的问题。鼓励科学家和科技工作者将基础研究与应用研究结合起来，以需求引领科学研究，以科技成果的应用带动科学研究的深化。要培养既懂科技又懂市场的科技成果转化人才，组建更多的专门从事科技成果转化的集体和主体。

再次，要将科技转化的成果不断地市场化、产业化。将科技成果转化为产品，这是第一步，要跃升为 10 到 100，就要不断通过连续的创新和优化，提高产品的良品率，降低成本，提高竞争力，逐步实现新产品的市场化、产业化，进而改造提升传统产业，培育壮大新兴产业，最后实现重大的产业变革，形成具有一流竞争力的产业集群。

最后，以深化科技体制改革为抓手，消除束缚新质生产力发展的堵点。习近平总书记强调发展新质生产力必须进一步全面深化改革，以形成与新质生产力发展要求相适应的生产关系，要切实调动所有科学家、科技工作者进行科技创新的积极性和使命感，全社会要真正地尊重科学、尊重知识、尊重人才，要健全知识基础要素参与收入分配的体制机制，更好地体现科学知识、技术人才的价值，完善人才培养、引进、使用、合理流动的工作机制。要改革科学研究和科技创新评价机制，使科学家、科技工作者进行科学规律的自由探索，也鼓励科学家、科技工作者以国家战略需求为己任，以市场需求为导向，尽可能把基础研究与应用研究相结合，将科技成果与经济建设相结合，防止简单地为争奖励、评职称、发论文而开展研究。要完善激励科技成果转化的体制机制，依据科学家、科技工作者在科技创新中的贡献，合理确立其在科技成果中的产权份额，依据科技贡献分享科技成果转让收入，并给予税收的优惠，打消科学家、科技工作者在分享科技成果转化时的各种各样的顾虑。

我就说到这里，谢谢各位！

科学认识与切实发展新质生产力

刘　伟*

尊敬的马建堂主任，史丹所长，还有李金昌书记和魏江校长，周济秘书长，陈先春主席，各位老师，亲爱的同学们，大家早上好。

首先非常感谢第七届孙冶方经济学家发展论坛邀请我来参加今天这样一个会。一方面，能为我提供一个向各位学习的好机会；另一方面，也有机会和一些新老朋友见个面，大家在一起让我感到很亲切。

我今天在这发言的题目有两个方面内容：一个是科学认识新质生产力范畴；另一个是强调切实发展新质生产力。

新质生产力这个问题，习近平总书记2023年在考察四川省、黑龙江省等的时候发表了重要讲话时就提到过，特别是在2023年9月考察黑龙江的时候，习近平总书记发表的讲话已公开发表出来了。到12月份中央工作会议，习近平总书记对于当前的工作部署作出了系统的安排，再次强调要加快培育新质生产力。

---

* 报告人简介：刘伟：经济学博士，教授，博士生导师。中国人民大学原校长，国家一级教授，第十三届全国政协常委。兼任中国高等教育学会副会长、中国人民政协理论研究会第三届理事会副会长、北京市经济学总会会长等。主要学术研究领域包括：中国特色社会主义政治经济学、经济发展和经济增长理论等。发表学术论文逾400篇，出版学术著作数10部。曾获“孙冶方经济学著作奖”、国家教学成果一等奖等多项奖励。主要研究领域：政治经济学中的社会主义经济理论，制度经济学中的转轨经济理论，发展经济学中的产业结构演变理论，以及经济增长和企业产权等问题。

在2024年1月中央政治局集体学习的时候，习近平总书记从理论上系统阐述了关于新质生产力的范畴、特点、内涵以及推进新质生产力发展所要遵循的基本原则等等。接着在两会期间，习近平总书记出席江苏省代表团的座谈，结合各个地方的具体情况，对如何发展新质生产力作出了进一步阐述，特别强调了发展新质生产力要贯彻实事求是、因地制宜的科学精神。

接下来两会之后，全国从中央各个部门到地方各个省（区、市）贯彻两会精神的过程中，开始深入地贯彻推进如何加快培育新质生产力的精神和要求。形成了中国当下无论是经济理论还是经济实践当中的一个极其重大的命题，就是推进培育新质生产力的发展。

关于这个方面的讨论对我来说是一个新问题，刚刚开始接触学习，很多方面也都不太了解，特别这是一个很重要的实践问题，要在实践当中逐渐地探索。我今天谈一点认识，跟大家交流，也是向大家请教。

一、科学认识新质生产力的实质和意义

首先，如何认识新质生产力，很重要的是要遵守和把握新质生产力的本质特征。按照我对习近平总书记论述的体会，新质生产力的核心标志是效率，特别是全要素生产率在新时代的提高。效率的提高根本动因在于创新，首要是科技创新，所以科技是第一生产力。科技不是生产力三要素某一个单独的组成部分，但是它覆盖生产力各个要素的全部，并且决定生产力的性质、各个要素的禀赋，具有真正决定性赋能的意义和水平。所以说它是第一生产力。

新质生产力的载体，体现于在企业集合基础上所形成的产业，要素的集合是企业，企业的集合就是产业。所以我们说把握新质生

产力，作为生产力来看，它的核心是要素禀赋和要素生产力的提升，根本动因是创新，载体是企业作为微观要素集合基础上形成的产业结构的优化和升级。

新时代面临新的国际竞争背景，重要的是科技革命深入推进的背景。发展新质生产力是中国式现代化新征程的历史需要。所谓新质生产力，就是在新时代这种历史背景下，我们在生产力发展的历史过程中注入新的科技革命和发展的时代特征，并体现新的社会改革和制度完善、制度变革的要求。我想这就是所谓新质生产力最核心本质的含义。

决定一个社会发展最根本的规定是结构，生产力有“量”和“质”两个方面，社会经济也有“量”和“质”方面。“量”是很重要的方面，区别开不同的发展水平，但更本质的是“质”的规定性。新质生产力强调的是“质”的规定性，强调效率提高，即创新驱动基础上产业结构的升级，是新的要素组合，也就是新的企业群崛起支撑的产业变革和产业高级化，推动新时代进程中发展方式和发展质态的根本转变。

一个国家是发达还是落后，最关键的不是“量”的问题，而是结构问题，是质态问题。从宏观上来说，有一个统计数据。1820 年前后，中国 GDP 的总量按现在国民经济核算方法计算下来，在当时世界占 36% 左右，排在世界的首位，比现在美国的 GDP 作为第一大经济体占全球的比重还高（美国 2023 年大概是 27 万亿美元，占全球的比重是 25% 上下，全球超过 100 万亿美元）。1820 年前后，19 世纪上半叶，中国是世界第一大经济帝国，但是不到 20 年，到 1840 年第一次鸦片战争爆发，中国被打蒙了。

为什么？一个第一大经济帝国如此不堪一击，除了文化、政治、军事原因之外，经济上有一个很重要的原因，我们的“量”虽然是世界 GDP 第一大帝国，但是我们的“质”是传统落后的农耕文明。我们的 GDP 是一堆猪、马、牛、羊、谷物堆积而成的 GDP，是传统农耕文明的农产品结构而成的第一大 GDP。我们总量比英国、德国、法国、美国都大，但是他们当时是经过第一次产业革命（第一次产业革命是1760 年开始刚好到1840 年结束），它是工业化的经济。在那个条件下，我们古老的黄河文明和西方的地中海文明产生真正大规模冲突的时候，实际上我们是农耕文明和西方的工业文明开始了冲突。不要看“量”是最大的，但是“质”却是两个文明的时代，所以不堪一击。

微观上还有一个数据。《经济史》上有一个记载，清末时候造船厂的最大船坞，比英国工业革命的造船中心利物浦还要长，意味着我们当时造的船比他们还要大。但是问题是体量大，可是“质”是什么？我们是木头船，是以风帆作为动力；他们的船是炮艇，是以蒸汽机作为动力。中国造的船比英国造的船大，但是在海上打起来，机动性、抗击打能力等各个方面跟人家比不堪一击。

从历史上看，生产力的质态决定了发展水平的真正差异。从现代竞争当中看，结构质态更有决定性意义。我们前些年常谈一个问题，中国在进入 21 世纪不久，大家认为到 2030 年前后，中国 GDP 的总量赶上美国不是一个问题，是一个既定且可以预料的事实。为什么？改革开放初期中国 GDP（按汇率折算为美元）相当于美国的 6.3%，到 2011 年，也就是党的十八大召开的前一年，中国 GDP 相当于美国 GDP 的 54%。到 2016 年，也就是党的十九大召开的前一年，中国的 GDP 相当于美国当时的 62%。到党的二十大，中国 GDP 相当于美国当时的 77%。按照当时的追赶速度看，我们做过一个假定，未来如果中国经济增长是 5%，实际上当时的假定是很低的，改革开放四十多年我们平均增速在 9% 以上，假定这个速度与平均速度相比大概相当于它的一半，5% 左右的速度；假定美国的速度相当于前二十几年的平均速度，2.5% 左右，中国经济增长在 2030 年前后，最多晚两三年，GDP 超过美国不成问题。

当时很多人是这样的认识，疫情之后三年以来，大家感觉好像不成为问题的问题现在又是个问题，也就是说有了新的不确定性。实际上，无论我国 GDP 与美国相比的差距是缩小还是扩大，无论这个占比发生怎样的波动，到 2030 年前后我们总量能不能赶上美国这一问题并不十分重要。就规模而言，我们从 2010 年开始已经是世界第二大经济体了，[①] 可以说总量名列世界前茅，投资规模去年固定资产超过了 50 万亿元，社会消费品零售总额去年超过了 47 万亿元，这都是世界数一数二的单一经济体。在这个“量”的规模上我们不怕，什么时候赶上，甚至能不能赶上美国，成不成为第一不是非常重要，重要的是结构，是质态。

大家看到了一个现象，现在美国、欧盟、日本在全球布局产业链和竞争当中，标准就三个：第一个是制造业的重新改造，第二个是战略性新兴产业的壮大培育，第三个是未来引领产业的规划。各个国家都制定了非常详尽细致而且都是极有针对性的规划。当然我们也作出了类似的反应，这是一个白热化的竞争。

---

① 中国经济大循环观察［N］. 人民网，2023 - 09 - 18.

最重要的是大家能够很强烈地感受到一点，美国去年、前年开始加息，到现在美联储的年利率已经达到5.25%～5.5%，这么高的利率水平下去年美国经济全年增长2.5%，第三季度4%以上，尽管高利率导致大量企业倒闭。前些年为了刺激经济，大水漫灌零利率贷款，到2022年底以零利率贷款形成的资产为38万亿美元，目的是刺激经济。在不断加息的背景下，大量低效率刺激起来的企业破产重组出局，重新调整资产负债表，但是同时一批新企业迅速起来，这些企业完全能承受5%以上的高利率。

说明在2008年以后的危机冲击下，美国在包括能源结构、产业结构变化上可能取得了实质性的进展，所以一批新的产业群起来了。在一批新的产业群竞争下，更有竞争力的企业起来了，和淘汰的产业形成了相适应的对冲。这个对冲最后到底怎么样，是新的力量能完全压倒性地对冲低效率的淘汰力量？还是反过来？美联储现在也拿不太准，到2024年5月仍是继续维持高利率，但又不排除今年年内有降息的可能。因为通胀下来了，2024年5月在3%左右，2023年在4%左右，而且美国的就业率比较充分，低于警戒线以下。

我讲这个现象说明什么？关键是我们要看到我们和美国竞争最根本的问题是结构。美国在这么高的利率下经济增长出现了强势的反弹，我们到现在还是在持续降息的情况下受着内需不足的困扰，这是我们更要注意的。我理解关键就是要加快培育新质生产力，提高效率，加快创新，提升产业结构，改变质态、转变发展方式，这才是我们真正竞争的根本，而不是简单的“量”的距离的拉近。

二、切实推进新质生产力需要尊重客观经济规律

刚才李金昌书记致辞的时候，特别讲到了孙冶方精神中一个非常重要的方面是尊重真理和客观规律。我们要尊重客观规律推进新质生产力的发展，这个才叫扎实推进、科学地推进。我现在出席了很多次论坛和研讨，有的时候介绍身份的时候，因为孙冶方经济学奖是一个非常有影响力的奖项，往往会介绍某某曾经是孙冶方经济学奖获得者，这是一个很好的事情。但是这些年我心里有一些感触和悲凉，我在很多地方讲课时，主持人介绍我是孙冶方经济学奖获得者时，经常念成孙“治”方经济学奖获得者，这不是说年轻人开始遗忘了孙冶方老一辈的经济学家，而是担心忘却了孙冶方先生一生所秉持的不畏艰难的科学精神。

科学精神首先是遵循经济发展规律来发展新质生产力。尊重经济发展规律，首先是结构演进规律。马建堂主任和史丹所长是在结构问题上特别有研究的专家，马建堂获奖的作品和结构问题有很深的联系。经济发展和产业结构演进是有历史逻辑的，不能人为地制造虚高，没有这个基础，行政性推上来，最后经济客观事实也会把这种状况纠正过来。20 世纪 50 年代的“大跃进”，农业没有那么成熟，生产力很低，结果弄了几千万农民进城大炼钢铁，庄稼被耽误了，最后怎么办，20 世纪 60 年代三年调整，进城的这些农民又回到乡下进行农业生产。这就是虚高，历史会纠正过来的。20 世纪 80 年代搞了几年“洋跃进”也是虚高。脱实向虚、泡沫化也是虚高，这是全球共识，脱离制造业的先进性去发展虚拟经济，最后还是要回归到基础的强化和完善上来。

另一方面，结构演进在科技革命的深入进行过程中，按照西方学者划分，我们正在深入的是第四次产业结构革命，可能有无人区，无人区就是有不确定性，就可能提供新赛道。我们的问题是怎么尊重创新规律和发展逻辑，如何能够把握好产业结构演进的历史逻辑和科技革命带动的不确定性创造的特别机会。既不能秉持行政性的主观主义的超越，又不能消极地放弃可能争取的弯道超车机会，这是结构演进规律很重要的一点。

第二个规律是区域的生产力布局规律。空间布局非常重要的两条规律，一方面是避免趋同化，脱离市场的布局，最后的结果是结构趋同，重复建设。这个教训非常大，肯定不是效率原则，肯定不符合新质生产力的要求。再有一点是，大国因地制宜的同时，需要有全国整合的创新中心，就是培育创新发展的增长极或者发展极，要形成强烈的极化效应。这两个方面必须有机统一起来。

第三个规律是尊重市场竞争规律。市场竞争规律主要有两点，一个是宏观上，新质生产力看起来主要是供给侧的问题，无论是要素效率还是全要素生产率提高，无论是企业还是产业竞争力提高和结构升级，都主要是供给侧问题。但是供给问题一定不能脱离需求的牵引，所以我们现在反复强调要统筹扩大内需和深化供给侧结构性改革，供给创造需求，需求牵引供给，需求和供给双方协同发力，就是要强调供给侧的结构性改革，不能脱离市场需求，不能脱离市场竞争的牵引。如果脱离了市场需求，结果就是重复建设，就是产能过剩，新一轮的泡沫会更厉害，可能造成更大损失。另一个是微观上，处理好国家和市场、企业三者的关系。新质生产力如果说根本特点是创新的话，创新主体应当是企业，因为要素整合的主体应当是企业。除了个别领域之外，很多创新是要产业化的，面对市场的创新，应当是以企业为创新主体。要思考怎么去处理好发展新质生产力过程中，特别是创新过程中，国家和市场以及国家和企业之间的关系，反对垄断、鼓励竞争，培育真正有市场竞争力的大企业。大不等于垄断，垄断是个事实，但是不能利用垄断地位破坏公平竞争。这些一定要把它完善好。这就是说发展新质生产力，无论在宏观上还是微观上对生产关系的变革、对构建高水平的社会主义市场经济体制都提出了进一步的要求。

给我的时间是25分钟，我就讲这么几个问题，讲得不对的地方，欢迎大家批评，谢谢大家！

新质生产力与新兴产业发展

史　丹[*]

各位领导、各位专家，大家上午好。刚才马建堂主任和刘伟校长做了一个非常精彩的报告，高屋建瓴阐述了新质生产力的内涵。

我今天的题目是《新质生产力和新兴产业发展》，对这个问题我也是刚刚开始接触，有些问题认识不是那么全面，请各位专家指导。

我想讲五个方面的内容。因为内容比较多，我都点到为止。

一、新质生产力的历史

习近平总书记提出来发展新质生产力之后，对新质生产力的研究已经成了学术界的热点。我们可以到知网去搜一下，论文非常多，各位专家从不同的角度阐释了对新质生产力的认识，都非常有见地，对我们理解新质生产力很有帮助。

我从自己的角度去理解新质生产力。第一点，新质生产力的发展，必然表现为生产力三要素“质”的提升。按照马克思的政治经

---

[*] 报告人简介：史丹：中国社会科学院工业经济研究所所长、研究员、博士生导师。泉州民营经济研究院院长。《中国工业经济》、《经济管理》、*China Economist* 主编，中国工业经济学会理事长兼副会长，主要研究领域为产业与能源经济，绿色低碳发展等。主持国家社科基金重大课题、国家自然科学基金课题，国家发展和改革委员会、国家能源局、工信部等部委和省市委托课题百余项，在《经济研究》《管理世界》《中国工业经济》等顶级刊物公开发表各类文章150多篇，撰写专著30余部，获得国家级、省部级学术奖励30余项。主要研究领域：能源经济、经济增长、产业发展、产业政策、技术进步、国企改革与发展。

济学，生产力包括三个要素：生产者、生产工具和劳动资料。新质生产力意味着三个要素的提升以及它们组合的优化。新质生产力应该是不断地发展和变化的，是当代最先进的生产力。

从它的概念上来认识和理解。新质生产力一定会催生新的产业和未来产业。新质生产力三个要素的组合，落脚点在企业和产业上，必然带动新的产业和新的增长点形成。马克思指出，一个时代的区别不是生产什么，而是怎么样生产，用什么资料生产。比如说工业革命以来，我们基地化生产、专业化生产、电动化生产、自动化生产等一系列的生产方式，变化的落脚点最终体现在每个生产方式主导产业的演进上。最开始从纺织、钢铁、化工、汽车，到现在的电子通信，生产力发展体现为产业不断地更新。因此，新兴产业和未来产业是新质生产力重要的载体。

新质生产力会形成新的生产方式。新的生产要素引发了产业经济范式的变革，这个是与前三次工业革命不同的。前三次工业革命还是生产要素增加而致使某个行业的技术进步，形成某个先导产业，带动整个经济的发展。第四轮是以大数据、人工智能为核心的新一轮科技革命，是形成通用技术，从基础上产生“质”的影响，改变生产的方式。刚才说的全要素生产率的提高，最主要的是改变了生产函数，同时还改变了一个重要的因素，就是劳动对象。因此，我们说新质生产力将会摆脱传统的经济增长方式，形成新的技术经济范式。这个是新一轮科技革命所带来的变化。

二、新质生产力的要素特征

下面的内容围绕三个方面详细地展开。

1. 新质生产力的要素特点。新质生产力是生产力三要素“质”

的提升和组合进一步的优化。因此在要素特征上表现为劳动者从一般的劳动向知识创造的转变。这是在新质生产力条件下对劳动者的要求。新质劳动者（这个词不是特别准确），一定要有知识的创造能力，从简单的、物理的、体力劳动向更加复杂的知识创造，比如芯片的设计、人工智能的设计，都是需要更加复杂的、综合性的知识。

在工业经济时代，更多是需要一些工程师。在数字经济时代，更多需要一些擅长算法、算力的数学家，需要更多有创造性知识的人才。同时，也需要提升全民的数字素质。以往说搞工程技术只是一类的工程精英就可以了，但是数字经济是从基底上改变社会，要求整个国民的素质都要相应的提升。现在很简单，老头老太太不会打车，这样就不能适应社会的变化，我们要适应数字经济的发展，要培养他们的能力。

关于劳动者素质提升的标准，劳动者是生产力当中最活跃的要素，是最重要的尺度，新质生产力体现在劳动者的素质上。一个是对个体的衡量，可以给受教育程度、对综合知识把握运用的程度，可以说用教育年限表现。另一个是劳动者的群体素质，刚才刘伟校长一再强调结构的问题，劳动者的素质也表现为结构。在数字经济条件下，需要更多具有创新意识的科学家、企业家和劳动者，还有更多的适应数字经济发展的人才。

2. 生产工具的改进。生产工具的改进主要表现为装备制造业水平的提升，因为装备制造是生产生产工具的行业。按照新质生产力的要求，生产工具要经历从机械化、半自动化和自动化，到数字化和绿色化的转变。现在生产的东西全都是要求从机械化向智能化数控转变。这个是反映新质生产力重要的要素特征之一。

我前两天看了一个美国学者写的，主题是生产力智能时代的社会学，系统讲了一下美国如何从机械制造进入到智能制造的过程，阐述了社会各级阶层对智能制造的认识，以及各种矛盾的冲突，最终美国还是进入了智能制造的阶段。那个书写得挺好，挺有启发意义的。

生产工具的提升体现在装备制造业上。我们国家这几年装备制造业和生产工具持续的改善，装备制造业的生产规模，工业增加值占30%以上，而且数字化、绿色化的发展程度非常显著。

3. 劳动对象的范围。新质生产力要求劳动对象范围的扩大和多样化，这是我的理解。第一个是劳动对象扩大，传统的劳动对象是源于自然界，土地、矿产以及一些资源。在新质生产力的新科技革命下，劳动对象的范围要提升扩大，从地表到地下、从陆地到海洋，以及从天空到宇宙，空间的拓展是一个非常重要的方面。现在提出来发展低空经济，实际上就是空间的拓展。

关于劳动对象的多样化，不仅仅局限于土地自然资源的范围，而是要扩展到新的质态，就是要使数字要素成为劳动对象之一。以数字要素作为产业的发展也非常快，从2014年以来，年复合增长率超过15%。随着科技的进步，现在自然资源的概念也在发生改变，它由原本主要依赖自然形成的资源转变为越来越多地包括了人工创造的资源。我前天看到了中科院有一个报道，他们在空气当中抓取二氧化碳生产面粉，可以解决粮食的问题，不需要土地种粮食了，这都是科技变化，他们已经经过多年的试验了。①

三、新质生产力的实现形式

我非常赞同刘伟校长的观点，我也认为新质生产力最终体现在

① “空气变馒头”？颠覆性改变来了！［N］. 光明网，2024－03－18.

产业的发展和演进方面。

战略性新兴产业应该是新质生产力最重要的载体。战略性新兴产业主要是新一代信息技术、高端装备制造、新能源汽车等。未来产业，实际上代表着新质生产力的发展方向，虽然和战略性新兴产业相比，它的技术还不够完善，市场体系、生产体系不确定，但是它反映技术创新的方向。对我们国家来说，目前主要包括类脑智能、量子信息、基因技术、氢能和储能这样的前沿科技。在未来产业方面，我们国家已经有一定的影响，比如说6G、新能源、氢能，有一定发展的潜力。但是和发达国家相比，在类脑智能领域，我国可能面临差距扩大的风险。

用先进制造业重新激活传统制造业，这也是新质生产力的一个重要体现。新质生产力会用颠覆性的技术创造一个新的产业，但是不会消灭传统产业，反而会提升传统产业。比如纺织，第一轮工业革命的时候带动纺织业的快速发展，因为纺织业是一个重要的工业部门。但是现在生产过程已经完全高端化、数字化了。我们到纺织厂，基本上是无人的，以前的纺织女工都是有静脉曲张的，说话声音非常高，现在纺织业却比许多其他制造业更提前一步实现智能化、绿色化。而且纺织的面料含有高科技，比如在衣服上加芯片，可以体现到体温的变化。还有用数字赋能的产业，新兴的公司通过销售网络进行销售。

还有燃油汽车，汽车行业是一个非常传统的行业，现在是新能源汽车，被智能驾驶和电动技术所更新。现在，我国的新能源汽车在全球非常具有竞争力，美国国务卿来访问还在说我们产能过剩、过度补贴竞争等。我 2024 年 4 月去南美和东南亚访问，我们的新能源汽车已经形成了全球的布局，在巴西、泰国等地，中国的新能源汽车正在取代当地品牌，具有非常强的竞争力。这就是我们用新的技术赋能传统行业焕发新的活力。

关于能源的绿色低碳转型，从前三次工业革命会看到，每次的转型都是和能源的变化结合在一起，都是带动能源向更高技术密集度、更加清洁的方向转化。现在第四次工业革命要求更加清洁的、绿色的能源，而且要更加便捷。以前能源发展的趋势是电网化、集中式、网络化，未来数字化的发展对电力的需求越来越多，电力供给也向分布式、灵变性转变。从绿色能源发展来看，我们国家从增量上看是全球领先的，从能源结构来说，我们仍然是以化石能源为主的，我们国家在绿色低碳发展方面还面临很大的挑战。比如说新能源汽车，现在欧盟讲整个产业链追溯碳排放的问题，充的电如果是煤电的话，还不是完全清洁的能源。因此，能源的低碳绿色转型是从根本上解决我们国家绿色低碳发展的问题。现在很多专家学者说是新质生产力一定是有绿色底色的，我觉得并不完全是这样的，新能源的产业一定要发展新能源，才能使得新质生产力具有绿色的底色，这个并不是天生的。这点我不太完全赞同一些专家的观点。

另外，随着能源体系的变化，自动化、智能化和电力的供应会很好地结合起来，同时也会产生大量的数据，能源不仅是提供能量，它也会和国家的信息产业很好地结合起来，也是新质生产力发展的一个重要领域。

四、新质生产力的发展范式

新质生产力一定会带来发展范式的转变。第一，数字成为生产要素带来的生产范式的转变，数字产业成为产业升级的主导产业。

产业升级是一个经常被谈及的概念。在我上学的时代，产业升级是产业结构的变化，从以农业为主到以工业为主，最后到以服务业为主。在数字经济的时代，衡量产业结构标准化不能再以一二三产业的结构衡量，而是应该以数字产业清洁和非清洁产业的衡量，应该以它的“质”衡量产业结构的高级化。从全球来看我们的数字产业是增长最快的产业。

我们过去的增长是通过产业的分工带来保证效率的提升，从而促进经济的增长。在数字经济条件下，我们由分工走向融合，融合成为一个新的重要增长点。现在制造业新的增长点都来源于服务化，很多公司的生产更多来自服务，贴近客户的服务。另外，数字和实体经济正在呈现出融合趋势。产业的高级化要通过数字渗透不断地提升。从三次产业数字经济渗透率看，发达国家数字经济在三次产业中的渗透率显著高于发展中国家，收入水平越高，数字经济的渗透率越高。并且，我国的产业数字化在数字经济中的比重逐年提高，到 2021 年就已经超过 80%，这有利于改变我国的产业分工。

过去的组织是垂直化的、水平化的产业分工，现在产业组织将是一个网络化、平台化的。平台化的产业将优化生产资源的配置以及形成价格优势，超越了一般产业的特点。而且，平台企业也是这类企业当中价值最高的行业，我们可以自行查阅世界银行发布的十大品牌价值，都是平台型的企业。但是要强调一点，刚才刘伟校长说反映经济竞争力是质态，高收入国家数字化的转型程度还是高于我们国家的，就是因为它的质态，我们在这个方面面临着很大的风险和挑战。

第二个生产范式的转变，落脚点是全要素生产率大幅度的提高。

可以看三个方面。

①在微观程度上企业内部资源的配置，由人工到智能化的配置，各个环节实行无缝的对接，加快资本和原材料快速地流动。我当时琢磨这个事儿，我大学学工程管理专业，我们主要的任务是到企业生产计划科安排生产计划，后来我没干这个行当，那个时候往往排不好，不能按时交货。以后这个岗位没有了，全都用人工智能安排会精准提高效率。

②智能制造。我们国家拥有全球最多的“灯塔工厂”、无人工厂，这些大大提高了劳动生产效率。有一个统计数据，我们的智能示范工厂生产效率平均提升 32%，资源的综合利用效率提升 22%，研发周期缩短 28%，运营成本下降 19%，产品不良率下降 20%，这是非常了不起的效率提升。这些提升是通过智能化转变的。

我跟我的学生前两天也做一个新质生产力的研究，实际上是研究数字要素进入生产过程对不同行业的提升有什么影响。我们分析的结果是，数字要素进入生产过程，对生产服务业效率提升是最大的，这个结论我看到以后也很高兴，说明我们国家正在向服务业为主方向转变。我们的成本病以及低效率带动经济增长呈现下滑趋势，但是我们数字化的转型会提高服务业的效率，可以避免由此造成的结构增长陷阱，避免陷入“中等收入陷阱”。在这个过程中，智能化的发展对经济的稳定增长发挥很大作用。

③供需的平衡，改变传统的生产消费模式，生产效率大幅度提升。除了技术的变化，更源自组织的变化，以及生产管理制度的变化。例如，工业和信息化部大力推进智能制造，还是取得一定的成效。截至 2022 年底，我国已建成 2 100 多个高水平的数字化车

间和智能工厂。其中，有 209 家示范标杆工厂；培育 6 000 多家系统解决方案供应商，建成具有一定区域和行业影响力的工业互联网平台 248 家，重点平台工业设备连接数超过 8 000 万台。这意味着我国的生产模式将由单一使用智能制造设备向全生产流程智能化转变，重构制造新范式，对推动我国制造业向中高端迈进具有重要意义。

五、如何加快发展新质生产力

第一，要强化科技创新催生新质生产力的主导作用，新质生产力的发展以前沿性和颠覆性技术为主，更多的是依托基础性研究。我们学什么像什么，而且学得很好。但是我们自己的创新不行，原因就在于我们的基础研究不行。虽然我们的研发投入在世界居于第二位，但是还远低于发达国家 15% 的水平。加强基础研究实际上也是要有重点的，需要结合战略需求，加强对新一代信息技术、生物技术、新能源、新材料、高端装备的研究。我们研究所的同事对哪些行业怎么投、怎么做也提出了一些看法。比如，现在我们在已经领先的 5G 和高铁行业方面还要持续地投入，因为有可能被超越。还有和发达国家处于同等水平的人工智能、量子技术方面，还要加大产业的共性研究，以及像集成电路、工业软件等关系到国家安全的，要实行举国的体制突破。

第二，促进数字技术和实体经济的融合发展。首先要构建以我为主的战略性新兴产业、未来产业的创新链和产业链。其次，要加强新兴基础设施的建设，营造繁荣有序的产业创新生态。我们国家产业发展生态存在的问题也是制约产业发展的因素，我们建议加强智能网交通、智能制造、新兴能源体系的建设，短期可以带动消费，长期可以解决产业链核心技术的关键突破，并形成新的领先标杆，引领更大范围生产力的发展。最后，因地制宜推动传统生产力先进质态的演进，实现新质生产力的跨越式发展。中央提出来要进行固定资产的设备更新改造，可以加强产业的绿色化、数字化水平，这不应该是停留在原有水平的更新，而是应该通过数字智能化的技术进行设备的更新，同时加强数字资产的开发和管理，以提高利用效率。

第三，优化政策环境，激活市场和企业内生活力。想要发挥好政府和市场的作用，促进生产力的发展，需要市场和政府同时发力。但是对不同的产业、所处的不同阶段，市场化政府的力度应该是有所不同。企业是从 0 到 1 时，需要政府更多的支持，但是它已经开始从 1 到 10，到 100，甚至进入产业化的阶段，还是要发挥市场的作用。更重要的是，要强化竞争政策在产业政策体系中的前置作用和基础性地位，为各类企业公平竞争提供稳定预期。

第四，以人才为核心促进新质生产力的发展。首先，关于如何促进人才的发展，按照新质生产力发展的要求，畅通教育、科研、人才良性循环，完善人才合理使用和流动机制，根据科技发展的新趋势，为发展新质生产力、推动高质量发展培养急需的人才。现在一些高校在调整学科的设置，人才的培养模式得从基础上开始转变。其次，建议重视创新型企业家的独特作用，我们的人才不仅是科技人才，而且也是企业家人才，因为企业家是将生产力落地的一类人才。目前我个人感觉到对企业家的重视还是不够，应该给予他们充分的尊重，鼓励他们创新创业。最后，着力培养基础的学科人才。我们前几年因为脱实向虚，大学很多研究设计，特别是各地高考的状元都学金融和管理，没有学工科，造成技术人才培养的力度还不够，发展新质生产力还应该加强基础学科人才的培养，使基础科研人员专心工作，十年磨一剑。

我就讲这么多，谢谢大家，请批评指正。

厚植新质生产力　增强发展新动能

沈坤荣*

非常高兴、也特别荣幸参加第七届孙冶方经济学家发展论坛，今天的主题是新质生产力与中国式现代化。刚才听了几位专家的发言很受启发。今年2月份，我也是在学习习近平总书记重要讲话的基础上，在《人民日报》以《发展新质生产力，增强高质量发展新动能》为题发表过一篇理论文章。今天，我想从厚植新质生产力，增强发展新动能的视角做一点交流和分享。

当前百年未有之变局与中国式现代化新征程相交汇，以数字技术为核心驱动的新一轮科技革命和产业变革在全球范围内加速演进，加快形成和发展新质生产力有助于充分把握科技革命和产业变革机遇，开辟发展新领域、塑造发展新动能、构筑竞争新优势。

我的分享包括以下几个方面。第一，新质生产力发展的内外背景；第二，新质生产力发展的竞争态势；第三，全面深化改革、塑造适配新质生产力的新型生产关系。

---

* 报告人简介：沈坤荣：经济学博士；南京大学商学院教授、经济增长研究院院长，曾任南京大学经济学院院长、南京大学商学院院长；美国斯坦福（STANFORD）大学经济学系高级研究学者。南京大学—霍普金斯大学中美文化研究中心兼职教授。兼任中国工业经济学会常务副理事长，江苏省数字经济学会理事长，江苏省欧美同学会副会长，上海市决策咨询委员会委员，长三角一体化示范区理事会特邀理事。沈坤荣教授是全国优秀博士学位论文指导教师，张培刚发展经济学奖获得者，孙冶方经济科学奖获得者。主要研究领域：宏观经济、转型经济、经济增长、金融经济、资本市场、企业发展战略。

一、新质生产力发展的内外背景

新质生产力发展的内外背景，最重要的是中国发展进入了新发展阶段，而进入新发展阶段面临新的问题。仔细想了一想，主要是两个方面：一是国际地位提升，外部崛起面临的问题；二是国内发展困境，内部转型面临的挑战。

第一个方面是国际地位提升。中国经历了45年的改革开放，中国共产党领导我们经历了75年艰苦卓绝的奋斗，实现了长期稳定和高速增长的“两大奇迹”，形成了世界第二大经济体这样一个总量优势。但是，随着中国综合国力的提升，国际竞争呈现出正在加大的态势。事实上，现阶段全球经济是长周期和短周期并存，而且是政治周期、社会周期、技术周期并存。

从经济周期来看，我们刚刚经历了3年的疫情，全球经济经历了深度的衰退。复苏之后，世界经济总体表现上呈现出速度趋于放缓，结构性、区域性的矛盾不断增加，市场更加碎片化和不可预测等特点，又面临着巨大的不确定性。尤其是美国不断地强化竞争、甩锅，将贸易政策武器化，使得全球贸易增长的不确定性显著增强。此外，整个世界既面临着各种既有冲突无法解决所带来的成本累积，又面临着地缘政治冲突所带来的新压力。当地缘政治一旦成为重塑全球化的底层逻辑，将给世界经济带来巨大的、难以逆转的风险和挑战。如果把时间轴稍稍拉回一点，一百年来，世界经济多次出现严重的衰退。例如，20世纪30年代的大萧条和21世纪初的全球金融危机，均使得整个世界经济潮起潮落。尽管本轮疫情已经过去，但是它对中国的后续影响，无论是国内的消费、产业的演进，还是人们心理的影响都非常深远。

从政治周期来看，今年很多国家的政府换届，面临着政治周期。主要发达国家企图将内部矛盾转移，而转移对象就是中国。从社会周期来看，无论是全世界还是中国，在经历了疫情之后，社会底层和资本阶层之间的收入均呈现出明显的分化现象。从技术周期来看，一百多年来美国技术超过世界平均水平，形成了独有的垄断优势。随着中国数字技术的快速推进，甚至在局部有所超越，美国开始变得焦虑和不自信，并试图通过技术封锁阻碍中国科技发展。在中美科技博弈过程当中，全球经济不确定性逐渐增强。

第二个方面是国内发展的困境。在经历 45 年的改革开放之后，我们的发展后劲面临着挑战。从统计角度来看，国内当前的经济复苏是很明显的，我们也能感受到回升向好的态势。但是，与良好的预期仍有差距。最近到社会、到企业、到区县一级政府调研，在广东、浙江和江苏等沿海地区，调研经济运行与新质生产力的发展，在这一过程中，他们都没有先回答如何发展新质生产力，而是在回答如何面对化债的压力，以及房地产市场调整带来的无奈感。跟居民和企业家沟通，发现他们还有一种莫名的焦虑。

更为重要的是，中国正面临着内部转型的压力。内部转型是民族复兴的前提和可持续发展的基础。从产业形态的转型来看，新兴产业正在形成，比如新能源汽车、新的创新型经济正在快速崛起，但是还没有对传统产业形成替代；新兴产业投资增加，但是还不能弥补“以土地谋发展”模式退出造成的房地产投资下降。怎样有效防范化解重点领域风险？在非常时期需要非常的手段。这两年开始用“保交楼”等行政的手段对房地产市场进行适度干预，以降低可能的房地产风险。但是经济形态的转型不是一蹴而就的，也不仅仅停留在经济层面。中国特色社会主义市场经济包括市场、政府、法治等，如何在治理体系与治理能力现代化的过程当中有所提升，从而使得社会形态的转型呈现出多元开放的转型态势，使得在动态发展过程中的矛盾得到有效解决，需要深入思考和研究，这也是急需解决的现实问题。

所以，经济面临的中长期挑战与增长动力机制的重构，需要厚植新质生产力，为中国式现代化构筑坚实的产业基础。这是我要分享的第一个要点。

二、新质生产力发展的竞争态势

新质生产力由技术革命性突破、生产要素创新性配置、产业深度转型升级而催生，特点是创新，关键在质优，本质是先进生产力。今年发表在《人民日报》上的文章是我最近关于这方面的研究，但在落地的过程当中还有两个方面需要强调。

第一个方面，发展新质生产力是大国博弈的焦点，要在深入研究美国对中国的科技封锁政策以及发达国家制定的创新集群发展战略的基础上，有针对性地发展具有竞争力的先进技术，包括人工智能技术、数字和网络安全技术、通信技术、无人机系统等等。最近我在环太湖周边调研时，从东太湖、南太湖到西太湖，都在布局低空经济、无人驾驶。实际上美国的技术封锁政策对中国科技发展产生重大影响，只有取得更多“0 到 1”的原创性颠覆性创新，才能突破技术封锁、真正实现科技自立自强和价值链向中高端攀升。

第二个方面，统筹做好科技创新和产业创新，以科技创新赋能产业发展，以产业需求牵引技术突破，实现科技创新与产业创新的互促并进。科技创新的重点是搭建基础研究的新平台，形成良好的创新形态。最近我去调研发展培育科技创新的策源地，例如，上海的张江、粤港澳大湾区的深圳，都有国家创新平台；杭州、苏州、南京，都在打造重大科技创新平台。如何对接国家实验室？如何建设开放式的科创平台？需要有体制机制上的突破。例如，江苏成立了新型创新孵化平台——江苏省产业技术研究院；一些被列入美国“实体清单”的高科技企业，依托全国重点实验室、姑苏实验室等重大创新平台，正在各自的领域攻坚关键核心技术。

从地方政府的角度讲，应该顺势而为，因地制宜，从以下几个方面重点展开。第一点，在推进产城融合时，需要考虑如何在盘活城市要素存量当中培育新质生产力。例如，杭州对未来科技城的建设让年轻人很向往，合肥打造“芯屏汽合”城市名片，昆山提出“产业园就是产业链，上下楼就是上下游”。这些概念很新，很接地气，很有利润的实现价值。

第二点，在城市群发展与城乡统筹过程中实现不同层级的功能互补，为新质生产力的发展提供重要支撑。例如，浙江省正在扎实推动高质量发展建设共同富裕示范区，这涉及城乡统筹发展过程当中的一系列的确权问题，需要考虑怎么样把城市资本顺利地、长期地输入农村，使得农村在城市群发展中变成创新的载体。应鼓励和规范发展天使投资、风险投资、私募股权投资，更好发挥政府投资基金作用，发展耐心资本。实际上，科技创新活动往往具有回报周期长、资金需求大、投资风险高等特点，而耐心资本风险承受力强、回报预期久的特征恰好符合初始阶段科技型企业的融资需求。壮大耐心资本能够为传统产业升级、新兴产业壮大、未来产业培育提供长期稳定的金融活水，实现科技—产业—金融良性循环，助力新质生产力发展。怎么样用好资本新工具，让有效投资成为发展新质生产力的“助推器”，需要进行深入的思考。

此外，如何抓住数字经济新赛道、推动绿色低碳发展、布局低空经济等等，值得我们进行深入的研究。

三、全面深化改革、塑造适配新质生产力的新型生产关系

最后一个要点是坚定不移地吃改革饭、走开放路、打创新牌，塑造适配新质生产力发展的新型生产关系。第一，统筹推进教育科技人才体制机制一体改革。重点在于创新平台的搭建，容错机制以及科研评价机制的完善，统一的要素市场建设，数据产权的确权、交易流通、跨境和安全，在数据安全和创新之间实现平衡。第二，健全和完善分配体制，打通制约消费的痛点和堵点。

需要指出的是，中国经济是有为政府和有效市场的结合，而中国经济的活力很大程度上来自地方政府的积极发挥，这就是中国特色。如果话语体系、自主知识产权体系和学术体系的构建离开了中国特色，离开了地方政府的行为，我觉得都是隔靴抓痒、抓不到痛点。再加上宏观经济治理的基础条件实际上已经发生变化，包括微观经济基础、社会心理基础、国际舆论环境的演变，以及自媒体、互联网的发展，对传统宏观治理模式产生了巨大的冲击。因此，有必要深入研究宏观治理的框架和治理体系的有效性问题。

最后，如何在有为政府、有效市场双向互动中实现中国经济“质”的有效提升和“量”的合理增长，实际上已经成为推动高质量发展、实现中国式现代化的关键所在。用三句话分享，一是要跳出当下，从历史的纵深看待经济运行的变化；二是跳出中国，从全球经济版图看待中国的崛起；三是跳出经济，思考如何从政治、社会和文化的联动中看发展，尤其是实现百年大党的自我革命，把容错机制、约束机制、激励机制有效地匹配起来。所以，要保持战略定力，积极应对国际格局的演变，开拓中国式现代化建设新局面，以高水平开放促进深层次改革，以深层次改革推进高质量发展，以高质量发展实现中国式现代化。

这是我简单的分享，谢谢各位！

从索洛悖论到新质生产力

范子英*

特别荣幸能够受邀参加第七届孙冶方经济学家发展论坛，前面很多专家谈了非常高屋建瓴的观点，我也学习了很多。主办方跟我交代过了，讲的主题一定要和新质生产力有关，最近学习了很多新质生产力的文件和论文，今天把学习的一些体会和感受跟大家分享一下。后面如果有时间再谈一下在宏观政策上财政和货币怎么配合推进新质生产力的发展。这是我今天讲的主要内容。

一、新质生产力的主要节点

我梳理了整个政策层面，从什么时候开始提新质生产力，一直到最新的政策文件。关于新质生产力的提出，时间不长，有几个非常关键的节点。

2023 年 9 月，习近平总书记在黑龙江考察期间首次提出“新质生产力”一词，此后又在多个重要场合作了深入论述。①

2023 年 9 月 8 日，习近平总书记在听取黑龙江省委和省政府工

* 报告人简介：范子英：上海财经大学公共经济与管理学院院长、教授、博士生导师，“全国高校黄大年式教师团队”负责人，国家高层次人才计划特聘教授、国家社科重大项目首席专家。在 *American Economic Review*、《中国社会科学》《经济研究》等国内外顶级期刊发表学术论文 70 余篇，研究成果多次获得教育部和上海市的哲学社会科学优秀成果一、二等奖。主要研究领域：财税理论与政策。

① 习近平总书记强调的“新质生产力”［N］. 中国共产党新闻网，2024－03－18.

作汇报时强调，整合科技创新资源，引领发展战略性新兴产业和未来产业，加快形成新质生产力。①

2023 年 12 月 11 日至 12 日，习近平总书记在中央经济工作会议上强调，深化供给侧结构性改革，核心是以科技创新推动产业创新，特别是以颠覆性技术和前沿技术催生新产业、新模式、新动能，发展新质生产力。②

系统完整阐释新质生产力，是习近平总书记在 2024 年 1 月召开的中央政治局第十一次集体学习时强调加快发展新质生产力，扎实推进高质量发展。③

今天参会的人可能是跟我一样在高校里面做科研和教学的老师，我谈一点学理层面的理解，讲一下如何从经济学原理来理解新质生产力。

二、索洛悖论

现在有很多中央文件提到了一个经济学的专业词汇——全要素生产率，在党的十九大报告中有，在党的二十大报告中也有，这是一个非常理论和学术的专业词汇，并且这个词和今天讲的新质生产力是联系在一起的。

大家看经济学的研究，特别看一些早的文献，看索洛在 1956 年、1957 年做的研究，再回去看整个经济增长理论，全要素生产率是怎么提的，再了解它和新质生产力的关系。依据索洛增长模型，经济的增长速度可以分解成技术的贡献、资本的贡献和劳动力的贡

①② 习近平总书记强调的“新质生产力”［N］. 中国共产党新闻网，2024－03－18.

③ 习近平在中共中央政治局第十一次集体学习时强调 加快发展新质生产力 扎实推进高质量发展［N］. 新华网，2024－02－01.

献，这里面劳动力的贡献包括了人力资本的贡献。这个简单的索洛模型告诉我们，一个国家短期的增长，靠劳动力（包括人力资本）和资本的深化，但是一个国家长期的增长，最后只能靠外生的技术进步。

这个模型有很多的优点，例如，在一个经济体里面，资本在收入中的份额和劳动在收入中的份额是相对稳定的。对一个国家来说需要思考怎么找到技术进步的来源，并且在数量上面出现今天讲的全要素生产率的来源。索洛模型最大的优点是容易在数量上给我们一个测度技术进步的指标，这个指标把经济增长里面的关于资本和劳动的贡献扣掉，剩下的是全要素生产率。全要素生产率包括了很多的内容，但是它的方法论层面非常简单，就是回归计算的索洛余值。

不过，我们很多技术进步没办法在全要素生产率上面得以体现，这个就是索洛悖论。索洛悖论的来源在 1987 年，索洛给一本书做了一个书评，现在还能找到，在《纽约时报》的书评一栏里面出现的。这本书叫《制造业很重要》，这本书对今天也很有价值，写的是美国的情况。索洛在这个书评里批判了原作者很多的观点，在最后讲了一段话，他说你会发现所有的人都能够感受到技术的进步，但是技术的进步在生产率的进步上面不是表现在增长，反而是表现在非常缓慢的下降。索洛有一句话，你可以看到计算机的年代各种工作都需要计算机，因为到了 20 世纪 80 年代，计算机的应用非常广泛，但是在生产率的统计上看不到计算机的贡献。索洛悖论就是这样来的，你知道，你感受到生活中计算机帮助你，但是算生产率的时候，是算不出来这个值的，或者这个值非常低。

另一个学者罗伯特戈登，他也是索洛的学生，有一本书叫《美国增长的起落》，这本书非常宏大，从美国 1870 年一直写到今天，讲的是技术对美国的贡献。它提供过一个图，算了一下美国在各个年代的全要素生产率（TFP），最高是在 20 世纪 50 年代。到了计算机应用的年代，就是索洛悖论提出的 20 世纪 80 年代，美国的 TFP 值非常低，没有办法在美国的 TFP 里面看到任何信息技术的贡献。当然有很多解释，因为信息技术的贡献不主要体现在生产方面，更多体现在生活方面。

还有一个图是把其他国家加进来，结果也是一样的，全球各个国家在 20 世纪 80 年代之后，TFP 水平都比较低。大家知道克鲁格曼关于东亚经济批评里面最主要的批评是全要素生产率很低。如果我们在索洛悖论里面，其实这些悖论是有点问题的。为什么索洛悖论会存在？我的理解是有三个重要的原因。第一个是资本的异质性。罗宾逊夫人讲的资本是异质的，不同部门之间的资本是不能替代的，不同资本不能高度地抽象化。并且技术和资本是分不开的，比如说中国 FDI（指外商直接投资）是希望通过资本的引进把技术引进来，有个生产线进来，技术就进来了，所以很多技术的贡献算在资本的贡献里，没有办法单独地拣出来，因为资本的贡献已经吸纳了技术，所以技术贡献在 TFP 的计算里面看不出来。

第二个是产品质量一直在上升的。比如说今天和 10 年前的计算机相比，即使是拿同样的价格买的，现在的计算机质量高很多。质量的上升伴随着价格的下降，我们算产出的时候，是没有办法很好地体现在价格上面，这样算生产率的时候是低估质量的上升。这个问题很多时候是解决不了的，因为价格一直在变化。另外，产品多样化的趋势越来越明显，去餐饮行业可以吃各个派系的菜，这意味着消费者效益的产出也没有办法体现。

最后大家看很多经典的理论发现，索洛的文章，全要素生产率强调的是加总的生产函数。这句话的意思就是说只能把一个国家作为一个总体，不能把一个国家拆成 30 个行业、40 个行业，然后去计算每个行业的 TFP。因为那个算法是有巨大的问题，主要的问题有三个。第一，因为很多的生产率提升是要素配置效率的提升，比如说劳动力从农村来到城市，从一个部门来到另一个部门，要素在不同行业之间的再配置使得整体产出上升，要用加总算，不能单个企业算。第二，很多产业内的分工，也不体现在单个产业的 TFP 水平上。第三，很多企业开始平台化，例如我们有很多中小企业是从事出口的，这个跟我们的国际贸易理论是冲突的，中国一直这么做，原因是很多平台帮助企业出口。

从这三个方面，我们可以理解为什么索洛提出来全要素生产率没有办法捕捉技术的进步。如果这个看完之后再来想一想，今天讲的新质生产力，一个重要的理论化的贡献是要超越索洛悖论，不能停留在索洛悖论中生产率悖论的环节。其中的原因我们看过很多官方的文件就知道，生产力有三高——高科技、高效能、高质量。技术的革命性突破是科技的来源，同样强调生产要素的创新性配置，这个不一定是技术的贡献，这可能是改革带来的，第三是产业深度转型升级，在升级的过程中，产业链的安全体现在新质生产力上面。

超越索洛的悖论就知道，科技是第一生产力。首先，科技创新的成果应用到具体的产业和产业链上面，不能停留在实验室。如果停留在实验室，那就只有科技，没有科技的生产力。其次，新质生产力是高质量发展理论的总结。最后，我们在很多发展战略上面，如果看 TFP，绿色发展不体现在 TFP 上面，这些东西都看不到。所以，我们要有一个更高的理论指引我们的发展，这个就是新质生产力。

三、新质生产力：超越索洛悖论

首先，创新很重要。所谓的创新有两种，一种是从 0 到 1，还有一种是从 1 到 N。从 0 到 1 很重要，还有大量的是从 1 到 N。在现阶段，传统产业还是非常重要的，我们有大量中低技能的劳动者在传统行业就业，反而我们的创新行业无法吸纳巨大的劳动就业。并且传统产业贡献了绝大部分税收，我们中国 5% 的企业，贡献了全中国 90% 的税收，科技行业对税收的贡献是相对有限的。

其次，为什么从 1 到 N 也很重要，我们知道鲍莫尔写了一本书讲“鲍莫尔病”，就是在过去的这些年制造业的生产率进步非常快，但是在传统的服务业生产率是停滞的，这种停滞是服务业的成本病。例如，美国在过去 20 年医疗服务的价格上升了 2 倍，但是制造业的产品，包括计算机在过去的 20 年价格下降了 1 倍。这说明什么？在美国有非常严重的“鲍莫尔病”。因为我们特别强调 1 到 N 的应用，我们很多新的技术应用，能够提升服务业的生产效率。

前段时间我们看一个例子，中医现在不是人在看了，他们有一个很好的技术，有一个生产设备能够帮你把脉，还可以看舌苔，开个药方。这个为什么很重要，原因是中医服务，如果真用人工来看是没办法提高生产率的。如果技术引进来，传统行业的服务业可以得到很大的生产率的提升，这个事情在很多行业正在发生。

最后，中国还有很重要的超大规模市场的优势。因为大家知道很多的行业，其实是依托于本地的市场效应，包括非常好的人口优势。大家知道高德地图，它有一个非常明显的变化，开车的时候，地图会提醒你绿灯的秒数，如果红灯亮起来了，还有几秒变绿灯。有很多技术的进步，定位非常准确，能够算你这个的开车速度能不能通过前面绿灯。我在最早看到这个技术时认为高德太厉害了，获得了交管部门的数据。后来才知道，他们压根没有用交管信息的数据，而是根据你的定位算出来的技术，用大数据再加上机器学习，可以算出来这个灯几秒变绿或变红。这样的技术只有在中国才可以做到这一点，因为有巨量的人口和司机，如果量太少了，没办法算得太精确。这个是中国的优势，这个优势还只是在少数行业出现的，大量的行业还没有把这个技术用得非常好。需要去好好应用的，因为这是中国非常好的资源优势。

四、耐心资本：政府做有限合伙人（LP）

我们现在提耐心资本，这个对创新很重要。但是创新有三个天然的缺陷：第一，成功概率极低，就是做 10 个项目，只能成功一个。第二，不确定性程度很高，本来想做这个事儿最后不知道会做出一个什么产品。《美国增长的起落》讲的一个例子，青霉素是 1940 年来最重要的发明，挽救了很多的生命，但青霉素压根儿不是有意发明出来的，而是把培养皿放在外面忘了拿回来，然后第二天意外看上面有新的发现，就发现了青霉素。它这个不确定性在很多行业都有。第三，周期长，有时需要 10 年、20 年。一项新的药物从实验室到应用有七八年，甚至是十年以上，这个周期太长了。创新和金融市场有很大关系，我们前面讲的三个特点，说明间接融资体系根本没办法支撑创新的要求，只有直接融资才能承担高风险的创新。

直接融资目标很简单，高收益，但是要承担高风险。可以投 10 个项目，只要一个项目成功就可以了。非常低的杠杆，因为是股权融资，不需要做任何贷款和信贷政策。对比美国直接融资的比重，中国的直接融资只有 30%，美国是 70%。我们是以间接融资为主，银行作为间接融资的主体，最重要的目标是控风险。他可能不太追求 10%、20% 的回报，但是一定要把不良贷款的比例降到非常低。从间接融资体系来看，它天生不喜欢创新的活动，原因很简单，它要有抵押和担保，大量的创新是不可能有抵押的，没有资产，只有一个想法。同时导致高杠杆，很多企业没有办法股权融资。

在过去这些年，有些行业发展得特别快，像互联网企业在过去这些年用的是 VIE 的架构，绕开了中国对互联网的监管，通过离岸市场把资本引进来。我们很多的互联网企业为什么注册地在开曼群岛，原因是他们当年需要大量的风险投资，他们把母公司注册在海外，用海外的风险资金做这个事情，然后再回到海外上市，风险投资可以获得收益。这是过去这些年发展的模式。

最后讲一下关于“怎么做”的设想。我们可以让政府做有限合伙人（LP）的，政府自己是风险投资资金的提供方。中国过去这些年确实是这么做了，从 2015 年开始，大量的地方政府成立政府引导基金，到目前为止是 3 万亿元的市场引导基金规模。财政出钱成立一个政府引导基金，再把市场的钱拉进来，然后再成立一个子基金，由市场经理人管理，他们投不同的项目，政府拿到这个收益再退出来。这是以前的模式，在中国能看到这些年是很重要的财政现象，也是金融现象。

关于这个事情，中国在基金数量上做得很好，但是这个机制在中国运行的过程中出了一点问题，主要有三个：第一，我们会发现在执行的过程中很多地方政府把政府引导基金作为招商引资的工具，很多地方要求有返投比例，中国有一半以上的基金是市和县的钱，不可能希望这个钱投给其他市县的企业，一定要求这个钱投在本地，拿出1 000万元的基金，至少要给本地投1 200万元，现在的返投比例是1.2倍。这样很多地方的引导基金就变成招商引资的工具，是一个扭曲的形态。

第二个问题，现在很多政策引导基金跟国有资产保值的约束是有冲突的。原因很简单，他无法承担风险，绝大部分是跟投的成熟项目，很少能够投早投小的初创项目。在很多的实操过程中有两个方式，第一个是明股实债，明面上是10%股权进去，但是实际上要求5%的保底收益就够了，要求项目方到期回购。第二个优先偿付，拉了一个社会资本过来做基金，当项目出现问题需要清算的时候，政府基金是优先偿付的，它不是一个平等的机会，因为他要保证自己的资本是不流失的。第三个是激励机制的问题。很简单，很多的地方政府是短期的，三五年一任，但创新都是长期的。短期主义和创新的长期目标之间怎么协调，以及刚才讲的功不抵过的问题，这会出现很多新的扭曲。

其实这个事情不应该让地方财政做有限合伙人，应该让中央财政做有限合伙人，为什么？第一个优势，中央财政可以站在全局角度做的，没有跟投要求，第二个没有短期考核的要求，第三个可承担较大风险。

在可行性方面，大家知道财政部从今年开始连续几年发行超长期国债，中国的财政有加杠杆的空间。各国政府的负债率，中国

2020 年是 72%，日本是 260% 了，也是没问题的，中国即使把隐性债务加上去也才到 120%，比美国还低。在政府的层级里面中央财政是更有加杠杆的空间。全球主要的国家里面政府负债率，中国是最低的，只有 28% 是中央政府负债，70% 是地方财政负债，所以中央的财政有加杠杆的空间。

在必要性方面，也就是为什么做这个事情。大家看日本 20 世纪 90 年代资产破灭的时候，主要采取了货币政策，而不是财政政策。大家批评日本政策的优先顺序搞错了，但是现在慢慢转向了。2024 年是历史上第一次出现社会融资负增长。关于企业的杠杆率，企业在去杠杆，居民去杠杆，最后只有财政是最后的借款人。当其他的部门在去杠杆，必须有一个部门加杠杆，如果财政也去杠杆，整个经济就可能走向衰退。财政成为借款人，不能依赖于地方财政，只能依赖于中央财政。

不仅如此，这对于中国长期的建设也非常重要，我们一定要通过财政寻找下一轮的增长点，而不是简单地把钱花掉，我们需要花费财政的钱做创新。财政部门每年债务融资的额度有所差异，2024 年是 8.96 万亿元，切分出 1 万亿元，做政府的有限合伙人，基本上可以解决创新投资基金不足的问题。

这些年来央行货币的投放，从原来外汇的占款，开始改为结构性货币工具。但结构性的货币工具政策有两个问题：第一个，越位了，过度发挥了财政功能，而缺乏货币政策的锚，第二个，会带来整个市场利率的扭曲。应该把货币的投放工具慢慢由结构性的货币工具开始转为国债投放，这个可能对整个货币政策的建设也非常重要。加大国债融资，还能够畅通货币政策的传导途径。

我就讲到这里，谢谢大家！

推进标准化建设　赋能新质生产力发展

周　青*

首先，我简要汇报一下：4月17日，杭州电子科技大学正式成立了新质生产力研究院，由我校党委书记亲自担任院长。研究院的成立旨在推动杭州电子科技大学的数字科技成果落地开花结果。正如多位专家所提到的，新质生产力研究的重点之一在于促成更多科技成果落地。我们将继续朝着这一目标努力，充分发挥学校的优势，希望通过新质生产力研究院让我校的科研成果在浙江乃至祖国大地上遍地开花、硕果累累。

我今天报告的题目是《推进标准化建设　赋能新质生产力发展》。这是基于我近期研究的一些心得分享。我不是经济学研究者，而是从事管理学研究的，但是经管不分家。所以，在前面多位专家研究成果的基础上，我从管理学的视角报告分享新质生产力发展的路径与方式。

---

* 报告人简介：周青：杭州电子科技大学党委委员、副校长，杭州电子科技大学新质生产力研究院副院长、浙江省哲学社会科学实验室“数据科学与智能决策实验中心”主任，二级教授、博士生导师。主持承担国家自然科学基金重点项目1项，面上和青年项目等共6项。在《管理世界》《管理科学学报》《南开管理评论》、JBE、IJPR等学术期刊发表论文100余篇，其中10余篇被《新华文摘》《中国社会科学文摘》等转摘，出版学术专著6部。在《光明日报》《浙江日报》上发表理论文章多篇，20余项咨询报告获省部级领导批示。作为第一完成人获得第九届高等学校科学研究优秀成果奖（人文社会科学）二等奖，浙江省哲学社会科学优秀成果奖一等奖1项、三等奖2项和浙江省科技进步奖二等奖1项。主要研究领域：数字化创新管理、技术标准创新管理。

我的报告的内容主要包括三个方面。第一个方面是讨论标准化建设对新质生产力发展的作用，着重解释“为什么”的问题，并阐述两者之间的关联。第二个方面是关于“怎么样”的问题，在报告中，我们进行了大量的数据分析和统计工作，从实证角度揭示标准化建设对新质生产力发展的影响。第三个是方面“怎么做”的问题。由于标准化建设至关重要，对此我们思考如何有效推动标准化建设赋能新质生产力，或助力其更好地发展。

下面，我将从这三个方面向各位做汇报。

一、回答“为什么”的问题

2021 年发布的《国家标准化发展纲要》提到，标准是经济活动和社会发展的技术支撑，是国家基础性制度的重要方面。所以，标准化在推进国家治理体系和治理现代化的过程中发挥着基础性和引领性作用，这在纲要当中很明确。

习近平总书记指出，发展新质生产力是推动高质量发展的内在要求和重要着力点，必须继续做好创新这篇大文章，推动新质生产力加快发展。[①] 尤其是在 2024 年，印发的《贯彻实施〈国家标准化发展纲要〉行动计划（2024—2025 年）》进一步明确提出标准化在加快构建新发展格局、推动经济社会高质量发展中发挥更大作用。许多专家，包括马建堂主任、刘伟校长、史丹所长、沈坤荣教授和范子英教授等，都谈到了新质生产力在经济社会高质量发展过程中“如何做”与“如何发展”这一关键问题。在管理学界，许多专家也研究认为，标准化对新质生产力发展起着重要的支撑和引领作用。

---

① 发展新质生产力是推动高质量发展的内在要求和重要着力点［N］. 求是网，2024－05－11. www. qstheory. cn.

我们还将新质生产力与标准化建设的政策沿袭放在时间轴上进行分析，探讨其在不同阶段体现出的生产力和生产方式变化。发现从手工生产时代到机器生产时代，再到如今的数字生产时代，我们始终在讨论如何推动新的生产方式和生产力发展。我们可以看到两者之间的逻辑关系：标准化建设与新质生产力的发展是同向同行的。同时，现阶段标准化建设对新质生产力的发展起着助力以及赋能作用。我们从理论上进一步厘清了标准化建设对新质生产力的内在逻辑和作用机理。结合刘伟校长的报告可知，不管是从宏观、中观到微观层面，还是从地区或区域的角度，标准化建设都有助于优化生产力布局；且标准化还能推动传统行业、新兴产业向未来产业研发转型。例如，从企业微观层面，标准化建设有助于技术创新和生产要素的配置。这一作用逻辑反映了标准化建设与新质生产力发展具有良好的逻辑链和有效的作用方式。

二、关于“怎么样”的问题

这是对标准化建设对新质生产力发展影响的解答。今年两会期间，央视列出了新质生产力的逻辑图①。这张图很好地呈现了新质生产力的发展脉络，至少清晰地梳理了新质生产力在当前阶段的作用逻辑。最重要的是，提出了加快新质生产力发展的三个关键措施，其中积极培育战略性新兴产业和未来产业，强调占领未来产业的制高点是推动新质生产力发展、打造新时代增长极的关键所在。基于此，今年年初我们团队对五个省份的未来产业主攻方向进行了分析，并撰写了研究报告，对六大未来产业包括未来制造、未来信

① 一图看懂丨两会热点新质生产力“新”在何处？有哪些特征？［N］. 央视新闻，2024－03－12.

息、未来空间、未来健康、未来材料和未来能源进行了对比，可以看出在未来信息和未来能源方面，许多省份已经提前布局。我们调研的这五个省份都是未来产业的重镇，如何在布局过程中找准发力点，为浙江的经济社会发展提供强有力的支撑，也是我们正在探索的。基于这项研究报告，我们年初向省委、省政府提交了报告，得到了省委书记和省长的批示。

此外，我们还做了一个有关未来产业标准制定情况的分析。分析对象包括北京、上海、江苏、浙江和广东等省份，其中毋庸置疑的是，北京是牵头制定标准的主要区域。此次分析收集的数据截至今年 4 月份，国家标准有近 5 万条，行业标准超过 8 万条，其中未来产业国家标准 9 000 多条，行业标准 1 万多条。通过对这些数据进行分析，发现浙江在未来健康领域的牵头制定标准的企业较多，但在未来信息和未来能源领域则相对较弱。这反映出目前不同省份在标准制定或引领未来产业发展过程中存在一些差异。

同样，北京市、上海市和浙江省等均有各自的侧重点，这符合当前产业发展的布局，反映出新质生产力在这五个省份中发展的现状和情况。当我们进一步对这些数据进行比较发现，关于新质生产力的测度，例如全要素生产率，实际上有许多不同的测度方法。通过对这些数据进行分析，比较 A 股上市公司的行业与国家标准制定能力与企业新质生产力之间的关联性。结论显示，无论是行业标准还是国家标准，企业的标准化能力与企业新质生产力的发展之间存在显著的正相关关系。然而，不同未来产业呈现出不同的特征，我们也在探讨为何会出现这种情况。实际上，随着未来产业的发展，在标准的制定过程中，未来会呈现出越来越多的标准体系。可能在几年发展之后，这种相关性会更加明显。这在数据分析层面得出标准化建设能够有效引领未来产业的发展。

三、关于“怎么做”的问题

我们进一步基于专精特新企业数据进行了实证研究，为着力推进新质生产力建设设计了相应的路径。首先，我们需要认识一些基本现状：一方面，目前我国的标准化建设仍任重而道远，从科技成果的转化到标准的制定比例都很低。最终能实现商业化应用的科技成果仅为12%，能够转化为技术标准的则少之又少。从世界范围来看，我国主导制定的国际标准也相对较少。统计数据显示，在现有的ISO/IEC国际标准中，由我国企业主导的国际标准占2.0%份额、每年仅以10～20项的增幅缓慢增加。标准决定着高质量发展，而中国式现代化要有相应的高标准作为支撑，因此，我国需要深入挖掘标准化建设的价值。

其次，从国际标准贡献率和国际标准专家人数来看，我国与发达国家还存在较大差距。截至2020年，中国制造业增加值占全球比重超过了1/4，中国制造业增长值占全球比重超过了1/4，远远高于德国。但是在国际标准的贡献率和专家数量方面却低于德国，标准制定的话语权不在我们手上。在经济发展方面，我们作为全球第二经济体，怎么样使标准化建设赶上经济发展的速度，是我们需要进一步努力的方向。

为此，我们对浙江的专精特新企业进行了分析。专精特新企业是强链、补链、固链的生力军，而“小巨人”企业作为专精特新企业中的佼佼者，能够实现产业链与技术标准链的深度融合。我们分析了一些具体案例，以浙江的威星智能仪表股份有限公司为例，发现“小巨人”技术标准化是由众多相互联系的子活动构成的复杂动态过程，且技术标准化能力攀升的行为逻辑存在差异。基于这些实践，为探索不同环境下“小巨人”技术标准化子活动及其非线性作用秩序和作用强度，我们从外部情境划分、技术标准化行为活动、NK 模型构建、路径仿真、情境异变下路径转化五个方面，构建了一个较为完整的认知体系。

在情境划分方面，技术标准化由不断变化的市场需求和对新技术的探索推动，基于技术动态性（TD）和市场动态性（MD）二维度，将技术标准化能力攀升情境划分为四类：渐进动荡、变革动荡、渐进稳健、变革稳健。同时在行为活动中，基于中国标准化研究院牵头制定的《企业标准化能力通则》中对企业技术标准化能力的定义，即技术创新、技术标准化以及专利标准化，我们分析了 5 000 多篇文献，得到标准化建设过程中标准知识开发、标准知识扩散、市场机会识别、合法性建设、伙伴关系构建以及标准战略走向等六个基本路径，并通过计算实验方法进一步厘清了它们之间逻辑的关系。

通过构建 NK 模型可以识别关键行为活动和复杂性，找寻它们发展的路径。我们的研究结合熵权法结果表明，不同情境下“小巨人”技术标准化能力攀升的侧重点存在差异。由于不同情境下的标准化路径侧重点并不相同。在这个基础上，我们利用 Matlab 2022 分析软件开展仿真模拟，根据 F 最大值确定了四种情境下小巨人技术标准化能力的攀升路径。在渐进动荡的情景情境下，首先是构建伙伴关系，其次是标准知识扩散，最后是合法性建设。在变革稳健中，先是合法性建设、市场机会识别，然后到标准知识扩散。在变革动荡的情境下，首先是标准知识扩散，其次是市场机会识别，最后是标准知识开发，这样一个整体的路径。但实际上在动态的环境下，这种路径是会发生转化的，我们也通过不同的情境异变分析出路径的转化情况，并提出了三种异变的情况。

在情境异变情况 1 中，技术、市场动态性由高向低转变，即从变革动荡高的情境向低的情境转变时分别有五条路径，并涌现出新的行为活动，替代情境异变所导致的非关键要素。

在情境异变情况 2 中，技术、市场的动态性由低向高转变，由于市场不可预测，因此这个过程较为复杂。此时有三种转换，第一种转换是市场驱动的转换，其情境之一是以伙伴关系构建作为转换点，从渐进稳健向渐进动荡转变，整合互补性的资源，满足多元化的市场需求，丰富技术开发的“资源池”。其情境之二是变革稳健向变革动荡转换，转换点是标准知识扩散。第二种转换是技术驱动的转换，包括渐进动荡向变革动荡、渐进稳健向变革稳健过渡。此外还有第三种双元驱动的转换，这就不一一赘述了。研究表明每种转换的着力点是不一样的，在实际发展中，我们要抓住对应的着力点，促进标准形成更好的情境适配。

在情境异变情况 3 中，异变是技术、市场动态性发生错位转变，两者之间会相互地流动，此时有两个具体的情境。总的来说，在路径转换过程中，标准化建设，特别是“小巨人”企业的标准化建设有其自身的成长路径。然而，市场环境和情境实际上是不断变化的，因此我们需要根据不同的情境动态调整管理决策，以应对这些变化。

基于以上分析，我们从宏观、中观、微观角度做了一些总结，并提出一些管理的启示。这些启示同样适用于标准化建设过程中对能力提升的路径选择和机制优化，我们提出的建议主要包括以下几个方面：首先是关于如何发挥标准化建设、助力新质生产力发展的方面，包括抢占制定新质生产力标准化的规划。其次是启动实施基础科学技术创新行动，主要是保证新质生产力相关的产业技术标准的持续供给。再次是积极创建高能级的科创平台，包括国家人工智能学院。不少省份都在加快建设人工智能学院，通过人工智能学院能够使我们的人工智能作为新质生产力发展的引擎作用得到凸显，促成源源不断的标准成果。最后是大力激活标准建设的主体，包括国家数字领航企业、5G 全连接工厂、智能制造示范工厂、未来工厂等新型实体。我们对此做了一些探讨与研究，也希望在新质生产力发展过程当中，能够更好地凸显标准化建设的作用。

由于时间关系，我简单向各位专家汇报了以上内容，恳请大家批评指正，谢谢！

加快发展新质生产力，助推中国式现代化——主旨报告综述*

2023年9月7日，习近平总书记在新时代推动东北全面振兴座谈会上首次强调“加快形成新质生产力”。[①] 2024年1月，习近平总书记在主持二十届中共中央政治局就扎实推进高质量发展进行第十一次集体学习时系统深刻阐释了新质生产力，他指出“新质生产力是创新起主导作用，摆脱传统经济增长方式、生产力发展路径，具有高科技、高效能、高质量特征，符合新发展理念的先进生产力质态”。[②] 2024年3月5日，习近平总书记在参加十四届全国人大二次会议江苏代表团审议时强调，要牢牢把握高质量发展这个首要任务，因地制宜发展新质生产力。[③] 2024年的两会之后，全国从中央各部门到各省份形成了经济理论和实践中一个极其重大的命题，就是推进培育新质生产力。特别是，“要大力推进现代化产业体系建设，加快发展新质生产力”被写入2024年《政府工作报告》。因此，如何充分认识和激发新质生产力在实现高质量发

---

* 会议综述撰稿人：浙江财经大学科研处处长、教授王建明，浙江财经大学科研处专聘副职、管理学院教师邓年奇。

① 习近平总书记强调的“新质生产力”[N]. 中国共产党新闻网，2024-03-18.

② 习近平在中共中央政府局第十一次集体学习时强调　加快发展新质生产力　扎实推进高质量发展 [N]. 2024-02-01.

③ 习近平在参加江苏代表团审议时强调：因地制宜发展新质生产力 [N]. 中华人民共和国中央人民政府网. 2024-03-05.

展、推进中国式现代化中的关键作用已经成为决策层和学术界高度关注的热点问题。

在这一背景下，2024 年 5 月 18 日，由孙冶方经济科学基金会和浙江省社会科学界联合会担任学术指导、浙江财经大学主办的第七届孙冶方经济学家发展论坛在杭州举行。论坛以“新质生产力与中国式现代化”为主题，十四届全国政协常委、经济委员会副主任马建堂，中国人民大学原校长、教授刘伟，中国社会科学院工业经济研究所所长、研究员史丹，南京大学商学院教授、经济增长研究院院长沈坤荣，上海财经大学公共经济与管理学院院长、教授范子英，杭州电子科技大学副校长、新质生产力研究院副院长、教授周青六位专家进行主旨报告，浙江省社会科学界副主席陈先春、孙冶方经济科学基金会副秘书长周济、浙江财经大学党委书记李金昌为大会致辞，浙江财经大学党委副书记、副校长（主持行政日常工作）魏江主持论坛开幕式，浙江财经大学教授李永友和浙江财经大学科研处处长、教授王建明主持主论坛主旨演讲。

来自清华大学、中国人民大学、中央党校、中国社会科学院、浙江大学、复旦大学、南京大学、中国科学技术大学、同济大学、国家统计局统计科学研究所、上海财经大学、中央财经大学、杭州电子科技大学、江西财经大学、浙江工商大学和浙江财经大学等国内高等院校和科研单位的 600 余位专家学者参加了此次论坛。与会专家主要围绕新质生产力与中国式现代化提供新洞见，形成了主要观点综述。本报告包括以下四个部分：第一部分主要围绕新质生产力的提出背景、科学本质和习近平经济思想凝练继承讨论对新质生产力的科学认识；第二部分主要基于创新、成果转化和标准化建设总结我国当下的新质生产力发展实践；第三部分主要基于理论探讨和完善现代化产业体系论证新质生产力是实现高质量发展、推进中国式现代化的必要途径；第四部分主要围绕体制机制、管理制度和耐心资本提出加快发展新质生产力的政策建议。

一、新质生产力的科学认识问题

（一）新质生产力提出的现实背景

周济指出，国际局势深刻变化，全球发展格局调整，自然、环境、人口结构的显著变化，亟待建立由生产力变革推动的全新经济体系，需要新的经济理论支撑新的经济发展模式。

马建堂强调，我国科技实力从量的积累迈向质的飞跃，从点的突破迈向系统能力的提升，但西方国家对我国科技发展实施全方位精准围堵，幻想将我国产业遏制在中低端。在中华民族伟大复兴进入加速期的新阶段，把握高质量发展是加快构建新发展格局的战略要求和时代使命。

沈坤荣认为，中国发展新阶段面临两个新问题。第一，国际地位提升：中国经历 45 年的改革开放，实现稳定发展和高速增长，赢得世界第二经济体的总量优势，但面临巨大的国际竞争。第二，国内发展困境：疫情后国内经济复苏明显，但与良好预期仍有差距，尤其是对消费、产业和人们心理的影响较大。

面对激烈的国际国内竞争环境，刘伟认为，最根本的是结构问题，就是加快培育新质生产力，提高效率，加快创新，优化产业结构，改变质态和转变发展方式，对生产力发展的历史过程赋予新的时代特征。

（二）新质生产力的科学本质

陈先春表示，“新质生产力”是对新的生产力理论、与新质生产力相适应的新型生产关系开展深入的理论研究。马建堂指出，生产力是推动社会进步最活跃的因素，发展新质生产力将带来生产关系、上层建筑和社会交往方式的重大变革。

刘伟强调，把握新质生产力的本质特征，核心是要素禀赋和要素生产力的提升，标志是效率，即全要素效率在新时代的提高。效率依赖于科技创新，科技覆盖生产力各个要素的全部，并决定生产力的性质。

史丹表示，新质生产力表现为生产力三要素“质”的提升，它是不断发展和变化的当代最先进生产力。按照马克思的政治经济学理论，生产力包括劳动者、生产工具和劳动对象三个要素。新质劳动者要有知识创造能力；生产工具从机械化、半自动化和自动化，向数字化和绿色化转变；劳动对象范围扩大和多样化，突破自然限制进行空间拓展，改变原有要素以扩展到新的数字要素质态。

李永友补充道，发展新质生产力最关键、最活跃的要素是人，所有科技进步都是拓展人在社会中的各种功能，人是新质生产力发展中不可或缺的、最为基础的动力因素。

马建堂总结，新质生产力由技术革命性突破、生产要素创新性配置、产业深度转型升级而催生，以劳动者、劳动资料、劳动对象及其优化组合的要素为基本内涵，以全要素生产率大幅提升为核心标志，突出了生产力“质”的变化，深化了对生产力演进规律的认识。

（三）新质生产力理论是习近平经济思想的重要内涵

陈先春表示，发展新质生产力的重大论断既是习近平经济思想的最新成果，更对推动高质量发展、推进中国式现代化具有重大现实意义和深远历史意义。

马建堂指出，新质生产力理论是习近平经济思想的最新理论成果，是对马克思政治经济学的原创性贡献，是对马克思主义生产力的重大学术创新。新质生产力理论的提出，回答了新时代发展什么样的生产力，怎样发展生产力的时代课题，深化了对社会主义根本任务和生产力动力机制的认识。

二、新质生产力的创新实践

（一）创新是新质生产力发展的根本动因

马建堂指出，新质生产力是创新起主导作用，具有高科技、高效能、高质量的特征，符合新发展理念的先进生产力之态。科技事业包含科学发现、技术创新和产业变革三个相互联系、相互转换、相互激发的环节，在中国式现代化历史征程中始终占据十分重要的战略地位。

刘伟认为，新质生产力的根本特点是创新，而创新主体是企业。在新质生产力发展和创新过程中要处理好国家和市场、国家和企业之间的关系。

沈坤荣指出，坚持推动以数字技术为代表的科技全面创新，以科技创新赋能产业发展，以产业需求牵引技术突破，形成良好的创新生态。

（二）成果转化和标准化建设是新质生产力发展的必要路径

马建堂指出，培育既懂科技又懂市场的科技成果转化人才和创新主体，鼓励科学家和科技工作者以需求引领科学研究，以科技成果应用带动科学研究的深化，以连续的创新和优化提高产品良率、降低成本、提高竞争力，逐步实现新产品的市场化和产业化，进而改造传统行业。

范子英补充道，相对于创新行业，现阶段传统行业承担着大量的中低技能劳动者就业，贡献了绝大部分税收。因此，在传统产业上的升级改造显得尤其重要。

关于科技成果转化，周青认为，解决标准化是关键问题。标准化建设和新质生产力发展是同向同行的，但目前我国的标准化建设任重道远，从科技成果转化到标准制定比例相对较低，可能制约科技成果转化的速度和效率。

三、新质生产力在实现高质量发展、推进中国式现代化中的作用

（一）新质生产力实现高质量发展、推进中国式现代化的理论探讨

沈坤荣表示，加快形成和发展新质生产力有助于我国充分地把握科技革命和产业变革的机遇，开辟发展新领域，塑造发展新动能，构筑竞争新优势。因此，需要厚植新质生产力，为中国式现代化构筑产业基础。

刘伟指出，决定一个社会发展最根本的是结构，新质生产力强调“质”的规定性，通过创新驱动产业结构升级，优化新的要素组合赋能企业、支撑产业变革，从而实现发展质态的根本转变。

史丹认为，新质生产力催生新的产业和未来产业，形成新的增长点以促进中国式现代化。全要素生产率的提高改变了生产函数和劳动对象，表现在：企业内部资源配置由人工到智能化转变，数字要素最大化提升生产服务业效率，传统生产消费模式的改变大幅提升生产效率。

范子英基于索洛增长模型的技术、资本和劳动的贡献分解提出，经济增长短期靠劳动力、人力资本、资本的深化，长期靠技术进步。但索洛悖论认为很多技术进步无法体现于全要素生产率，这就

需要新质生产力理论以超越索洛悖论。

（二）新质生产力在实现高质量发展、推动中国式现代化进程中的产业布局

刘伟强调三个方面，第一是制造业的重新改造，第二是战略性新兴产业的壮大培育，第三是未来引领产业的规划。

史丹提出，要用先进制造业重新激活传统制造业，发展以数字为主导的未来产业转变生产范式，为推动高质量发展、推进中国式现代化持续注入强劲动力。

周青强调，积极培育新兴产业和未来产业，同时占领未来产业的制高点是加快新质生产力的发展、打造新时代增长极、实现高质量发展和推动中国式现代化进程的关键。

根据陈先春提供的信息，21世纪初，时任浙江省委书记的习近平同志明确强调要推进科技进步、提高自主创新能力、提升产业层次、实现“凤凰涅槃”，并为浙江量身定制了“八八战略”。20多年来，历届浙江省委深化落实“八八战略”，不断推动省域高质量发展，为形成和发展新质生产力提供浙江样本，必将推动中国式现代化走深走实。

四、加快发展新质生产力的政策建议

（一）进一步深化体制机制改革以适应新质生产力的发展

马建堂表示，以深化科技体制改革为抓手，改革科学研究和科技创新评价机制，完善激励科技成果转化的体制机制，依据科学家、科技工作者在科技创新中的贡献，合理确立其在科技成果中的产权份额，并给予税收优惠。

刘伟强调，新质生产力对构建高水平的社会主义市场经济体制

提出三点要求。第一，遵守经济发展的结构演进规律；第二，遵守区域的生产力布局规律；第三，尊重市场规律，统筹扩大内需和深化供给侧结构性改革。

沈坤荣指出，深入研究宏观治理的框架和治理体系的有效性，发挥有为政府作用，建立科技机制、教育体制和人才机制，匹配容错机制、约束机制和激励机制，以及健全和完善分配体制，形成政治、经济、社会和文化的互动共享。

（二）优化微观层面的管理制度以释放新质生产力的活力

史丹指出，构建“以我为主”的战略性新兴产业、未来产业的创新链和产业链，因地制宜推动传统生产力先进质态的演进和实现新质生产力跨越式发展。同时，优化政策环境，激活市场和企业内生活力，发挥好政府和市场作用。最后，畅通教育、科研、人才良性的循环，构建以人才为核心的新质生产力发展模式。

周青强调，发挥标准化建设对助力新质生产力发展的作用，抢占制定新质生产力标准化的规划，启动实施基础科技创新行动，积极创建高能级的科创平台，大力激活标准建设主体以释放新质生产力的活力。

（三）拓宽耐心资本为新质生产力提供金融支撑

马建堂指出，要加快重组和构建国家科研战略力量，大力培养科技领军人才，需要财政和社会力量设立科学基金。

沈坤荣认为地方政府的耐心资本可以链接城市合伙人、企业合伙人、区域合伙人及农民合伙人等培育新质生产力的主要群体。

范子英强调耐心资本对创新的重要性，让中央财政做有限合伙人，作为耐心资本寻找下一轮创新增长点，为发展新质生产力提供金融支撑。

五、会议总结

本届论坛聚焦新质生产力与中国式现代化，践行“真”“情”“实”“意”总要求，创新发展新时代浙学，围绕新产业、新模式、新动能，深化对新质生产力的认识，为推动高质量发展取得新成效、推进中国式现代化取得新进展凝聚更大共识，贡献智慧力量。正如魏江所说，“论坛邀请国内外著名专家学者，围绕中国经济社会发展前沿问题和创新观点展开对话交流，承载着为全面深化经济体制改革建言献策、推动经济学科发展推陈出新的崇高使命”。孙冶方经济学家发展论坛传承以孙冶方为代表的老一辈经济学家“敬畏规律、守护真理”的精神，遵循“促进经济理论创新、推动经济科学发展”宗旨，聚焦中央经济工作会议精神和全国两会经济议题，汇聚国内外著名专家学者，梳理经济脉络，剖析现实问题，探索发展路径，为全面深化经济体制改革建言献策，推动经济学科发展推陈出新。

分论坛一：新质生产力与高质量发展①

① 分论坛一报告文字整理人：浙江财经大学经济学院教师宣振宁。

分论坛一：新质生产力与高质量发展

发展新质生产力与政府监管优化

金　通*

尊敬的各位专家、学者，老师同学们：

大家下午好！非常感谢能在这里就有关新质生产力发展这一热点问题与各位专家学者做分享交流。我今天汇报的题目是“发展新质生产力与政府监管优化”，主要是两个方面内容：一是新质生产力的内涵特征；二是新质生产力发展中的政府监管优化问题。

自2023年下半年习近平总书记在四川、黑龙江等地考察时提出“新质生产力”以来，新质生产力已经成为社会各界热烈讨论的重要议题，发展新质生产力成了中央政府和地方政府的重要工作内容。2024年3月国务院总理李强在全国两会政府工作报告中提出，大力推进现代化产业体系建设，加快发展新质

* 金通：浙江财经大学中国政府监管研究院院长，浙江省新型重点专业智库“中国政府监管与公共政策研究院”常务副院长，兼任中国工业经济学会常务理事、中国能源研究会能源监管专委会秘书长，教授、博士生导师。主持承担国家自然科学基金面上项目1项、国家社科基金项目1项、国家级重大项目子课题2项，省部级重大、重点、一般项目12项；在高水平学术期刊发表论文40余篇，出版学术专著2部；有20余项咨询报告获国家级和省部级领导批示。有1项成果获得浙江省高校科研成果二等奖（独立），2项成果获浙江省哲学社会科学优秀成果一等奖（第二），1项成果获得浙江省第七届高等教育教学成果奖二等奖（第二）。

生产力，充分发挥创新主导作用，以科技创新推动产业创新，加快推进新型工业化，提高全要素生产率，不断塑造发展新动能新优势，促进社会生产力实现新的跃升。① 发展新质生产力具有鲜明的时代背景，是中国经济高质量发展的内在要求和重要着力点，对于推动宏观经济持续增长，紧抓新一轮科技革命带来的战略机遇，切实提升国家竞争优势，满足人民美好生活具有重大的现实价值。

新质生产力具有高度抽象性，重点却在于如何在实践上具体落实。从实践角度看，发展新质生产力的基本逻辑可以归纳为：秉持“数字化、智能化”的发展理念，采用“生态化、系统化”的发展模式，以新型科技创新为核心驱动，构建“升级传统产业、发展战略性产业、培育未来产业”的现代产业体系，实现经济系统的“高效能、绿色化”发展，劳动者、劳动资料、劳动对象及其优化组合的跃升是发展新质生产力最为根本的支撑保障。从全球视角看新质生产力的实践落地有以下四个方面的内涵特征：第一，新型创新是发展新质生产力的核心。新型创新是新质生产力“新质态”的最核心体现。新型创新是指有别于以往传统创新的新模式，依托新型创新切实提升全要素生产率，进而推动生产方式的根本性转变。第二，现代产业体系是发展新质生产力的基本载体。生产力是经济系统投入产出的形式和能力的基本表达，发展新质生产力的着眼点自然而然就是产业，构建现代产业体系是发展新质生产力的基本载体。面向新质生产力的现代产业体系范围涵盖传统产业、战略性新

① 2024 年国务院政府工作报告［R］. 新华社，2024－03－12.

兴产业、未来产业，更重要的是，需要从逻辑厘清这三大产业间的辩证关系。第三，经济高质量发展是新质生产力的内在要求。生产力是否发达的直接体现就是产业发展的质量，即以高科技、数字化、智能化的主要路径实现产业体系的高效能和绿色化发展。经济高质量发展的根本是产业体系的高质量发展。第四，发展新质生产力面临激烈竞争和全球性探索。新质生产力强调人工智能、量子科技、生命科学、航空航天等前沿颠覆性技术的突破引领，美国、德国、日本等西方发达国家与中国一样高度关注，已纷纷制定出台发展战略和激励政策以获得先发优势。

发展新质生产力需要与新型生产关系相匹配，新型生产关系具体表现为组织体系变革、机制体制创新和政策措施优化，科学合理、公平高效的政府监管政策和产业治理体系是新型生产关系的重要组成部分。下面我以低空经济为例，就新质生产力发展中的政府监管优化谈一点粗浅认识，供大家讨论思考。当前低空经济很热，全国多个省份都出台了相关鼓励措施，被认为是新质生产力的典型代表。2021 年，《国家综合立体交通网规划纲要》把“低空经济”首次纳入国家规划，之后相继出台了多个促进低空经济发展的指导性文件，2023 年来国家在低空空域管理等方面加大了改革力度，着手低空空域管理、无人驾驶航空器飞行管理等关键监管制度的改革，为低空经济释放发展空间。

毫无疑问，“飞行安全”是低空经济发展的底线要求，需要遵循低空经济发展规律和技术发展水平构建适合低空经济发展的政府监管体系。由于存在协调失灵、不可验证性的信息不对称不充分以及创新过程中的信息失灵问题，面向低空经济的政府监管特征体现在：以低空经济的高质量可持续发展为导向，强调“生产—消费”互促协同新科技、新业态、新模式的迭代发展逻辑，建立在各类数据系统集成基础上的生态化、平台化、智能化的新型政府监管模式创新。基于上述逻辑基础，面向低空经济的政府监管优化方向是构建协同监管。一是政府监管和产业发展的协同，就是说，政府监管目的在于低空经济的高质量可持续发展，在发展中规范、在规范中发展；二是监管机构与市场主体的协同，需要双方在数据共享、监管工具、标准制定、平台建设运营等方面展开合作；三是监管机构之间的协同，低空经济发展的空域管理、标准制定、新型基建、气象管理等监管内容涉及多个政府部门，部门间的有效协同是提升监管效率的基本保障；四是产业激励政策和监管政策的协同，产业政策是营商环境的重要组成部分，政策的稳定性对于市场预期和信心有较大影响，需要处理好激励政策与监管政策的协同关系以提升产业政策的稳定性。

发展新质生产力需要建设足够的超级充电站、算力中心、低空通感网络等新型基础设施。因此，除了构建前述协同监管体系外，新型基础设施建设管理问题自然浮出水面，谁来建、谁来管、怎么管？因此，高效建设和管理这些新型基础设施必然从规范、标准、准入、安全等方面提出新的政府监管需求，这同样需要学界、业界、政界发挥协同作用、共同努力。

好的，我就讲这一些，纯属交流谈论，不当之处请大家批评指正。谢谢大家！

新质生产力与战略性支柱产业发展

寇宗来*

大家下午好！首先，非常高兴有机会在这里与大家分享我们最近的一些思考。今天的报告将围绕两个基本概念展开：一是本次会议的主题“新质生产力”，二是我们自己综合提炼出来的一个新概念“战略性支柱产业”。我今天演讲的题目是“新质生产力与战略性支柱产业发展”，主要从以下三个方面展开讨论。

一、中国社会基本矛盾

我们讲的主题都跟中国现在的重大问题紧密相关。想要理解中国的政策，首先必须要了解中国社会的基本矛盾，因为一切都要围绕主要矛盾展开。理解中国社会的主要矛盾我觉得有两个方面：第一个从国内视角，第二个从国际视角。然后是怎么来破局？怎么解决中国社会的主要矛盾？今天主要从一个新的概念“战略性支柱产业”切入，讨论它跟新质生产力有什么样的关系？

党的二十大报告再次明确了党的十九大的重大论断，即中国社

* 寇宗来：复旦大学经济学院教授、副院长，复旦—图卢兹创新与数字经济研究院执行院长。担任《中国微观经济学》国家教材主编、中国信息经济学会副会长、*Economic Modelling* 副主编以及国家社科重大项目首席专家。在《经济研究》《管理世界》、*Journal of Industrial Economics*、*Journal of Population Economics* 等中英文杂志发表论文数十篇。多次获得上海市哲学社会科学优秀论文成果奖，以及中国信息经济学理论贡献奖、《管理世界》优秀论文奖等学术奖项。

会基本矛盾已发生显著变化。回顾党的十一届三中全会时期，我国社会的基本矛盾主要是人民日益增长的物质文化需要同落后的社会生产之间的矛盾。而今，中国社会的基本矛盾已经转变为人民日益增长的美好生活需要和不平衡不充分的发展之间的矛盾。百年未有之大变局加速演进，新一轮科技革命特别是数字经济和人工智能等技术深入发展，已深刻调整国际力量对比。我们面临新的战略机遇，但也面对新的风险挑战。习近平总书记在报告中指出要“准备经受风高浪急甚至惊涛骇浪的重大考验”。[①] 在外部压力随时可能升级的背景下，我们的发展战略必须构建以国内大循环为主体、国内国际双循环为促进的新发展格局。不知道在座的各位有没有想过为什么我们要讲双循环？融入了国际分工之后不就是一个自然的全球循环吗？双循环本质上就是要保障在极限打压情况下有自我存活自我发展的能力。

我们来看当前的基本矛盾，这涉及新旧矛盾的转换问题（见图1)。发展经济学里面有一个很重要的概念，“中等收入陷阱”。一个国家从农业国起飞需要跳出马尔萨斯陷阱，而从中等收入国家（人均收入约1万美元）跃升为发达国家则更为困难，许多国家最终都陷入了“中等收入陷阱”。关于“中等收入陷阱”有多种解释，我认为可以将其理解为一种“汉堡包挤压”效应。以中国为例，改革开放初期融入国际分工后，按照比较优势原理，我们在劳动密集型产品上很有优势，推动了人均收入的提高。然而，人均收入的提高也意味着劳动力成本的上升。如果定价能力没有同步提升，成本上升将

① 习近平主持召开二十届中央国家安全委员会第一次会议强调　加快推进国家安全体系和能力现代化　以新安全格局保障新发展格局［N］. 人民网，2023－05－31.

导致利润空间缩小，进而导致国家失去长久增长的动力。因此，要跳出“中等收入陷阱”，关键在于通过创新驱动产业升级，提高定价能力，从而将劳动力成本上升部分通过定价效应转嫁出去。否则，就会陷入“中等收入陷阱”。

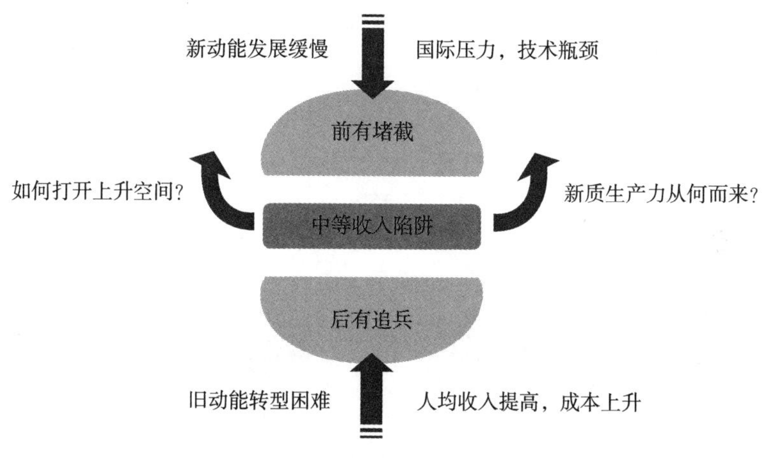

图1 “中等收入陷阱”：“汉堡挤压”视角

资料来源：演讲者绘制。

当前中国面临的关键问题是如何打开中国经济上升空间，突破经济发展的天花板。否则，地板上来了就会慢慢被挤死了。回顾地缘政治背景，中国的许多问题最终可以追溯到地缘政治，国际矛盾实际上是联动的（见图2）。改革开放以来，1979年中国融入国际分工，并在随后的四十多年中实现了快速发展和社会长期稳定，被称为“中国奇迹”。镜像地看，20世纪八九十年代，美国在克林顿时代也经历了高增长低通胀的“美国奇迹”，不符合高增长伴随高通胀的菲利普斯曲线。我们看到的是中国奇迹，另外还有一个美国奇迹，这个本质上的原因用一个俏皮话来讲，原有的格局下中美之间在玩“二人转”。如今，美国的冷战思维和陷阱逻辑使其将中国视为霸权的最现实挑战者，这使得中美之间的镜像关系也发生了变化，中国面临通货紧缩，而美国面临通货膨胀。打个比方，本来为100人准备的饭菜只有50人来消费，结果必然是中国形成了所谓的“产能过剩”和通缩紧缩，而美国则因从墨西哥、东南亚、印度等高成本国家进口导致通胀。

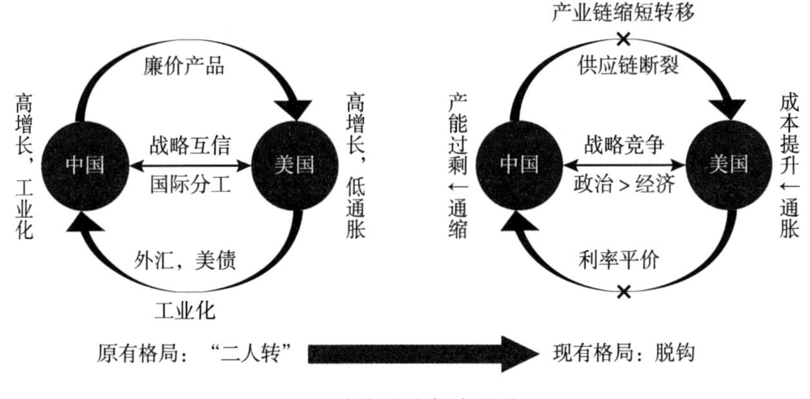

图2　地缘政治与中美关系

资料来源：演讲者绘制。

中美之间从“二人转”般的紧密合作到逐步脱钩，或者说有限脱钩，这一现象在经济层面表现得尤为明显。我们知道，在国际金融中，利率和汇率的决定至关重要。一般而言，利率平价和汇率平价理论可以解释这种关系。在中美关系中，人民币兑美元的汇率是浮动的，这意味着利率的变动会相互影响。例如，美国国债利率上升时，人民币利率也会上升；美国国债利率下降时，人民币利率也会下降。然而，当前的情况是美国国债利率上升，而人民币利率在下降，这反映了地缘政治博弈的复杂性。我们还可以观察到另外一个有趣的现象，即收益率曲线的变化。通常而言，短期国债利率较低，长期国债利率较高。当短期利率高于长期利率时，即出现收益率曲线倒挂，这通常预示着经济问题，并与金融危机相关。美国国债的收益率曲线倒挂已经持续了一段时间，这是一个值得关注的现象，尽管这并不意味着美元一定会出现问题。

二、破局之道：战略性支柱产业

在当前背景下，我们探讨战略性支柱产业的概念。战略性支柱产业实际上是把两个概念给融合在一起，战略性新兴产业和支柱产业在党和政府的文件中都有提及，但“战略性支柱产业”这一概念尚未出现。如何解释这一概念呢？“战略性”意味着具有前瞻性和重要性的项目，是“好看的”，例如登陆月球，这是具有战略意义的，但不一定是支柱性的。而“支柱性”则指对GDP有显著贡献的产业，是“好吃的”，例如房地产行业，它的产业链非常长，拉动作用很强，所以这两天我们开始有新的支持和托底政策了。战略性支柱产业结合了战略性和支柱性的特点，简言之就是“既好看又好吃”。

从政策角度来说，这个新概念的提出有什么重要性呢？如果战略性产业不是支柱性产业的话，那么相关产业政策的实施在中央跟地方的积极性上面是有差异的。大家知道我们国家有一个特征，中央和地方之间的关系很重要。从毛泽东主席的《论十大关系》到党的十九届五中全会，中央和地方的两个积极性被反复强调。凡是能够同时调动中央和地方共同积极性的政策，通常其执行力很强且成效显著。如果地方政府或地方官员的政绩考核包含相关指标，该政策就会得到雷厉风行的落实。如果将战略产业视为公共品，例如嫦娥六号登月这种主要由中央政府主导的项目，虽然能够极大地提升国民的自豪感，但地方政府的积极性会相对较低。相比之下，地方政府对新能源汽车、房地产、光伏产业等的积极性极高。这是因为这些产业能够迅速反映在地方政府的政绩和地方生产总值上，同时也有助于解决就业问题。因此，战略性支柱产业应当是一个能够结合中央和地方两个积极性的关键领域。

以中国的大飞机项目 C919 为例，我们的目标并不仅仅是拥有大飞机，而是要具备制造大飞机的能力。尽管中国已有大量飞机在飞行，但这些飞机主要由中国民航局管理，而制造大飞机则由工信部负责，这涉及高端制造业。C919 的制造过程极其复杂（见图 3)，需要 200 万 ~500 万个零部件，必须满足高标准的安全性和经济性要求，使得大飞机制造成为一项巨大的挑战。相较于芯片，大飞机制造在产业链传导方面具有更强的涵盖包容性，能够发挥提纲挈领的作用，具有很强的战略性。因此，大飞机制造被视为中国式现代化成功的标志之一。然而，大飞机制造的难度极大。林毅夫老师认为中国产业升级有后发优势，我们可以凭借低成本优势去抵消发达国家的质量优势。但在大飞机领域，很长一段时间内我们既没有质量优势（尽管可能是主观认知上的)，也没有成本优势，因为大飞机的要求非常高，这导致在相当长的时间内该领域需要大量补贴。历史上，许多国家尝试过大飞机制造，包括日本、俄罗斯、法国、德国、巴西、加拿大等，但最终除了美国和整合了欧洲资源的空客之外，都未能成功。A 是空客，B 是波音，现在我们想做 C。坦白说这很难，但要打开跳出“中等收入陷阱”的天花板，我们必须迎难而上。

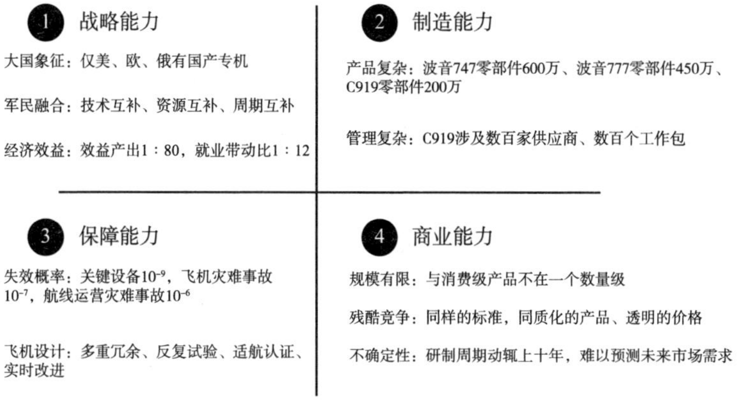

1 战略能力

大国象征：仅美、欧、俄有国产专机

军民融合：技术互补、资源互补、周期互补

经济效益：效益产出1∶80，就业带动比1∶12

2 制造能力

产品复杂：波音747零部件600万、波音777零部件450万、C919零部件200万

管理复杂：C919涉及数百家供应商、数百个工作包

3 保障能力

失效概率：关键设备10^{-9}，飞机灾难事故10^{-7}，航线运营灾难事故10^{-6}

飞机设计：多重冗余、反复试验、适航认证、实时改进

4 商业能力

规模有限：与消费级产品不在一个数量级

残酷竞争：同样的标准，同质化的产品、透明的价格

不确定性：研制周期动辄上十年，难以预测未来市场需求

图 3　国产大飞机 C919 的案例

资料来源：演讲者绘制。

从战略性产业向支柱性产业转变，是大飞机产业发展的关键。现在我们的预期应该是未来中国大飞机产业肯定是要提速了，从原来的战略性产业会逐渐变成战略性支柱产业。美国民航业对 GDP 的贡献约为 4%，而中国目前仅为 0.8%，关键在如何获得制造大飞机的能力。虽然 C919 在网上被一些人认为只是一个简单的组装项目，但事实上并非如此。将 200 多万个零部件组装起来本身是一项极其复杂的集成创新任务，而将这些零部件成功地组装起来并使其安全高效飞行，更是一个不容低估的巨大成就。更为重要的是，这一过程成为技术迭代和进步的平台，维持和培养一支专业队伍对于中国民航事业的发展至关重要。中国大飞机发展，任重道远且阻，我们固然不能盲目自信，但也不要妄自菲薄。

三、战略性支柱产业发展实践

首先，必须形成新型生产关系。发展新质生产力，必须进一步全面深化改革，形成与之相适应的新型生产关系。”什么是新型生产关系呢？它首先要能够解决新形势下中国社会面临的国内国际主要矛盾，“新”的本质是用创新的方法解决新的矛盾。发展战略性支柱产业需要形成一种新型生产关系。例如，在大飞机制造过程中，一个关键问题是如何有效地运用我国的新型举国体制。

其次，新型生产关系的核心在于如何协调“有效市场”和“有为政府”这一对概念。这不仅是政策上重要的问题，也是理论上的关键议题。在新古典经济学框架内，难以有效协调这两者，因为新古典经济学假设“完美理性”，这与有为政府没有什么关联，有为政府实际上是发展型的政府。所以要理解企业家精神以及有为政府的作用，我觉得必须引入有限理性，即每个行为人都面临认知能力的有限性，而不同行为人则具有认知能力的差异性。正是在这种常识假设下，企业家和政治家才能发挥作用。给定有限理性，市场的有效性体现在能够更好地收集和处理分散信息方面，而市场的局限性则体现在无法快速凝聚社会共识方面。这种局限性在现代社会和组织中体现得尤为明显。实践经验表明，尤其是面对重大决策，凝聚共识绝非易事。

从这个角度来看，产业政策更应该理解为“产业发展政策”，即以发展为目标的所有相关配套政策。由此出发，我们可以更好地理解“有为政府”和“有效市场”的辩证互补关系。有为政府的作用就是明确主要矛盾，并据此以法律、政策、文件和讲话等方式来“设定议程”，引导巨额投资进入特定的产业赛道。然而，在这个赛道中的具体发展路径，即便有为政府也是不完全清楚的，进而需要

“有效市场”发挥作用。具体地，引入巨额投资进入后，应该鼓励市场竞争，优胜劣汰，最终在特定赛道中培育和筛选出成功的企业，如比亚迪和宁德时代。中国经济的发展历程表明，短期内产业政策的实施效果通常都是一地鸡毛，尤其在每个时点片段上，若以美国经济为基准去校准中国经济的运行效率，肯定会发现存在严重的资源错配。但是从长期来看，即把这些短期现象放到一个连续的历史进程中来看，就会发现中国经济具有强大的动态效率。为何严重的资源错配会展现出巨大的动态效率？既有经济学分析框架并没有对此给出很好的回答。我认为，在有限理性的分析框架下，静态错配与动态效率之间的背离，恰好就是有为政府与有效市场共同作用的结果。

最后，必须坚持“先立后破”的实践方法。“立”与“破”的关系是辩证的，有“立”必有“破”，但顺序上必须先立后破。“破”不是抛弃，而是扬弃，是将老旧生产力向新质生产力转化的过程。中国改革开放的成功经验和苏联改革的失败教训表明，“要先立后破，而不能够未立先破”。习近平总书记强调，“不能把手里吃饭的家伙先扔了，结果新的吃饭家伙还没拿到手，这不行”。[①] 中央经济工作会议上也指出，要“坚持稳中求进，以进促稳，先立后破”。具体实践中，应先立现代化产业体系，再破除传统老旧产能；先立全国统一大市场，再破除“双循环”堵点；先立政策取向一致性，再破除协调落实的障碍。这一辩证方法为实现战略性支柱产业的平稳转型提供了理论依据和行动指南。

由于时间原因，我就讲这么多，谢谢大家！

① 习言道｜习近平为何说“不能把手里吃饭的家伙先扔了”？[N]. 中国新闻网，2022-03-06.

人工智能技术应用如何促进创新

李玉花*

尊敬的各位专家和老师，下午好！通过聆听诸位老师对新质生产力多维度的深入阐述，我深感自己的研究与今日讨论的主题息息相关。正如龚斌磊老师所指出的，我认为人工智能正是新质生产力的催化剂。它通过激发创新、优化生产流程，为新质生产力的形成提供了强大动力。这正是我这篇论文的核心论点，即人工智能与生产力发展之间存在紧密联系。接下来，我将详细介绍这篇实证研究论文，以期与各位专家和老师共同探讨人工智能在促进生产力发展方面的潜力与影响。

在当今时代，AI 技术应用已经遍布各行各业，它与互联网、制造业、物流业等众多领域的结合，正推动着产业的革新与进步。以一个具体案例为例，施一公教授的团队中，原本需要 10 位博士生耗费 5 年时间完成的研究任务，现在借助人工智能的力量，一名学生在短短一两个星期内就能取得突破性成果。这一现象引发了我们对

---

* 李玉花：浙江财经大学经济学院教授、经济学博士、博士生导师。主持国家自然科学基金项目 2 项，参与国家社科基金重点项目、国家自然科学基金以及国家社科基金多项。在《管理世界》、*Journal of Economic Behavior and Organization*、*R&D Management*、*International Journal of Management Reviews*、《中国工业经济》、*Review of Development Economics* 等国内外一流期刊上发表多篇学术论文。曾获得第十届广东省哲学社会科学优秀成果奖一等奖。

AI在企业发展和创新中作用的深入思考。我们关注的焦点主要集中在两个方面：首先，AI如何影响企业对知识的获取，尤其是对知识多样性的影响；其次，AI如何打破企业的传统操作模式和惯例，从而推动创新。这种创新是新质生产力和高质量发展的关键驱动力。通过AI的研究，我们旨在探索它如何深刻地影响企业的知识和创新能力，以及如何通过技术革新来引领企业走向更高效、更智能的发展道路。这不仅是对现有生产方式的优化，更是对未来生产力发展的一次深远思考。

在这一领域，众多研究者已经深入探讨了AI在推动创新方面的作用，并进行了广泛的研究。特别是，一些研究聚焦于工业机器人应用对创新的贡献，分析了它们如何通过增强企业的学习能力和研发投资来促进创新。同时，还有研究探讨了大数据对创新的影响。此外，一些学者采用机器学习方法来评估AI技术，并进一步研究其对创新的促进作用。这些研究结果一致表明，AI在推动创新方面发挥着至关重要的作用。正是这些成果，为我们提供了持续进行这项研究的坚定信念和动力。我们相信，通过深入探索AI的潜力，可以为创新和生产力的提升开辟新的道路。

我们这篇文章是在前人研究的基础上进一步深化的。这篇文章的第一个创新点是，虽然已有研究探讨了人工智能技术的整体应用，但对AI技术的细分领域以及其对创新的具体作用机制的探讨还相对有限。为了填补这一研究空白，我们的文章专注于深入挖掘AI技术中的四个关键领域：机器学习、自然语言处理、计算机视觉以及知识表示与推理。我们的目标是探索这四类技术分别如何影响企业的创新过程。通过细致分析，我们旨在揭示这些技术如何促进企业创新，以及它们在创新过程中所扮演的角色。

第二个创新点是，尽管现有文献已经探讨了人工智能对创新的影响，但它们往往聚焦于资源错位、资源重组和研发投入等机制。这些研究在捕捉 AI 技术的独特性方面存在不足，对 AI 技术的深入分析尚显欠缺。为了解决这一问题，我们的研究提出了一个新的分析框架。我们认为，AI 技术应用的核心优势在于提升企业获取知识的能力，并能够打破现有的组织惯例，从而激发创新。我们的研究框架旨在阐明 AI 技术应用如何通过这些途径对企业的创新产生积极影响。通过这一框架，我们的文章将深入探讨 AI 技术应用在促进企业创新方面的作用机制，以及它如何帮助企业更有效地获取和利用知识资源，打破传统束缚，实现创新。这不仅为理解 AI 技术在创新中的作用提供了新的视角，也为企业管理实践提供了有益的指导。

第三个创新点是，现有研究主要考察了 AI 对整体创新的影响，缺少对不同创新类型更为细致的分析。根据创新新颖程度的不同，创新可以分为渐进式创新和突破式创新。本文探讨了 AI 技术应用对不同创新类型的影响，与渐进式创新相比，突破式创新往往面临更长的周期和更大的风险，通过比较 AI 技术应用对企业渐进式和突破式创新的影响可以进一步丰富现有文献，并为理解 AI 技术在企业创新中的作用提供新的视角。

下面是我们的理论基础和假设。本文从知识资源、组织惯例两个角度出发，认为不同 AI 技术应用通过增加知识多样性、打破组织惯例，促进企业创新。同时，吸收能力强的企业能够更好地应对 AI 技术应用带来的变化，有效识别、理解并整合来自行业内外的多样化知识，摆脱组织惯例的限制，从而加速企业创新活动的实施。具体内容阐述如下：

第一个机制是，AI 技术应用通过增加知识多样性进而影响企业创新。知识多样性被认为是企业知识库中类别的分散水平。AI 能够处理和分析各种相关和不相关的数据，丰富和扩展企业的知识库，进而促进知识多样性。机器学习通过自主学习数据中的模式生成新知识；自然语言处理技术拓宽和深化了文本数据的知识范围；计算机视觉可以增加视觉信息的多样性；知识表示与推理技术扩展和深化知识库的广度和深度。进一步，知识多样性高的企业能通过共享知识体系、跨学科的知识融合、提高知识的互补性来促进创新。

第二个机制是，AI 技术应用通过打破组织惯例以促进企业创新。现有企业能否改变其组织惯例一直是学术界反复探讨的话题。打破组织惯例对企业创新具有重要的意义，它鼓励创新思维、促进团队协作、增加市场洞察力，为企业创造更加灵活、开放和竞争力强的创新环境。AI 技术正在改变众多行业的“游戏规则”，这不仅影响了企业如何组织内部活动，也改变了企业实现 AI 环境所需的惯例。不同 AI 技术都有其特定的应用场景，通过这些技术的整合和应用，企业可以有效地打破传统操作模式的局限，进而促进企业创新。

第三个作用机制即吸收能力的调节作用。尽管我们普遍认识到人工智能能够增强企业获取多样化知识的能力，并有助于打破组织惯例，但在实际应用中，企业要实现这些目标并非易事。关键在于企业对新知识的吸收能力，这实际上指的是企业获取、消化、转化和利用外部知识的能力。这种吸收能力直接关系到知识多样性如何转化为创新。如果企业具有较强的知识多样性，它就能够重新配置资源，促进跨部门合作，进而推动创新。在打破组织惯例方面，吸收能力较强的企业能够更快地识别和采纳其他企业的创新实践，并将其应用到自己的业务中。这种能力还有助于企业内部创新文化的变革，从而激发创新活力。当然，这种吸收能力还能为企业带来新的机遇。简而言之，企业若想充分利用AI技术，就必须重视并提升自身的吸收能力，这样才能在创新的道路上迈出坚实的步伐。

我们的研究设计基于2009～2022年的上市公司数据库。我们利用机器学习方法进行识别，针对前面提到的四类人工智能技术分别进行分组，生成了AI词典和AI词汇库。通过对年度报告中出现的AI关键词进行文本分析，我们计算了关键词的数量，并进行了相应的分析。

我们刚才介绍打破组织惯例的变量，这样一个变量其实是非常难度量的，但是现在AI技术可以帮我们实现。通过机器学习和文本分析，我们能够识别打破组织惯例的程度，这与AI技术应用相仿。而知识多样性是通过熵值法进行衡量的。

这是我们的回归模型，这个模型聚类到行业年份层面。现在让我们来讨论内生性问题。首先，让我们谈谈遗漏变量偏误的问题。通过观察可观测变量与不可观测变量的比率，我们指出遗漏变量对我们的研究结果没有产生偏误，具体细节就不再赘述。其次，我们面临着一些选择偏误的问题。我们使用倾向得分匹配和赫克曼（Heckman）两阶段来解决样本选择偏误的问题。最后，我们采用了工具变量法，一个合成工具变量。我们选取了2009年企业的AI技术利用情况作为初始份额，并使用了第三产业的均值变化率。我们排除了企业所在的城市，并尝试了其他工具变量，例如，1840年口岸数量和全球工业机器人的增长率。与这些方法类似，不同之处在于初始份额和增长率所使用的指标不同。进一步，在稳健性检验方面，我们通过替换核心解释变量、考虑滞后效应、调整样本范围来实现。

下面是作用机制的检验。在之前的部分中，我们提到了两个关键概念。第一是 AI 能够提高企业获取知识多样性的能力，这种知识多样性是通过专利水平来计算的，这一方法也是相对成熟的。第二是打破组织惯例，这些惯例包括各种优化方法，通过模仿 AI 技术和机器学习的方法来打破组织惯例。这些结果也是可以得到证实的。

吸收能力的调节机制。这个吸收能力也是有很多种测度方法，我们这篇文章用了两个测度：一个企业产学研的合作情况，一个研发投入来测吸收能力，结果显示：吸收能力越强的企业，AI 技术应用对其创新影响的效果是越好的。

进一步分析时，我们采用了 Oaxaca - Blinder 分解方法来研究 AI 技术对创新的影响，以确定其贡献有多大。研究结果表明了 AI 技术对创新的重要性。另外，进一步分析表明，在高生产率企业、高人力资本企业以及高新技术企业中，AI 技术的应用加强了与创新之间的关系。

以下是一个关键观点。我们刚刚将 AI 技术应用划分为四类，这四类技术对创新的影响中，机器学习和计算机视觉技术促进了企业创新。然而，在自然语言处理技术以及知识表示和推理技术方面，根据目前的结果来看，它们的影响并不显著。我们提出了一些可能的原因来解释这种现象。可能的原因之一是技术的成熟度和广泛应用。在 AI 领域，一些细分领域可能已经相当成熟，而另一些则尚未达到同样的水平。此外，一些技术只在创新项目中得到应用，而另一些则没有。其次，数据的可获得性和质量也是一个可能的原因。一些数据相对容易获取，而另一些，尤其是高质量的自然语言数据和知识库，可能更难获得。由于 AI 技术的建立和维护成本较高，其影响可能并不如其他技术那样显著。此外，长期投资与短期回报之间的差异也可能导致 AI 技术对创新的影响并不明显。下一步，我们需要解决的问题是如何让 AI 技术产生更为明显的影响。

接下来是 AI 技术应用对不同类型创新的影响。我们根据创新程度的新颖性，把创新分为渐进式创新和突破式创新，进而观察 AI 技术对不同创新是如何影响的。渐进式创新和突破式创新的测度方面，我们根据现有的文献，比较企业过去 5 年的专利，如果说今年的专利和过去 5 年的专利同属于一个小类代码下，该专利就是渐进式创新，不在一个代码下即为突破性创新。回归结果显示，突破性创新当期并不显著，但是在滞后五期、六期的时候就显著了，这就比较符合现实的情况，表明突破式创新可能需要较长时间才能显现其效果。

突破式创新是一种高风险、长周期的投资，它需要持续的资金和时间投入才能逐渐显现其效果，这与现实情况相符。此外，实现突破式创新所需的知识整合是一个逐步积累的过程，需要足够的数据来支撑创新想法的形成和发展。因此，在短期内，我们可能不会看到对突破式创新的显著影响。另一个关键因素是组织惯例的打破，这本质上是一种深刻的变革。变革往往不易实现，并且需要较长时间才能显现成效，这也是为什么突破式创新往往需要数年时间来实现的原因之一。这一点与我们的研究结果高度一致。同时，AI

技术的局限性和潜力也是影响创新的因素之一。尽管 AI 技术已被广泛使用并取得了显著发展，但某些应用尚未达到预期效果，这提示我们在推动技术创新时需要更加审慎。不耽误大家的时间了！谢谢！

中国专利制度的经济增长和收入分配效应研究

潘士远*

非常感谢浙江财经大学提供的宝贵机会，让我有机会与各位同仁交流。今天汇报的题目是“中国专利制度的经济增长和收入分配效应研究”，这项研究是我与北京师范大学郑智杰老师合作完成。

长期以来，效率和公平是经济学关注的核心话题之一，专利制度在促进经济增长方面具有重要作用。当前，社会各界对收入分配问题异常关注，很多学者也在探讨专利制度如何影响效率与公平，这在中国尤为重要。因此，我们系统地评估了中国背景下的专利保护制度如何影响经济增长和收入分配。

目前，我国经济发展进入了调动新质生产力重要作用的新常态。知识产权保护在促进经济增长和新型生产力形成方面具有重要作用。同时，大量研究表明，我国近年收入差距呈上升趋势。尽管收入差距扩大趋势在共同富裕政策的影响下有所缓解，但就历史数据而言，当前收入差距依然较大。例如，我国基尼系数从 20 世纪 80

* 潘士远：浙江大学求是特聘教授、博导，浙江大学社科学部副主任，浙江大学民营经济中心主任。已在《经济研究》、《管理世界》、*International Economic Review* 等发表论文 60 余篇。曾获浙江省哲学与社会科学优秀成果奖一等奖、二等奖。担任 *China Economic Review* 副主编，浙江省经济学会副会长，浙江省人民政府咨询委员会委员、浙江省人大常委会咨询专家。

年代的 0. 3 上升至 2017 年的 0. 47，增幅较大。国家统计局数据分析结果显示，2019 年收入最高的 20% 人群占据了全部消费性收入的 48%，而收入最低的 20% 人群仅占 4%。此外，中国人民银行统计司发布的《中国城镇居民消费者资产负债调查报告》显示，2019 年净资产最高的 20% 消费者占有居民全部净资产的 63%，而最低的 20% 的人仅占 2. 6%。这些数据表明，我国收入分配问题依然突出，值得进一步深入研究和探讨。在此背景下，我们聚焦于探究中国专利制度如何影响公平和效率。

本文通过构建异质性动态一般均衡增长模型来进行评估，这里的异质性主要体现在家庭和企业层面：每个家庭持有的资产不均等，在位企业和进入企业的研发投入也有差异。基于上述异质性增长模型进行量化分析后的第一个主要发现是，专利制度具有正向经济增长效应。专利制度会改变在位企业和进入企业的资源配置结构和效率，进而影响整体经济增长效果；增加专利宽度能提高专利保护程度，从而使得市场进入率提升 2. 53%，这表明强化专利制度有助于改善企业的市场准入机会，最终表现为提高小企业市场占比且降低大企业市场占比，这一结论具有重要的创新性。传统文献未考虑异质性时发现，专利制度会提高大企业市场占比，进而形成企业垄断。但同时考虑家庭和企业部门异质性后发现，专利制度会提高小企业市场占比，从而致使企业分布的平均规模下降，最终促进整体技术进步和经济增长。

第二个重要发现涉及专利制度的收入分配效应。形成该效应的渠道主要为利率效应和资产价格效应。家庭收入主要由资产和劳动收入构成，专利制度影响收入分配的第一个渠道为利率效应，即专利制度会影响经济增长增长率，进而影响利率（资产回报率），最终改变整体收入分配状况。在此基础上，我们将该效应分解为在位企业和进入企业利率效应后发现，专利宽度不通过在位企业利率效应影响收入分配，即在位企业创新与专利制度无关，不会影响其创新速度，因而无法影响整体利率规模。专利宽度不能通过在位企业利率效应影响收入不平等，但会通过进入企业利率效应扩大收入分配差距，即专利制度会影响进入企业创新速度，从而影响整体利率。利率扩大在资产不均衡分布的前提下，专利宽度会通过进入企业利率效应扩大整个收入分配不平等。第二个渠道是资产价格效应。工资和资产的相对比值在专利制度如何影响收入分配过程中起着关键作用，即资产价格效应。这与利率效应紧密联系，专利制度提升在位企业的研发速度跟进入企业相比在下降，专利宽度通过在位企业的资产价格效应降低收入不平等，但通过进入企业的资产价格效应会扩大收入不平等，这两种分类资产价格效应在本文模型中恰好抵消，最后使得专利制度不能通过资产价格，而是通过利率效应来影响收入分配。

考虑到专利保护的收入不平等代价时，参数模拟和校准结果表明，专利宽度增加会导致初次分配中劳动收入份额下降 3.7%，收入不平等程度亦随之扩大 3.96%，顶层 1% 和 10% 人口的收入份额分别增加 1.35% 和 2.26%。

此外，我们还研究了专利保护的福利效应。如果忽略闲暇会高估专利保护对效率的影响，并低估专利保护扩大收入不平等的效应。将闲暇纳入模型后发现，富有人群将享受更多闲暇，这在数字模拟中扮演着重要角色。最后通过数字模拟发现，若引入企业所得税或资本利得税，此时可在某种程度上兼顾公平和效率。

本文的创新体现在以下方面：

首先，在一个考虑消费者和企业异质性的框架内研究专利保护对经济增长和社会福利的影响。本文发现增加专利宽度会提高新进企业的市场份额，降低在位企业的市场份额，企业平均规模下降，企业分布更趋集中，进而促进市场竞争和企业创新。其次，有望为最优专利制度的设计提供新视角。已有文献判定专利制度是否最优的准绳多为其是否最大化加总的社会福利，本文则紧扣消费者异质性的特点，注重分析专利保护如何影响消费者的收入分布、消费分布和福利分布。这意味着，收入不平等是最优专利政策设计不可忽视的重要内容。最后，能够为我国专利制度的设计与实施提供参考。当今是我国迈向高收入国家和实现共同富裕的历史重要时期，依赖高标准、原发性的技术创新是推动经济结构转型及转变经济增长模式的关键。同时，如何落实共享发展理念，实现“共享是人人享有、各得其所，不是少数人共享、一部分人共享”的愿景，是重要议题。基于这一重大时代背景，需努力打造专利政策与其他政策的组合拳，激发个人和企业的创新积极性，使专利政策既能够促进经济结构成功转型，又能有效降低贫富差距、实现共同富裕。

接下来介绍简要概述我国专利制度变迁史，这是为全文理论模型进行现实铺垫。我国知识产权制度的主要特点如下：第一，新中国第一个知识产权制度起步较晚，第一部《中华人民共和国专利法》于1984年才获得通过；第二，我国知识产权制度与时俱进，尤其是加入WTO前做了较大修改以满足了入世要求；第三，2008年6月国务院颁布实施了《国家知识产权战略纲要》，知识产权上升为国家战略；第四，中国每年发布《国家知识产权战略实施推进计划》，均强调全面开展和加强知识产权保护工作。

我国知识产权保护制度的迅速发展体现在三个方面：一是，知识产权保护制度体系日渐完善，知识产权保护力度不断加大，知识产权市场运行机制更加健全。二是，积极参与知识产权全球治理，完善知识产权国际规则体系，知识产权保护国内的立法与实践国际化，接轨通行国际规则和制度共识。三是，不断夯实法治化作为加强知识产权保护的基础和保障，有效推动知识产权保护立法代替行政法规。接下来是理论模型构建：

- 经济中包含测度为 1 的异质性家庭，表示为 $h \in [0, 1]$
- 终生效用函数：

$$U(h) = \int_0^\infty e^{-\rho t} \log u(h, t) dt$$

即期效用函数：

$$\log U(h, t) = \log C(h, t) + \eta \log[1 - L(h, t)]$$

$\rho > 0$：贴现率；$\eta > 0$：衡量对闲暇的偏好；$C(h, t)$：消费数量；$L(h, t)$：劳动供给。

- 预算约束：

$$\dot{A}(h, t) = r(t) A(h, t) + w(t) L(h, t) - C(h, t)$$

$r(t)$：利率；$w(t)$：劳动工资率。

首先，家庭效用来自消费和闲暇两个部分，参数 η 衡量了消费者对闲暇的偏好，由此可推导出效用最大化的一阶条件如下：

效用最大化问题：

- 决定消费与闲暇选择的最优条件：

$$w[1-L(h)]=\eta C(h)$$

- 决定跨期消费选择的最优条件：

$$\dot{C}(h)/C(h)=r-\rho$$

- 各个消费者的跨期决策安排相同：

$$\dot{C}/C=\dot{C}(h)/C(h)=r-\rho$$

其次，生产部门的最优决策问题很关键。根据产品类型可将企业分为上下游企业，生产下游最终产品的企业间完全竞争，需投入上游中间产品进行生产，中间产品在一定程度上代表了一个国家技术水平的高低。若该技术设备或中央产品质量较高，说明其技术越先进，但这取决于创新水平。若该企业每次创新成功推动产品技术提升的幅度为 λ。

- 中间产品企业的生产函数：

$$X(j)=q(j)L_x(j)$$

$q(j)$：产品 j 的最高生产技术；$L_x(j)$：生产劳动力

- 专利宽度：其他没有侵权产品的特征与专利产品特征的差异（Klemperer，1990；Goh & Olivier，2002；潘士远，2005）

- 定价策略：

$$p(X,\ j)\leqslant \min\{(1+\lambda)w/q(j),\ \mu w/q(i)\}$$

$\lambda>0$：每次创新成功推动产品技术提升的幅度。

- 最优定价：

$$p(X, j) = \mu w / q(j)$$

- 垄断利润函数：

$$\pi(X, j) = p(X, j)X(j) - wL_x(j) = \left(\frac{\mu - 1}{\mu}\right)Y$$

- 劳动力需求函数：

$$L_x(j) = \frac{Y}{\mu w}$$

一个简化的中间产品企业生产函数为 CES 加总的简单生产函数，其中 X 代表中间产品投入数量，接下来中间产品需要研发出来再生产，一个简单的假设是需要劳动力进行生产，但这取决于中间产品的技术水平。技术水平越高，生产中间产品的投入越少。

最重要是如何将专利保护制度引入模型。一个简单假设是，专利保护或专利宽度代表打击假冒伪劣产品的程度，若打击程度越大，专利产品定价越高。反之，若打击假冒伪劣产品的力度越小，劣质产品进入市场会导致专利产品定价水准降低。因此，专利保护（或专利宽度）通过这一逻辑引入模型，用参数 μ 表示，最大取值为 1，此时所有专利保护极差，假冒伪劣产品的打击力度不够，所有产品都进入市场，相当于该产品在市场上完全竞争，这只是成本定价。若存在专利保护，对假冒伪劣产品进行打击，就能获得垄断加成。即本文的一个核心假设是专利宽度衡量了垄断加成的程度。

- 定义：企业 $k \in [0, K]$ 是一系列产品线的集合，一个企业的产品线数量决定了企业规模。
- 在位企业增加一条产品线的概率为 Z_k
- 技术进步函数：

$$Z_k = \left(\frac{L(k)}{\varphi}\right)^{\gamma} n^{1-\gamma}$$

$\varphi > 0$：生产力参数；$0 < \gamma < 1$：弹性参数；$L(k)$：研发劳动力数量；n：产品线数量。

- 成本函数：

$$wL(k) = \varphi w n (z_k)^{1/\gamma}$$

最后，讨论在位企业和进入企业创新模式。之前假设消费者存在异质性，企业同样具有异质性。当在位企业具有异质性时，其创新产品便随之出现，一条新生产线也由此形成。企业 $k \in [0, K]$ 是一系列产品线的集合，同时不同生产线间存在溢出的效应，n 代表产品线数量。

- 市场中包含测度为 1 的大量潜在进入者。
- 研发技术：

$$z_e = \frac{L_e}{\phi}$$

$\phi > 0$：生产力参数；L_e：研发劳动力。

- 可自由进入市场条件：

$$z_e V(1) = wL_e$$

V(1)：拥有 1 条产品线的企业价值。

进入企业只研发出一个新产品，其研发函数跟在位企业不一样。原因在于，有一个新企业进入，就只研发一个中间产品或一条新生产线，n 便消失了，这体现了在位企业和进入企业异质性特征。

- 企业分布：
- 定义 f(n) 为市场中拥有 n 条产品线的企业集合，则

$$f(1)m = z_e, \quad n = 1$$

$$(n-1)z_k f(n-1) + (n+1)mf(n+1) = (z_k + m)nf(n), \quad n > 1$$

- 企业总和为 1，即

$$\sum_{n=1}^{\infty} nf(n) = 1$$

- 各个消费者最大化效用水平、各类企业最大化利润以及各类市场达到出清。
- 劳动力市场出清：$L_x + L_k + L_e = L$
- 资本市场出清：$A = \sum_{n=1}^{\infty} f(n)V(n)$
- 最终品市场出清：$C = Y$

刻画好两类企业决策模式后，通过企业利润最大化目标函数，便能推导出市场出清条件。值得注意的是，为保证在任时刻都伴随着企业进入和退出行为发生的情况下，企业退出和进入需相等才能达到稳态。在此基础上，整个系统均衡条件为劳动力市场、资本市场和产品市场同时满足出清。μ 代表专利保护程度，其数字越大代表保护程度越高，反之，μ 越小代表保护程度越弱。μ 是专利保护强度的增函数，与新企业进入机会正相关。

- 最终产品生产函数：

$$\ln Y = \ln\left(\frac{1}{\omega(1+\lambda)}\right) + \int_0^1 \ln q(j)\, dj$$

技术指数：

$$Q = \exp\left(\int_0^1 \ln q(j)\, dj\right)$$

- 技术指数的演化方程：

$$\ln Q = \int_0^1 \{(m\Delta t)\ln[(1+\lambda)q(j)] + (1 - m\Delta t)\ln q(j)\} dj + o(\Delta t)$$

- 技术进步率/经济增长率：

$$g = \left[\frac{(\mu-1)(1+\rho\phi)}{\phi\mu(1+\eta)} + (1-\gamma)\left(\frac{\gamma\phi}{\varphi}\right)^{\frac{\gamma}{1-\gamma}} - \rho\right]\ln(1+\lambda)$$

在此基础上，还可计算技术进步率（或经济增长率）g。易知，g 为 μ 的增函数，增加专利宽度能激励市场进入，从而提高小企业的市场占比，降低大企业的市场占比，并促进技术创新和经济增长。该理论有别于传统理论的地方在于，考虑企业异质性的条件下，专利保护能加强企业市场垄断能力，但考虑异质性则会得出相反结论，即专利保护会削弱企业市场垄断能力，从而促进技术创新和经济增长。

- 消费者 h 接收转移支付前的总收入：$I(h) = rA(h) + wL(h)$
- 所有消费者的平均收入：$I = rA + wL$

- 相对收入水平：

$$\theta_I(h)\equiv\frac{I(h)}{I}=\frac{rA(h)+wL(h)}{rA+wL}=\frac{[(1+\eta)r-\rho\eta](A/w)\theta_A(h)+1}{[(1+\eta)r-\eta\rho]A/w+1}$$

- 相对收入分布标准差/基尼系数：

$$\sigma_I=\sqrt{\int_0^1[\theta_I(h)-1]^2dh}=\frac{[(1+\eta)r-\eta\rho]A/w}{[(1+\eta)r-\eta\rho]A/w+1}\sigma_A$$

- 影响机制：利率效应 $r=\rho+g$ 以及资产价格效应 A/w。

那么，专利保护如何影响收入不平等呢？计算可得基尼系数表达式如上所示，r、A/w 分别利率、资产与工资相对重要性对整体收入分配的影响，即两个核心渠道：利率效应和价格效应。利率效应表明，专利宽度通过提高利率扩大收入不平等程度，但在位企业和进入企业不一样。在位企业和进入企业的资产价格效应也不尽相同，本模型的特殊假设是这两个效应相互抵消，若发生变化的话，不一定能完全抵消，这是为保证模型能顺利求解的基本假设。

紧接着讨论闲暇的作用。式中 η 代表闲暇的作用。若考虑闲暇，则专利收入对收入不平等的影响会进一步扩大，富人能享受更多闲暇。

- 引入企业所得税：

$$\hat{\pi}(X,j)=(1-\tau)\pi(X,j)=\alpha(1-\tau)\left(\frac{\mu-1}{\mu}\right)Y$$

- 政府的预算平衡约束：

$$\hat{\pi}(X,j)=(1-\tau)\pi(X,j)=\alpha(1-\tau)\left(\frac{\mu-1}{\mu}\right)Y$$

• 均衡的市场进入率和经济增长率：

$$z_e = \frac{\alpha(1-\tau)(\mu-1)(1+\rho\phi)}{\phi[\mu(\alpha+\eta-\alpha\tau)+\alpha\tau]} - \gamma\left(\frac{\gamma\phi}{\varphi}\right)^{\frac{\gamma}{1-\gamma}} - \rho$$

$$g = \left[\frac{\alpha(1-\tau)(\mu-1)(1+\rho\phi)}{\phi[\mu(\alpha+\eta-\alpha\tau)+\alpha\tau]} + (1-\gamma)\left(\frac{\gamma\phi}{\varphi}\right)^{\frac{\gamma}{1-\gamma}} - \rho\right]\ln(1+\lambda)$$

探讨专利制度与税收制度协同的作用时，首先引入企业所得税（或资产所得税），原文对引入资产所得税如何影响整体结果进行了详细讨论，资产所得税引入后可能会缩小收入分配不平等程度，即降低专利保护的利率效应。

在进行数字分析和模型校准时，共涉及 9 个参数。部分参数如时间贴现率和专利宽度能从现有文献中直接获得。专利宽度等于 1.2，意味着垄断加成约为 20%，企业所得税税率为 25%，国内大多文献表明该税率略高于 25%，其余参数要从现实中寻找，如劳动人口占总人口比例为 54.3%。通过比较模型预测值与实际数据的吻合度后发现，结果基本吻合。劳动收入份额数据和预测值稍有差异，其他数据预测值与现实非常接近，该模型能在一定程度上拟合现实。在此基础上的数值模拟结果显示，专利宽度变化对生产部门的影响效应与理论预测几乎一致，专利制度加强会促进正增长，同时会导致企业分布向小企业倾斜，大企业数量占比减少。对收入不平等的影响考虑了顶层收入份额、劳动份额以及社会福利水平等层面，这与前文理论预测保持一致，但均未考虑税收的影响。如图 1 所示。

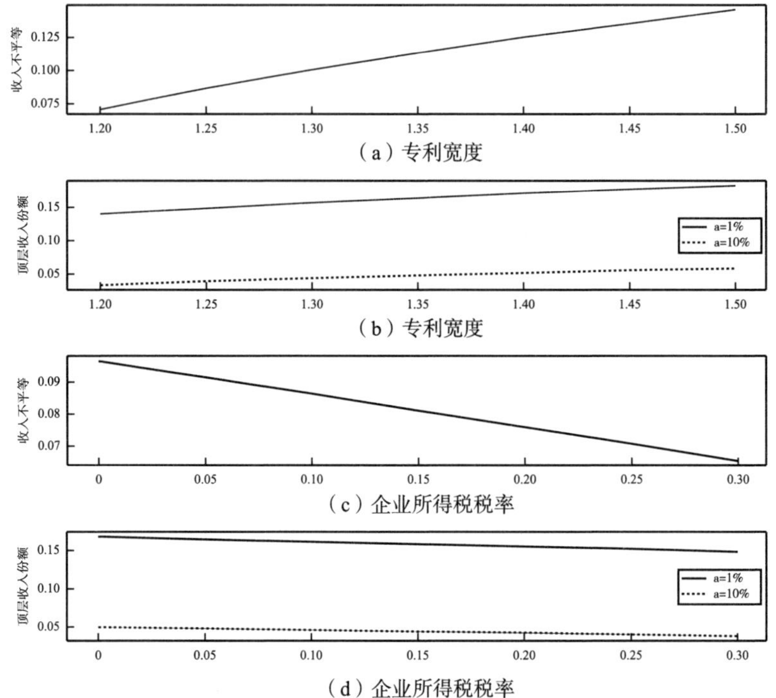

图1　不同收入水平下的专利宽度和企业所得税税率

若考虑对二次分配的影响，应将税收考虑进来。结果显示，税收越高，专利保护对整体经济增长的作用会下降，其收入不平等的扩大效应也会下降，对最高的前10%和前1%人群的收入份额也随之降低。由此可见，税收对基准结果具有重要的调节作用。

接下来讨论企业所得税税率变化的增长和分配效应。主要看税率变化对不平等的影响效应，这与前面提到的税率加入后，专利保护加强能在一定程度上兼顾公平与效率。这就是增长效应和二次分配效应。

最后，做一个简单的总结。我们试图在一个异质性模型框架内分析知识产权保护会对效率和收入分配有何影响？然后采用中国数据对理论推导结果进行检验。数字模拟结果显示，虽然专利保护会促进增长，但也会扩大收入分配。这一问题如何解决呢？这需要在二次分配时将税收政策考虑进来，从而实现公平与效率的兼顾。

我的汇报到此结束，谢谢大家！

中国劳动力市场的技能溢价：教育、贸易自由化与内生技术进步

张川川*

本文主要探讨贸易、教育和人力资本积累，特别是高学历人口供给的增加如何导致内生技术进步，进而影响人力资本在劳动力市场中的技能溢价。

一、研究动因

人力资本是一个非常重要的概念。邓明（Deming，2022）提到，人力资本能够解释国别收入差别的50%～75%，以及国内收入差距的1/3，因此研究人力资本的影响是一个非常重要的议题。此外，关于不平等的研究也发现，技能溢价是决定工资差距进而决定收入差距的一个关键因素。国民收入的50%来自工资性收入，如果工资性收入的不平等扩大，整体收入不平等也会随之扩大，而决定工资差距的一个重要因素就是技能溢价。技能溢价是指技能劳动力

---

* 张川川：浙江大学经济学院研究员、浙江大学劳动经济研究所副所长，教育部高层次人才计划青年学者（2022年度）。在《中国社会科学》《经济研究》《管理世界》《经济学（季刊）》和 *Demography*，*American Economic Journal*：*Applied Economics*，*Journal of Development Economics* 等国内外重要学术期刊以及《光明日报》《经济日报》等重要媒体发表各类文章80余篇。曾获教育部高等学校科学研究优秀成果奖（青年奖）、教育部霍英东教育基金会第十六届高等院校青年教师基金、北京市第十九届哲学社会科学优秀成果奖一等奖、第二十二届浙江省哲学社会科学优秀成果奖一等奖、第五届张培刚发展经济学青年学者奖、第三届和第四届青木昌彦经济学论文奖（提名奖）等奖励荣誉。

与非技能劳动力之间的工资差距，这反映了劳动力市场中技能劳动力的相对供给和需求。

从数据中，我们发现了一个有趣的现象。从 1990 年开始，高等教育毕业生数量迅速增加（见图 1），尤其是 1997 年和 1998 年高校扩招后，增长速度更为显著。预计今年将有约 1 057 万大学生毕业。按理说，如此大量的大学生进入劳动力市场，应该会导致相对工资差距缩小。然而，图 2 显示尽管数据来源不同（（a）是 UHS，（b）是 CFPS 中国家庭动态调查）[①]，但技能溢价一直在增加或者保持稳定。具体来看，（a）显示从 1990～2010 年，技能溢价在不断上升，不同学历层次的工资差距也在扩大。而（b）显示从 2010～2020 年，尽管技能溢价的上升速度不如之前剧烈，但也没有明显下降。这种现象并非中国独有，美国在 20 世纪 80 年代也经历过类似情况。高学历人口比例迅速上升的同时技能溢价并没有下降，一些学者提出了内生技术进步的解释（Katz and Murphy，1992；Acemoglu，1998；Autor，Katz and Kearney，2008；Feng and Xia，2022；Carneiro et al.，2023）。内生技术进步理论认为，大学生大量进入劳动力市场并未降低技能溢价，要理解为什么供给增加，价格反而上升，关键在于内生技术进步，为什么跟新质生产力有关系？因为通过人力资本的积累，通过高等教育的发展能够促进技术进步。

---

① 因为没有统一的微观调查数据库可以覆盖 1990～2020 年，所以我们使用了两个大型微观调查数据库来计算不同学历的教育回报率。

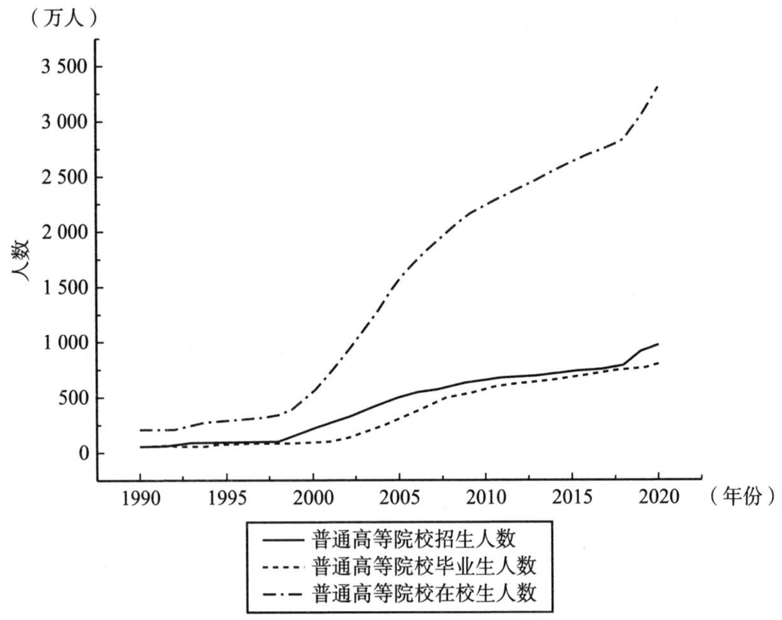

图 1　我国高等教育发展：1990～2020 年

资料来源：笔者整理绘制。

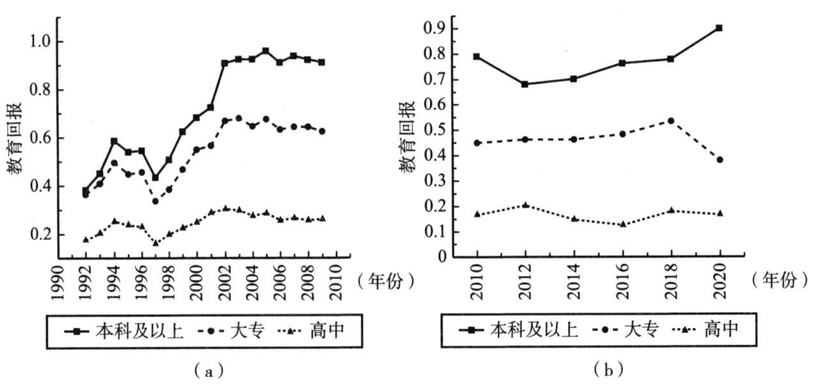

图 2　技能溢价：1992～2020 年

资料来源：笔者整理绘制。

如何解释技能劳动力相对供给和劳动力市场技能溢价水平同时增长这一悖论？阿西莫格鲁（Acemoglu，1998；2003）提出，技能劳动力供给的增加会导致技能偏向的技术进步，从而增加对技能劳动力的相对需求，抵消技能劳动力相对供给增加对技能溢价的负面影响。然而，这一理论尚不完整，因为企业雇用大量廉价劳动力后，必须有市场需求来消费其生产的技术密集型产品，否则企业将失去动力继续生产，从而可能导致产能过剩和通货紧缩。这一观点在相关文献中得到了进一步论证，他认为只有在企业面临充足的产品需求时，技能劳动力的增加才会促进企业研发投入和实现技术进步。

我认为这是一个宏观视角。在讨论扩大内需，通过增加消费来拉动增长时，这里面存在一个争论。传统的经济增长理论就是 Y = KL，推动经济增长的永远是投资（K）和劳动力（L）的投入，不可能靠消费，因为消费并不在这一框架内。如果我们将消费考虑在内，并认为消费可以影响技术进步（A），那么消费可能通过这个途径实现经济增长。这也是为什么我觉得这个议题非常有趣。通过将消费引入增长理论，可以为经济增长提供一个新的视角，从而更全面地理解经济发展的动力。

关于进出口是否会影响技能溢价和技术进步的文献有非常多，但是研究结果存在一定的分歧。有些研究认为出口扩张会导致技能溢价下降，而有些则得出相反结论。为什么会发现出口扩张导致技能溢价下降呢？其中的逻辑可以用巴拉萨—萨缪尔森效应来解释，即在标准的国际贸易模型（H－O 模型）中，一个发展中国家基于比较优势与发达国家进行贸易，会出口劳动密集型产品，这些产品通常由低技能工人生产。如果劳动密集型产品的相对需求上升，那么对低技能劳动的需求也会相对上升，从而导致技能溢价下降。我自己的研究也发现，中国的出口扩张确实导致了技能溢价下降，这意味着中国的企业可能陷入了生产低技能产品的低端产业链中，只能做美国的小跟班。

然而，也有研究发现出口扩张导致技能溢价上升，对墨西哥的研究也有类似的发现。这是为什么呢？这些文献在讨论出口扩张对技能溢价的影响时往往采用静态视角，而未考虑出口扩张可能带来的技术进步，即当劳动密集型部门的产品技术上升时，这种技术进步传导到中间品部门和研发部门，这些部门面对技能劳动力供给的变化，可能会发生某种“化学反应”，从而改变技能劳动力的相对需求。这是一个相对复杂的动态过程。

二、研究问题

作为实证研究者，我曾困惑于这些相互矛盾的结果。为此，我们构建了一个模型，将技能劳动的相对供给和出口扩张纳入其中，同时考虑中间品部门、最终产品部门和研发部门。通过这个模型，我们刻画了技能劳动力相对供给和最终产品相对价格的变化对中间品部门生产决策和研发部门研发决策的影响，以及由此所导致的内生技术进步及其对劳动力市场技能溢价水平的影响。

我们的文章主要探讨了中国过去20~30年的两个关键变量：大学生数量的增加和出口扩张。众所周知，中国已经连续多年成为全球货物贸易出口第一的国家，同时大学生和博士的数量也达到了全球领先水平。这些大学生在就业市场上竞争激烈，即使是年薪10万元的职位也需要争夺。我们通过理论模型将这两个变量联系起来，发现当大学生数量增加和出口扩张这两个因素同时存在时，技术进步才会发生。如果只有其中一个因素，技术进步效果会被相互抵消。例如，出口增长一方面会推动生产低技能的贸易品，另一方面市场扩张和资本积累可能会促进研发投入。因此，理解这两个因素的相互作用对于解释中国的技术进步和技能溢价变化至关重要。

从理论上厘清了出口和技能劳动力的变化如何影响技术进步和技能溢价之后，我们面临的挑战是如何通过实证研究验证这一理论。我们的模型表明，技能劳动力的相对增加和贸易开放，特别是出口增长，促进了内生技术进步，而技能偏向型技术进步会影响技能溢价。这些现象在已有文献中已有部分讨论。例如，阿西莫格鲁强调技能劳动力供给的增加会导致内生技术进步，从而增加对技能劳动力的相对需求，并进一步影响技能溢价。马歇尔的理论文章也指出出口在某种情况下会带来内生技术进步。

我们进一步探讨能否提供实证证据来验证这些理论。阿西莫格鲁多年未进行类似检验，我们认为最大的挑战在于技能劳动力供给的增加本身具有内生性，因为它受到劳动力市场均衡的影响。许多情况下，供给的增加是内生的，也就是说，技能劳动力的增加内生于进出口活动。为了找到一个外生冲击，我们利用1999年的高校扩招冲击和高等教育资源分布的地区差异，构建了地区技能劳动力相对供给变动的工具变量，以估计教育的影响。对于贸易扩张的影响，我们利用中国加入WTO后美国对中国进口商品关税的削减，构建了另一个工具变量。通过这两个外生冲击，我们能够识别教育和贸易开放的影响，这是我们文章的核心内容。

三、学术贡献

本文主要在以下三个方面有一定的贡献：

第一，我们探讨了人力资本投资和教育发展是否会带来技术进步。2018 年有一篇代表性的文章指出，中国大学生进入城市后，会促使企业进行研发投入，并使用与大学生技能相匹配的技术。

第二，我们分析了进出口对技术进步的影响。已有大量文献讨论了进口在竞争压力下如何倒逼企业进行技术升级和改造。另外，在出口方面，有一种效应是“学习效应”（learning effect），即与发达国家进行贸易时，企业可以学习其先进的管理技术，从而实现技术进步；另一种效应是中间品进口效应，即直接进口技术。因此，我们的理论模型中包含一个中间品部门，为未来研究中间品贸易对技术进步的影响提供了分析框架。我们可以在这个框架内进一步探讨中间品带来的技术进步。

第三，我们探讨了除技术进步之外的另一种效应，即纯粹的需求拉动效应（demand-pull effect）。在技术不变的情况下，市场的相对需求和相对供给的变化也会导致技能溢价的变化。例如，当生产低技术密集型产品的企业与美国生产高技术密集型产品的企业进行交易时，出口增长会增加对国内低技能工人的相对需求，从而影响技能溢价。这一效应在文献中也有所提及，并与我们的研究相关。

四、理论模型

我们的故事大概就是这样的。本文的模型就不再详细介绍复杂的推导，只做简要说明。我们的模型存在劳动密集型和技能密集型两类生产部门，分别生产劳动密集型产 X 和技能密集型产品 Y。劳动力也分为高技能 $\overline{H}$ 和低技能 $\overline{L}$ 两类。除了这两个部门外，还有一个中间品部门，它使用劳动力互补的三类机器设备生产中间品（非技能劳动力；生产 X 的技能劳动力；生产 Y 的技能劳动力）。另一个研发部门则通过研发投入生产这些机器设备，技术进步体现在研发部门所生产的机器设备质量的提升上。

在这个设定中，有几个特别之处。中间品部门可以生产三类中间品：Sl、SX 和 SY。一般的模型假设 X 部门仅依赖低技能劳动力，而 Y 部门依赖高技能劳动力。然而，我们的模型引入了一个 SX 中间品，这意味着劳动密集型产品的生产也需要一些高技能劳动力，而不仅依靠低技能劳动力。这些高技能劳动力与另一个部门的高技能劳动力有一定差异。举个例子，社会上有两类企业：一类生产鞋子、裤子等劳动密集型产品，另一类生产火箭、计算机、人工智能等高技术产品。传统模型认为，生产劳动密集型产品的企业主要使用低技能工人，而生产高技术产品的企业使用高技能工人。我们的模型则指出，在两个部门中同时存在两类劳动者，即使是生产服装和食品加工的企业，也需要一些大学生和高技能劳动力。我们有一个假设是这些高技能劳动力的生产率通常低于生产更复杂产品的部门的高技能劳动力。这一设定的关键在于它引入了一个相对生产率的差异，这与之前的模型不同，也是本文比较重要的假设，因为我们后面有一个通过市场均衡效应所导致的相对技术进步的差异。

理论模型的具体推导以及中间品部门最大化问题在这里就不再详细展开了。重点是通过模型推导后的关键点：真正的技术进步是通过研发部门的研发来实现的。而研发部门的决策受到两个关键因素的影响：中间品的价格以及使用机器设备的劳动力数量。首先，研发部门生产的机器设备要卖给中间品部门。那么，研发的激励来源是什么呢？主要是中间品的相对价格。三个中间品生产部门的商品价格决定了他们对不同类型的机器设备和劳动力的需求，而这种需求会影响研发部门是否研发某种机器设备。这是一个非常关键的通道，因为国际贸易影响的是最终产品的价格，而最终产品的价格会传导到中间品的价格，从而进一步影响研发部门的研发决策。其次，是使用机器设备的劳动力数量，这里涉及所谓的规模效应（scale effect）。如果大部分劳动力使用某种不太先进的机器设备，那么生产这种设备的需求就会更大，因此，使用哪种机器设备的劳动力规模较大，就会推动研发部门生产这种设备。所以，关键在于价格效应（price effect）如何进一步连接到研发部门的技术投入和技术进步上，而劳动力的供给本身则通过规模效应影响到研发决策。这是两个关键的途径。

五、理论命题

通过这些推导，我们最终得出了一个静态结论：如果没有需求的扩张，两个部门 X 和 Y 产品的相对需求不变，仅仅增加技能劳动力供给的话，技能溢价会下降。这里有两个机制：（1）规模效应会带来技术进步，从而增加对高技能劳动力的相对需求；（2）劳动力市场的供给增加会影响均衡价格，导致技能溢价下降。这两个机制的效应综合起来，最终导致技能溢价的下降。因此，如果通过高校扩招提供了大量技能劳动力的供给，但没有相应的 X 和 Y 产品的相对需求增长，你应该看到工资差距缩小。这是我们的理论命题一。

我们发现一个非常关键的因素决定了技能溢价的变化，那就是技能密集型部门和劳动密集型部门的相对技术进步。具体来说，如果技能密集型部门的技术进步更快，那么技能溢价就会上升。这与两个部门都需要使用中间品有关，一个是SX，一个是SY，这两个中间品都需要技能劳动力。然而，决定技能溢价变化的关键在于这两个部门的技能劳动力相对生产力的变化。如果最后技能密集型部门中间品SY的技能劳动力生产率相对增加更快，我们就会看到技能溢价上升。这是我们的理论命题二。

最后，理论命题三是：产品相对价格的上升和技能劳动力相对供给的增加，会导致技能密集型部门相对于劳动密集型部门更快的技术进步，从而引发技能溢价上升。这不仅会带来技术进步的相对变化，还会推动产业升级和转型，这是新质生产力的第三个催生力量。因为在经济体内，技能密集型和劳动密集型两个部门共存，如果技能密集型部门的技术进步更快，其在整个经济中的份额会越来越大。这意味着一个产业结构的转型，并且这种部门内的更快增长会推动产业升级。因此，技能溢价的上升不仅反映了劳动力市场的变化，也预示着整体经济结构的升级。这就是我们的核心命题，我总结一下传导路径。我们研究的是进出口变化和大学生供给变化如何影响技术进步和技能溢价。首先，从出口的角度来看，出口增长会导致产品相对价格的变化。产品相对价格的变化会引起中间品价格的改变，从而引发研发部门的投入调整。这种调整会先促进劳动密集型技术的进步，然后市场竞争最终会使技能密集型部门的技术进步更快。其次，技能劳动力供给的增加会促进中间品部门增加对技能劳动力的需求以及与技能劳动力互补的机器设备投入，从而促进相应的研发部门增加研发投入，从而推动技术进步。因此，这两个逻辑链条共同作用，揭示了进出口和大学生供给变化如何影响技术进步和技能溢价。

六、实证分析

下一步是实证验证。虽然我们没有非常理想的数据，尤其是2010年以后的数据，但我们将分析时间设定在2000~2010年，这段时间正好是大学生数量和出口迅速增长的时期。本文使用UHS（统计局的数据）来计算技能溢价，该调查数据覆盖16个省份；根据人口普查数据计算产业构成和技能劳动力的相对规模；贸易数据来自联合国商品贸易统计数据库，根据WTO关税数据构建进出口的工具变量；企业相关信息，如劳动生产率、计算机使用率、企业利润率等，来自工业企业调查数据。

首先，我们计算了每个城市的技能溢价，在城市层面进行回归分析。使用标准的明瑟方程估计大学生与非大学生的相对工资。其次，我们计算高技能劳动力与低技能劳动力的相对比例，因为本文使用的是长差分估计，从2000~2010年的长差分，所以我们进一步作差得到技能劳动力相对供给在2000~2010年的变化。文献中基本上都是这样设定的，使用长差分估计这一时期的技能劳动力相对供给变化，以及出口和进口的变化。与所有研究美国贸易冲击的文献一致，我们利用中国加入WTO后美国对中国进口商品关税的削减为中国对外出口冲击构建shift-share工具变量。

我刚刚听了潘士远教授的报告，受到了很大的启发，我认为我们接下来需要加入专利数据。我们在城市层面使用技能劳动的相对均衡就业规模的变化数据。此外，在企业层面上，我们关注劳动生产率和计算机的使用，因为技术进步的一个重要指标是计算机、互联网、人工智能和数字化的应用情况。我们还关注了企业的利润率，采用计量模型进行长差分分析。

考虑到技能劳动力供给的内生性，主要参考我们 2016 年在《中国社会科学》上发表的文章的做法，利用 1999 年高校扩招政策冲击和高等教育资源分布的地区差异，构建地区技能劳动力相对供给变动的工具变量。在全国层面有一个高校扩招，每年都有大量新增招生，如果城市的大学数量多，该城市从国家的高校扩招中受益就越大，因为该地区会有更多的大学生进入，并且一般来说，超过一半的大学生在毕业后会留在母校所在地工作。因此，高校数量越多的地方，由于扩招而导致的高等教育人口规模增加也越大。这就是所谓的广义 DID 设定的基本逻辑。考虑到进出口变化的内生性，我们采用贸易文献中常用的标准方法，利用美国对中国进口关税的调整来计算各个行业的关税冲击，并将其作为该地区进出口变化的工具变量。

七、实证结果

本文首先在不考虑进出口变动的情况下，估计技能劳动力相对供给的单独变化对技能溢价的影响。表 1 报告了估计结果，最后一列工具变量的结果显示出负面影响，这与我们的命题一一致。如果仅考虑劳动力市场的动态，而不考虑产品市场的动态，净效果应该是负的，即大学生供给越多，其相对工资就会下降。

表 1　地区技能劳动力相对供给变化对劳动力市场技能溢价的影响

变量	因变量：2002～2009 年地区技能溢价变化				Δskill_supply
	OLS	OLS	IV	IV	F－S
Δskill_supply	－0.025 (0.137)	－0.368 (0.278)	－0.118 (0.171)	－0.584* (0.324)	

续表

变量	因变量：2002～2009 年地区技能溢价变化				Δskill_supply
	OLS	OLS	IV	IV	F－S
预测的技能劳动力供给					0.008*** (0.001)
控制变量	否	是	否	是	是
观测值	164	164	164	164	164
R^2	0.0001	0.246			
Kleibergen－Paap Wald 检验 F 值			142.091	67.304	67.304

注：控制变量包括地区人均 GDP 变化、地区净流入人口变化、地区期初技能溢价，所有估计以地区技能溢价估计值的样本方差的倒数为权重，括号内为异方差稳健标准误。***、**、*分别表示在 1%、5%以及 10%显著性水平下显著。

其次，在不考虑技能劳动力相对供给变动情况下，估计进出口变动对技能溢价的影响。表 2 报告了估计结果，结果显示没有发现进出口变动与技能溢价存在统计上显著的关系。也就是说，如果不考虑技能劳动力供给，仅看进出口的变化，这个效果是零。这主要是因为有许多相互抵消的效应，比如巴拉萨—萨缪尔森效应。如果只考虑技能劳动力相对供给的增加或者只考虑贸易自由化带来的进出口变动对劳动力市场的冲击，均不能够很好地解释2000 年以来中国技能劳动力供给大幅增长、出口扩张和劳动力市场技能溢价上升等宏观经济现象。

表 2　　地区进出口变化对劳动力市场技能溢价的影响

变量	因变量：2002～2009 年地区技能溢价变化				Δexport
	OLS	OLS	IV	IV	F－S
Δexport	－0.005 (0.013)	0.004 (0.012)	0.030 (0.024)	0.031 (0.026)	
Δimport	0.019 (0.017)	0.007 (0.015)	－0.018 (0.028)	－0.020 (0.027)	
预测的地区出口变化					7.199*** (0.772)
控制变量	否	是	否	是	是
观测值	164	164	164	164	164
R^2	0.008	0.242			
Kleibergen－Paap Wald 检验 F 值			74.678	86.948	86.948

注：控制变量包括地区人均 GDP 变化、地区净流入人口变化、地区期初技能溢价，所有估计以地区技能溢价估计值的样本方差的倒数为权重，括号内为异方差稳健标准误。***、**、*分别表示在 1%、5% 以及 10% 显著性水平下显著。

最后，为了准确理解上述宏观现象背后的理论基础，需要同时考虑技能劳动力供给变动这一劳动力市场供给侧因素和进出口变动这一产品市场需求侧因素对劳动力市场所造成的影响，以及在两者共同作用下的内生性技术调整。估计结果见表 3，估计结果与本文的理论命题二是一致的：即在同时考虑地区技能劳动力相对供给变动和进出口变动的条件下，两者可以促进内生技术进步进而提升地区技能溢价。

表 3　　技能劳动力相对供给、进出口与技能溢价

变量	因变量：2002 ~ 2009 年地区技能溢价变化							
	OLS	OLS	OLS	OLS	IV	IV	IV	IV
Δskill_supply	-0. 011 (0. 122)	-0. 408 * (0. 218)	-0. 011 (0. 122)	-0. 095 (0. 209)	-0. 073 (0. 144)	-0. 805 *** (0. 275)	-0. 073 (0. 144)	-0. 637 *** (0. 238)
Δexport	0. 008 (0. 012)	0. 004 (0. 012)			0. 009 (0. 012)	0. 003 (0. 012)		
Δimport			0. 008 (0. 012)	0. 008 (0. 016)			0. 007 (0. 015)	0. 012 (0. 016)
Δskill_supply * Δexport		0. 358 ** (0. 161)				0. 613 *** (0. 197)		
Δskill_supply * Δimport				0. 140 (0. 285)				0. 906 *** (0. 305)
控制变量	是	是	是	是	是	是	是	是
观测值	164	164	164	164	164	164	164	164
R^2	0. 238	0. 254	0. 238	0. 239				
Kleibergen - Paap Wald 检验 F 值					117. 915	34. 294	117. 915	75. 675

注：控制变量包括地区人均 GDP 变化、地区期初技能溢价，所有估计以地区技能溢价估计值的样本方差的倒数为权重，括号内为异方差稳健标准误。***、**、* 分别表示在 1%、5% 以及 10% 显著性水平下显著。

此外，我们进行了一系列稳定性检验，这里不再赘述。接下来进一步讨论技能劳动力相对供给增加以及出口增长共同促进技能偏向型技术进步的情况。表 4 考察了对就业份额的影响，我们观察到就业份额的变化，技能密集型行业的就业份额在上升，显示出明显的结构调整。

表 4　技能劳动力相对供给、出口与不同行业技能劳动力就业变化

变量	因变量：2002～2009 年地区不同行业技能劳动力就业份额变化		
	总体	技能密集型行业	非技能密集型行业
Δskill_supply	0.286** (0.143)	0.031 (0.144)	0.622** (0.256)
Δexport	0.019*** (0.008)	0.023** (0.010)	0.008 (0.008)
Δskill_supply * Δexport	0.181* (0.093)	0.303*** (0.110)	0.029 (0.141)
控制变量	是	是	是
观测值	164	164	164
Kleibergen - Paap Wald 检验 F 值	60.885	60.885	60.885

注：控制变量包括地区人均 GDP 变化、期初技能溢价以及进口冲击，所有估计以地区期初（2002 年）的就业份额为权重，括号内为异方差稳健标准误。***、**、* 分别表示在 1%、5% 以及 10% 显著性水平下显著。

我们将技能劳动力就业份额的变化分为行业内和行业间的变化，表 5 和表 6 结果表明，这一效应主要源自行业内的技术调整。具体来说，主要是那些原本就属于高科技的企业增加了更多大学生的雇佣，而不是整个社会高技术企业的比例增加。这表明主要是高科技企业本身的雇佣规模在扩大。

表5　　2000～2010年技能劳动力就业结果变化

变量	2000～2010年技能劳动力就业变化分解		
	总体	行业间	行业内
全行业	0.046 (100%)	0.010 (21.7%)	0.036 (78.3%)
非农部门	0.046 (100%)	-0.026 (-56.5%)	0.072 (156.5%)
采矿业+制造业	0.036 (100%)	0.000 (0%)	0.036 (100%)
服务业	0.049 (100%)	-0.045 (-91.8%)	0.094 (191.8%)

注：基于2000年和2010年人口普查微观数据计算得出。

表6　　技能劳动力就业变化来源分析

变量	规模效应	技术调整
	(1)	(2)
Δskill_supply	10.896*** (3.348)	-0.135 (0.502)
Δexport	0.184** (0.083)	-0.020 (0.026)
Δskill_supply×Δexport	-1.449 (2.215)	0.765** (0.387)
控制变量	是	是

续表

变量	规模效应	技术调整
	(1)	(2)
观测值	164	164
Kleibergen - Paap Wald 检验 F 值	60.885	60.885

注：控制变量包括地区人均 GDP 变化、地区期初技能溢价以及进口冲击，所有估计以地区期初（2002 年）的就业份额为权重，括号内为异方差稳健标准误。***、**、*分别表示在 1%、5% 以及 10% 显著性水平下显著。

本文进一步分析技能劳动力供给增加和出口扩张对企业生产效率的长期影响，估计结果见表 7。我们发现技能密集型企业的劳动生产率在快速上升，这与前面提到的技能密集型企业技术进步较快相呼应。此外，本文探讨技能劳动力供给增加和出口扩张对其他企业特征的影响，如计算机的使用、企业利润、营业收入和利润总额等指标，也显示出与技术进步一致的效果（见表 8）。

表 7　　技能劳动力相对供给、出口与企业劳动生产率水平

变量	2002 ~ 2007 年企业劳动生产率水平		
	总体	技能密集型企业	非技能密集型企业
skill_supply	-4.151** (2.000)	-4.983** (2.109)	-2.848 (2.322)
export	-0.056** (0.022)	-0.065** (0.029)	-0.053*** (0.019)

续表

变量	2002～2007 年企业劳动生产率水平		
	总体	技能密集型企业	非技能密集型企业
skill_supply * export	0.280* (0.155)	0.350** (0.175)	0.179 (0.158)
控制变量	是	是	是
城市固定效应	是	是	是
年份固定效应	是	是	是
观测值	172 404	86 209	86 182
Kleibergen－Paap Wald 检验 F 值	45.489	43.158	29.614

注：数据来自 2002～2007 年中国工业企业数据库，根据 2004 年企业调查数据中企业雇佣的大专及以上学历劳动力占总就业人数比值的中位数划分了技能密集型行业和非技能密集型行业。控制变量包括了地区进口变化以及企业对数就业人数、对数产出、是否国有企业虚拟变量，进一步控制了城市和年份固定效应，标准误在城市层面聚类。***、**、* 分别表示在 1%、5% 以及 10% 显著性水平下显著。

最后，需要特别指出的是，尽管本文主要探讨了技能劳动力供给与出口需求扩张能够相得益彰地加速技术进步并影响技能溢价，但实际上，这个出口需求也可以是内需。如果国内对产品 Y 的相对需求上升，同样会带来相似的效果。因此，在这个模型中，产品相对需求无论是来自内部需求还是外部需求，都会产生相应的影响。这意味着，通过扩大内需，如果中产阶级群体对高质量、技能密集型产品的相对需求增加，也会带来内生技术进步。

表 8　技能劳动力相对供给、出口与企业特征

	人均计算机使用			营业利润/营业收入			利润总额/营业收入		
	总体	技能密集型企业	非技能密集型企业	总体	技能密集型企业	非技能密集型企业	总体	技能密集型企业	非技能密集型企业
skill_supply	-0.319** (0.151)	-0.545** (0.220)	0.003 (0.012)	-0.261* (0.148)	-0.387 (0.248)	-0.123 (0.127)	-0.131 (0.107)	-0.139 (0.123)	-0.107 (0.132)
export	-1.020 (0.682)	-2.016 (1.240)	0.026 (0.020)	-0.190 (0.370)	-0.390 (0.573)	-0.047 (0.245)	-0.109 (0.294)	-0.100 (0.448)	-0.036 (0.243)
skill_supply * export	0.078** (0.038)	0.137** (0.060)	-0.000 (0.002)	0.044** (0.022)	0.065* (0.034)	0.016 (0.020)	0.033* (0.017)	0.042* (0.024)	0.014 (0.020)
控制变量	是	是	是	是	是	是	是	是	是
省份固定效应	是	是	是	是	是	是	是	是	是
观测值	165 423	82 911	83 512	166 454	82 911	83 512	166 454	82 911	83 512
Kleibergen - Paap Wald 检验 F 值	3.901	3.069	5.212	3.901	3.069	5.212	3.901	3.069	5.212

注：数据来自 2004 年中国工业企业数据库，控制变量包括了地区进口变化以及企业对数就业人数、对数产出、是否国有企业虚拟变量，还控制了省份固定效应，并将标准误在城市层面聚类。***、**、*分别表示在 1%、5% 以及 10% 显著性水平下显著。

分论坛二：新质生产力与积极财政政策①

财政补贴助力可持续发展：人才政策支持与企业 ESG 表现　冀云阳

绿色信贷政策与产业链集聚　金　刚

中国基础设施的增长：理论逻辑与经验证据　金　戈

横向转移支付与国内市场融合　鲁建坤

经济增速放缓情形下积极财政政策的刺激效果　田　磊

技术创新促进新质生产力的微观机制与财税政策选择　尹　恒

财政赋能加快发展新质生产力：着力点与实现路径　周　波

① 分论坛二报告文字整理人：浙江财经大学财政与税务学院教师周天依。

分论坛二：新质生产力与积极财政政策

财政补贴助力可持续发展：人才政策支持与企业ESG表现

冀云阳*

感谢浙江财经大学的邀请，能让我有这样一个宝贵的机会来跟大家分享以及学习各位的著作。个人认为，这个研究题目还是比较契合这个论坛的主题，就是积极财政政策与新质生产力的发展。

首先，财政补贴本身是积极财政政策的一个重要工具。金刚老师也说到新质生产力的内涵，一个是数字化，另外一个是绿色化。所以微观企业层面的ESG表现都是可持续能力的一个重要指标。这里的人才政策可能跟大家经常听到的一些区域层面的这种人才引进政策不太一样，我们这里用到的是基于微观企业，它不是面向个人，是基于微观企业的政府给他的人才补贴，基于这个角度，我这里加上了财政补贴这个词。

---

* 冀云阳：湖南大学经济与贸易学院副教授、经济学博士、硕士生导师。主持国家自然科学基金青年项目、省社会科学基金基地项目等，参与国家社科重大项目、一般项目和世界银行PEFA项目。在《经济学季刊》《金融研究》《统计研究》《财经研究》《财政研究》等国内外核心期刊发表论文20余篇。多篇论文被新华文摘、人大复印报刊资料等转载。曾获得全国税收学中青年学者论坛一等奖、湖南大学优秀教师新人奖，本科优秀毕业论文指导教师等多项荣誉奖励。

从背景来看，可持续发展是新质生产力的一个基本要义，包括绿色化，还有刚才很多老师提到的创新，包括现代化的产业体系。那么企业作为经济发展的一个微观主体，它的可持续能力是我们非常关注的一个点，而且关于企业ESG也好，还是一些报道也好，还是很受国内外学者的广泛关注的。作为新时代的商业范式，企业的环境、社会和治理绩效是我们关注的一个热点。但是在实践当中，企业想要提高ESG表现分数，还是要有很多的投入。一个是绿色治理方面，存在成本高、人才储备需求大以及回报周期长的特征，所以它的内在激励是不足的。包括我们外部的监督，在促进ESG方面也发挥了很重要的作用。证监会2018年及之后都出台了很多的政策去激励企业去披露ESG表现的一些指标和内容，但是它本身的内生激励是存在不足的，就是说我们的政府政策的支持是不是能够在这个方面做出一些相对来说能够弥补这样的一个不足，去支持它的一个发展。基于此，我这里就聚焦于人才政策，它是我们目前的公共政策体系当中的一个重要的组成部分。

我们国家是在2010年制定了中长期的人才规划纲要，此后在2012～2015年，有一个大家都熟知的各个地区的人才引进政策。包括我们在座的很多的年轻博士，到杭州来工作，应该是也有这样的一个人才补贴。我们举一个长沙的例子，就是说博士生到长沙市去工作的话，在购房方面有10万元的一个补贴。然后还有一些，比如说教育，如果你是我们湖南省的芙蓉学者这种省级人才的话，你自己家的小孩去长沙市所有的中小学随便选，都有这样的人才引进政策，这个是我们所熟知的政策，此类政策在2018年达到了顶峰。从内容上来看的话，它分为两类，一类是从区域层面对高层次人才所出台的这种优惠措施。另一类就是对于企业的人才培育和人才引进的项目支持。我们这篇文章主要关注的是后者，因为实际上已经有许多文章是研究过了前者的政策效益。那么人才政策就是对企业层面，它主要是对于培育高素质人才进行一些补贴和奖励，从而能够缓解企业所面临的人才还有资金的一个压力。那么，这篇文章就是在研究这种人才的补贴政策等支持政策，看它是否能够促进企业的 ESG 表现，以及促进宏观的可持续发展战略的。

从现有研究来看，跟人才政策相关早期的就是一些相对定性的研究，在后面有一些实证的研究，主要将人才的引进政策作为准自然实验的研究，包括对于企业的人力资本创新，以及成本管理决策等的影响。那么在 ESG 相关的一些方面，最近大家可以看到顶刊上有很多期都出现这个词，就是主要关注 ESG 表现对于企业的财务绩效、公司价值、资本市场的影响，经济后果这个方面的研究是相对来说比较多的，但是它的影响因素研究相对于前者来讲是稍微薄弱一点的。目前一些研究就是从外部市场环境和内部特征，比如说媒体关注、投资者关注、税制绿色化、共同机构持股这些方面去关注它的一些影响，但是从这些相关研究来讲，存在三个方面的不足：第一个是内容上对于企业 ESG 这个视角目前还没有相关针对性的一些研究；第二，在方法上，刚才提到的这些人才引进政策作为准自然实验来研究，使用 DID 方法的，它是把这个区域内的所有企业的平均影响加总之后的一个结果，无法精准定位到企业微观个体，里面有一些企业实际上是没有受到这个政策影响的；第三，有一些稍微低端的企业，在机制上是借鉴我们前面提到的一些文章，都是通过人才的区域流动、市场的供给和人才的供给角度这个机制上去讲的，他没有办法反映到人才政策的落地。比如说我们为什么给企业人才补贴，是因为它满足了一系列条件，就是这个政策落地有利于对可持续发展的一个影响，那么企业在人才政策上是不是享有支持以及支持力度，是准确评估人才政策它所带来的微观经济效应的一个基本前提，所以我们在理论分析的基础上，使用 A 股上市公司的数据和 ESG 评级的数据去研究两者之间的关系。

在边际贡献方面，丰富了关于人才政策影响微观企业的文献，还拓展了 ESG 影响因素的相关研究。因为目前它的影响效应的研究会比较多一点，同时在机制上也有利于打开两者之间的影响黑箱，通过直接作用机制和间接作用机制去理解影响机理。

影响机理我这里有一个图，就是通过这样的直接作用机制和间接作用机制。在直接作用机制里面，因为 ESG 有三个方面，环境、社会和公司治理，所以我是分开去阐述机制的。首先，最直接的我们这个政策实际上还是去缓解企业所面临的人才压力，这种人才压力主要就是公司的智力型管理人才，有利于企业提升管理层的多样性，还有利于优化人力资本结构。另一个就是在技术性人才，我们在做人才补贴，它有一些项目，包括一些企业的扬帆计划、跟我们学术圈里面有点类似的千人计划、万人计划等，这种高技术人才一般具有什么特征？他们的环保意识往往相对于普通素质的人来讲，会更强一点，对于环境的敏感度更高一点。所以我们从环境责任表现来讲，它对于科技尤其是绿色金融创新的投入，还有创新效率方面是有一定的提升作用的。那么在管理和治理方面的直接作用机制，主要就是对于管理型人才的流入，对人力资本结构的调整。在间接机制中，其实我们主要是基于人才政策支持的信号传递机制来阐述的。政府去选这些企业的时候，它往往是有很多的考察指标和筛选机制。那么能够向外部传递利益的相关者，比如说信贷部门、金融机构、上下游企业，包括一些投资者，这些利益相关者去传递这个企业它是值得信任和有潜力的积极信号，从而是有利于它去嫁接更多的政府资源和市场资源。那么在嫁接这些资源的过程当中，也是有利于促进企业的社会责任表现的。社会责任表现就是说一些有潜力的企业，它为了获得更多的政府支持以及连续性地获得政府支持，往往是有一些政企关系维护的。这种政企关系的维护，你怎么去维护？可能会跟政府之间，去主动地参与一些慈善公益活动，比如说就业方面的、教育方面的、社会捐赠方面的一些公益活动，去维护政企关系，树立良好的企业社会责任形象。在公司治理方面，经过人才政策的背书后，能够缓解相关企业之间的信息不对称，获得供应链经营、上下游企业的金融支持，还有外部金融机构的资金支持，缓解它的资金压力，去优化管理模式和提高内部运营效率。总而言之，通过这种直接作用和间接作用，分别作用于它的环境责任表现、公司治理水平和社会责任表现三个方面，最终提高企业的 ESG 表现。

后面主要就是对于研究用的一些数据，还有政策变量。政策变量就是人才政策支持，我们是借鉴现有文献的做法，通过上市公司政府补助的一些项目文件，通过关键词去识别它是否受到影响以及影响的强度。从变量的统计来看的话，ESG 表现目前来讲还是相对来说比较低的，存在很大的改善的空间。

基本结果是验证了我们前面所提到的，人才政策支持能够提高企业的 ESG 表现，后面我们又经过了一系列的稳健性检验，比如说最重要的问题就是可能面临样本自选择问题，企业为什么受到了政府的支持，这之间是有一个选择的，我们通过希克斯二阶段模型解决这个问题。针对于遗漏变量、反向因果等，我们通过工具变量方法去加以排除。目前来讲，研究还是比较初步，后面还会补充更多。稳健性检验包括更换被解释变量、核心解释变量这些去做一些这个验证，结果还是比较稳健的。以及排除其他政策的干扰，包括一些行业政策和城市区域政策的影响。以及安慰剂检验，就是排除偶然性政策的影响，通过随机地匹配人才政策的支持强度去验证。在影响的持续性方面，第 2 期、第 3 期和第 4 期也都是显著的，说明这个政策还是有一定的持续性的。

在异质性方面，我们主要针对企业规模、所有制以及机构投资者，还有媒体关注等方面的一些异质性分析，目前的一个结果大概体现出来，人才政策对于一些人才政策洼地的企业，比如说中小企业、非国有企业，它的影响是相对更显著的，然后对于一些外部监督比较薄弱的企业，更显著代表了它能够弥补外部监督不足的作用。在区域制度方面，高市场化地区的影响是更大的，市场化程度变量能够调节它的结果。

在作用机制方面，我们分别针对于前面提到的直接作用机制和间接作用机制来进行分析，包括我们对于绿色技术创新投入的增加、效率的提高，最终会体现到企业的绿色的创新产出方面，包括它的专利申请数量和获得数量。在公司治理方面的话，就是针对董事会的专业和学历的多样性，对管理型人才的引进，有利于嫁接更多的政府资源，包括对于未来获得其他类型的政府补助，还有在慈善捐赠方面发挥的一些作用，以及我们说在融资约束、信贷资金以及综合管理效率上面都是有提升的。最后还做了进一步分析，就是说政策在提升 ESG 的同时，还对于它的全要素生产率和市场价值有很大的促进效果。

目前就有这样一些结论：人才政策支持可以提升企业 ESG 表现，而且这种效果是有持续性的，以及在规模较小的、外部监督弱的、地区市场化程度较高的企业的影响更为显著，直接作用机制和间接作用机制是两者间非常重要的作用路径，以及进一步分析得出的人才政策支持对于生产效率和市场价值具有提升作用。在政策建议方面，对于未来的话，人才政策支持的力度可以有一个提升，实现企业的社会价值和经营发展的双赢目标。在支持的对象方面，我们可以有更高的精准性，对于中小企业和非国有企业的一个倾向性，去实现企业间协调发展的机制，缩小发展差距。在制度环境方面，通过其他的政策协同，为人才政策的作用发挥提供一些制度保障。

绿色信贷政策与产业链集聚

金　刚*

各位老师朋友下午好，很开心有机会在这里和各位老师同学分享我们正在做的一篇文章。这篇文章关注了两个关键词：一个是绿色信贷政策，与绿色发展有关系；另一个是产业链集聚，主要讲的是产业链安全问题。今天上午范子英老师在做主旨报告的时候提到新质生产力需要格外关注绿色发展和产业安全问题，从这个角度来看，我们的这篇文章和新质生产力是密切相关的。

我们为什么要做这样一个研究？原因是我们发现在外部不确定性冲击越来越频繁的背景下，产业链在空间上集聚在一起可能是有一定好处的。过去，我们在讨论产业链空间布局时，主要以效率为优先原则。产业链的不同环节可能分散在全国甚至全球各个地方，其中一个环节受到不确定性冲击，很容易导致整个产业链“瘫痪”。黄奇帆在2020年疫情期间也关注到这个问题，他就指出，在疫情的冲击下，产业链不能再单纯以效率为空间分布原则了。他认为，产

---

* 金刚：南京大学商学院（准聘）副教授，南京大学理论经济学博士。主持国家自然科学基金青年项目和面上项目各1项。在《中国社会科学》《经济研究》《管理世界》《世界经济》《中国工业经济》等国内期刊和 *Energy Economics*、*International Review of Economics & Finance*、*China Economic Review*、*Climate Change Economics* 等国际期刊发表论文20余篇。多篇论文被新华文摘、人大复印报刊资料转载。曾获得第八届高等学校科学研究优秀成果奖（人文社会科学）二等奖、江苏省第十六届哲学社会科学优秀成果奖一等奖以及第四届洪银兴经济学奖等荣誉奖励。

业链的空间分布范围应该尽可能缩小一点，最好将70%左右的上下游环节集聚在不超过200千米的区域内。这样才能使得产业链更加有韧性，更容易应对外部的不确定性冲击。

那么过去我们国家的产业链是不是不够集聚呢？如果答案是否定的，那么我们的研究也就没有价值了。讨论产业链是不是不够集聚，我们认为需要从大家似乎形成共识的地区间产业同构、重复建设的问题着手。很多人到今天都认为，我们国家存在很明显的地区间产业重构和重复建设的问题，这样的声音随处可见。我们当然不否认在一些地区存在这样的现象，但同时也认为这样的现象可能被夸大了。我们发现，大多时候学者们提供的支持产业重构和重复建设现象的证据其实不太站得住脚。比如有学者指出，省份与省份之间的产业重复建设很严重，他提出这个观点的论据是，有20个省份在阐述地方重点产业的时候都同时提到了电动汽车、新能源产业以及医药制造业等产业。所以，他认为这就是在重复建设。但事实上，我们认为，地方政府阐述的重点产业与他们实际重点发展的产业存在偏差，这样的偏差很多时候都是源于地方政府在阐述重点产业时往往不会讲得特别细致，大多以二维码行业的口径进行宣传。但实际上，地方政府是非常理性的，为了在政府之间的竞争中保有优势，他们会非常理性地偏好重点产业链中的不同环节。所以，从细致的产业口径来看，我们认为，不能简单地判断这些地方政府在进行产业重复建设。不过，虽然地方政府之间可能没有进行重复建设，但如果确如我们所说，地方政府的产业偏好可能会造成一个“意料之外”的后果，即人为地将产业链不同环节在空间上进行分化，导致产业链的集聚程度偏低。

我们可以通过这个例子来说明我们想要讲的逻辑：产业A和产业B都属于汽车制造业的产业链，产业A是轮胎行业，产业B是汽车组装行业。产业A可能是某个地方政府a的优势产业，而产业B可能是另一个地方政府b的优势产业。地方政府和地方政府之间需要竞争，竞争是理性的，地方政府不会过度地重复建设，因为他们知道重复建设均衡的结果就是大家都受损。所以，地方政府更可能采取的措施是挖掘自身的比较优势，实施一个相对比较特色化的产业政策，最终导致产业A大概在地方政府a集聚，产业B在地方政府b集聚。如果我们从单一产业A和产业B来看，这些产业本身的集聚程度都是上升的，这与大多数研究的判断一致，即过去很多年我们国家的产业在不断集聚。但是，这里有一个大家可能相对来说没太关注到的现象，就是随着产业A在地方政府a集聚，产业B在地方政府b集聚，产业A和产业B同属的产业链本身的集聚程度是在下降的。如果我们单纯追求产业分布的效率，那么这个现象也没有问题，但是在越来越需要加强产业链韧性的背景下，上述逻辑如果成立，那么就不能再继续放任地方政府对部分产业的偏好，否则产业链永远也没办法达到黄奇帆提出的在200千米范围集聚的目标。

我们提供了一些证据，试图告诉大家，在过去那么多年，我们国家的产业链集聚程度确实是偏低的。首先，在文献中，陶志刚老师在2006年的一篇文章提到，如果从21个两位数行业来看的话，我们国家有17个行业的共同集聚系数低于美国。假设美国的产业空间分布主要是市场驱动的，那么这可能就说明我们国家政府的行为可能导致了产业共同集聚的程度偏低。其次，我们自己也用数据进行了测算，结果发现确实很多上下游的行业按道理应该是在一起的，但是其实他们并不在一起。比如造纸和印刷，这两个产业的上下游关系非常明晰，但我们发现造纸行业主要集聚的前十大城市和印刷行业主要集聚的前十大城市基本上没有交叠。最后，我们也找了一些开发区产业偏好的证据，我们国家地方政府进行产业发展的一个非常重要的载体是开发区。有比较多的文章都提到，开发区往往会选择两到三个主导产业，而且这些主导产业之间基本没有上下游的关联。

上面的证据一定程度上支持了我们试图论述的逻辑，但我们还是要通过严谨的检验给我们的研究提供更充分的支撑。我们的研究概括来说就是地方政府对少数几个行业的偏好导致了产业链集聚的程度偏低。那么，怎么去识别地方政府的产业偏好是不是降低了产业链集聚呢？这里有一个挑战是，如果我们正向来看地方政府对少数几个产业的产业偏好，其实很难捕捉到非常细致的地方政府产业偏好。原因是地方政府在阐述自己的重点产业时往往表述得非常粗糙。当然粗糙化的表述对地方政府来说是有好处的。一方面，比较粗糙的重点产业描述可以往中央鼓励的重点产业靠拢，让中央觉得地方在严格执行中央的重点产业政策；另一方面，比较粗糙的产业描述也给自己提供了比较大的调整空间。比如说，我实际上重点发展的是轮胎行业，但是在表述的时候我会讲我的重点产业是汽车制造业。如果轮胎行业发展不好，我也可以有其他腾挪的空间，我可以去发展其他和汽车制造业相关的行业，这样也不能说我的产业发展思路出了问题。所以，如果正面地去看地方政府的特色化产业偏好的话，它到底抓的产业链的哪个环节我们很难看到，所以我们就想从相反的角度来看一看，有没有一些相对来说比较外生的政策会遏制所有地方政府对某一类产业的偏好，从而使得这一类产业所属产业链的空间布局更多受到市场作用的影响，在空间上变得更加集聚。我们自然而然想到了最近几年在环境政策领域关注比较多的一个政策，即绿色信贷政策。这个政策不锚定地区而是锚定行业，要求全国所有的地方政府都不要再通过金融工具支持辖区污染产业的发展。与过去相比，这个政策出台至少使得地方政府对重污染产业的偏好变弱，这就给重污染产业所属产业链的空间分布带来了一种外生的冲击。

有了上面这个思路之后，接下来我们具体要做的第一个工作就是去刻画产业链的集聚程度。在现有的文献里面，没有现成的做法告诉我们怎样去做。产业链集聚这个概念可能是我们最早提出来的，过去讲的基本上是产业集聚而不是产业链集聚。我们先找出了哪些产业同属一个产业链。产业链的定义相对供应链的定义来说会更加宽泛，供应链更多强调产业之间上下游的关联，而产业链的内涵会更加丰富。产业之间除了具有上下游关系我们可以认为是一个产业链外，如果不同的产业具有同一个劳动力池，或者采用相似的技术，我们也可以认为这些产业同属一个产业链。我们最终识别出了各个产业链，给定每一个行业，我们都能知道哪些行业跟他同属一个产业链，和他同属一个产业链的行业我们就叫作关联行业。

紧接着，我们就去看我们识别出的产业链是不是可靠的。理论上，如果我们识别的产业链是可靠的，那么我们应该看到本行业的集聚程度和他关联行业的集聚程度是高度相关的，原因是同属一个产业链的产业是有动力在一起的。而且，在公认的产业集群城市，本行业的集聚程度和关联行业集聚程度的相关性应该会更强。我们发现结果确实如此，说明我们测算的产业链集聚有一定的道理。有了这些基础性工作之后，我们的主要研究工作就是识别绿色信贷政策会不会使得重污染行业所属产业链的集聚程度相比非重污染行业有更明显的上升，具体就是看本行业的集聚程度和他关联行业集聚程度之间的相关系数是不是因为绿色信贷政策变得更大。我们确实发现了预期的结果，在绿色信贷政策的冲击下，当地方政府对污染产业的偏好减弱之后，污染产业链的空间集聚程度是上升的。

在得到上述结果后，我们还进一步做了两个方面的拓展讨论。首先，绿色信贷政策冲击来临之后，当政府和市场的力量此消彼长时，为什么在市场力量的影响下产业链就会变得更加集聚？是因为集聚可以降低交易成本还是因为其他的因素？我们想说的是，这里面企业获得的商业信用非常重要。绿色信贷政策会减少重污染企业获得的银行信贷。对企业来讲，融资约束是一个很重要的变量，一旦企业获得的银行信贷减少，企业就需要去找其他的资金，而企业资金的一个重要来源是商业信用。企业和自己的关联行业集聚在一起，可以从他的上游企业获得更多的商业信用，来抵消银行信贷下降的不利影响。通过实证分析，我们确实发现在绿色信贷政策出台之后，如果企业跟他的关联行业同在一个城市，能够帮助他获得更多的商业信用。另外我们也看到一个相对来说比较有意思的结果，就是如果一个企业跟同一行业的企业集聚在一起，反而对他获得的商业信用有显著的负面影响。这个其实也好理解，因为同一产业的集聚意味着竞争上游产业商业信用的企业变得更多，每个企业能够得到的商业信用就会变少。其次，我们还关注了产业链集聚相比同一行业的产业集聚，会产生什么不一样的结果。刚刚我提到的一点是，产业链集聚能够加强韧性，能够加强产业链的安全。除了这个之外，从污染治理的角度来讲，我觉得还有一个很不一样的地方就在于过去我们讲的产业集聚带来的治污效应大多来自规模效应。简单来说，就是企业集聚在一起，减排成本更低，并且更容易减排。但我们想讲的是，产业链集聚在一起，除了有规模效应之外，还有一个非常不一样的机制是循环减排效应。所谓的循环减排效应就是由于产业链不同环节在一起，上游产生了一些污染物，可以作为下游的投入品，从而不需要直接排入空气中、水体中，所以就不需要去进行终端的污染治理。实证中，我们发现了废水循环使用的证据，这与我们在现实中看到的案例是匹配的。我们去一些工业园区，尤其那些强调循环经济的工业园区，我们确实看到这些园区内有废水的再利用。

我们整篇文章的内容大概就是这些，非常感谢大家的聆听，也欢迎各位老师同学多提一些批评意见。

中国基础设施的增长：理论逻辑与经验证据

金　戈*

各位下午好，今天很高兴和大家来交流我的一篇论文，主题是关于中国基础设施增长背后的理论逻辑及其经验证据。

先和大家介绍一下我写这篇论文的出发点。众所周知，中国的基础设施取得了举世瞩目的成就，早在2007年，张军与他的合作者就发表了一篇很重要的论文，题目是“中国为什么拥有了良好的基础设施”。这篇论文对解释“为什么中国基础设施会有这么快的增长”进行了一个开创性研究，在国内产生了很大的影响，也使我对中国的基础设施问题产生了浓厚兴趣。我在2012年和2016年对中国的基础设施资本存量进行了一个系统的估算，得到了全国和分省的数据。在这个基础之上，差不多是2016年前后，我的文章在《经济研究》发表以后，我给自己设定了两个进一步的研究方向，第一个是我想要研究基础设施的影响因素，第二个是想要研究基础

* 金戈：浙江财经大学财政税务学院教授、经济学博士、博士生导师，日本京都大学访问学者。主持国家自然科学基金面上项目、国家社会科学基金项目、教育部人文社科基金青年项目、浙江省杰出青年科学基金项目等多项省部级以上课题。独立或以第一作者在 *International Tax and Public Finance*、*Journal of Public Economic Theory*、《中国社会科学（英文）》、《经济研究》、《经济学季刊》等中英文高水平学术期刊发表论文三十余篇。多篇论文被《中国社会科学文摘》、人大复印报刊资料等转载。专著《长期经济增长中的公共支出研究》入选“当代经济学文库”。曾获得财政部第五次全国优秀财政理论研究成果奖一等奖、第十八届浙江省哲学社会科学优秀成果奖一等奖、2016年全球宏观经济学十佳中文论文奖、浙江省首届五星级青年教师、浙江省省级优秀教师等荣誉和奖励。

设施对经济结构的影响。简言之，就是“谁在影响基础设施，而基础设施又在影响什么?”当时是这样的一个想法。直到现在，第一项研究的成果才刚刚完成，真的是用了七八年的时间才做完这项研究，所以我这个人做研究的速度真的是非常慢。第二项研究目前也正在进行当中。

张军等以及后续的一系列文献，他们认为促进中国基础设施增长的最主要原因来自政府间的竞争，也就是为了招商引资而展开的政府间竞争是解释中国基础设施增长的主要原因。汤玉刚等的文献认为除了政治激励以外，土地财政也是推动中国基础设施增长的一个非常重要的因素。这里的一篇代表性论文是汤玉刚和陈强发表在2012 年的论文。张军和汤玉刚的这两篇论文对我们现在写的这篇论文有很大影响。另外还有一些文献则考虑到了一些其他的因素，这里就不展开了。

我的想法是这样的：既然有很多不同因素在影响中国基础设施的增长，那么我们可以试着做一个研究，用一个统一的理论框架把这些影响因素都包含进去。这便是我想要做的一个工作。基于这样的考虑，我们构建了一个动态的两部门模型，这两大部门分别是工业部门和非工业部门。通过这样一个模型，我们发现，中国基础设施投资的均衡水平是由来自社会层面的需求和来自于政府层面的供给这两股力量所共同决定的。其中，每个层面又各自包含了一些因素，这些因素共同构成了中国基础设施增长。在这个基础上，我们提出了一系列假说，然后分别用省级和地市级两个层面的数据做了检验。

由于是模型推导比较枯燥，我在这里只简单介绍一下模型的设定。这是一个标准的动态模型，消费者追求跨期效用最大化，即期效用函数既受到个人消费 C 的影响，也受到政府消费性公共基础设施服务 H 的影响。模型中有两大生产部门，分别是非工业部门和工业部门，它们各自的生产函数都受到政府生产性公共基础设施服务的影响。在政府的公共支出方面，假定全部用于公共基础设施投资，分作消费性的公共投资 H 和生产性的公共投资 G。进一步，G 又分成 G_1 和 G_2，它们分别影响两大生产部门。另外，还有社会资源约束和政府预算约束。前者是说总的产出减掉总的消费，再减掉政府的公共支出，剩下来的产出用于普通物质资本投资。政府的预算约束是 $G(t)+H(t)=T(t)$，T 表示税收。

经过一系列较为复杂的推导，我们最终推导出一个均衡方程 $\left[S(T)=D\left(\frac{Y_2}{Y_1}, Y, C\right)\right]$，我把它称为最优基础设施投资的均衡方程。它取决于两股力量，一是社会对基础设施的需求 D，二是政府对基础设施的供给 S。需求函数 D 的括号内有三个因素，包括工业化比例 Y_2/Y_1，产出 Y 和消费 C。通过比较静态分析，我们发现社会需求 D 对工业化比例 Y_2/Y_1 以及产出 Y 的外生随机扰动的偏导均大于0，对 C 的扰动的偏导则小于0。也就是给定其他因素不变，随着工业化比例和产出水平的提高，社会对基础设施的需求增加；而消费提高则使得社会对基础设施需求减少。供给函数 S 对 T 求导，它的值大于0，意味着当政府的税收收入增加，基础设施的供给能力将会增加。这个模型是具有一般性的，只要是市场经济国家，它的基础设施都会受到这些因素的影响。

为了进一步解释中国基础设施的增长，还需要对模型做一些扩展，引入一些中国的基本事实。这些事实的选择则是基于这个均衡方程的指引，也就是从供给的角度看哪些中国的重要因素会对基础设施供给产生影响，从需求的角度又有哪些因素会产生影响？

从供给的角度，我们引入了四个事实，事实一，各级地方政府是公共基础设施的主要供给者。事实二，从地方政府的收入来源看，在前面的模型里政府的供给能力只取决于税收，但众所周知，中国地方政府的收入来源除了税收以外，还有行政收费、土地出让金等。除此以外，地方政府还通过举债（包括投融资平台）以及PPP模式为基础设施筹资。事实三，地方政府之间为了发展本地经济而展开竞争。竞争主要有两种手段，一种是为了招商引资提供廉价的工业用地，另一种是提供良好的基础设施。如果说，事实二体现的是政府的供给能力，那么事实三则体现了政府的供给意愿。也就是说，如果地方政府面临的竞争程度越强，它就越会运用这两种手段来进行竞争。进一步，在提供廉价的工业用地和提供良好的基础设施这两种手段之间则存在着一定的替代关系，也就是，如果一种手段用得多一点，则另一种手段就用得少一点。事实四则是从需求的角度来考虑。在基本模型中，我们已经发现工业化程度、国民收入水平和居民消费会影响社会对基础设施的需求，另外需要考虑的一个事实是市场规模，就是市场的整合程度的不断提高。因为中国各个地方政府之间存在着一定的地方保护主义和市场割据，而随着市场化改革，市场割据程度越来越小，相应地，全国市场整合程度越来越高，这样，要素、产品，甚至产业的流动会变得更加方便。这种流动性的提高使得社会对基础设施的需求也相应变大了。

这样，我们把上面的基本均衡方程扩展为这样一个方程：

$S(BGR, LDR, FA, COMP, LTC) = D\left[\left(\frac{Y_2}{Y_1}\right), Y, C, MKT\right]$。需求D这边增加了一个变量，MKT，也就是市场整合程度。供给S本来只有一个变量T，现在转化为五个变量：第一个是地方政府的一般公共预算收入BGR，第二个是土地出让金收入LDR，第三个是其他融资能力FA，即使通过债务、贷款、PPP等其他方式进行融资的能力，第四个是地方政府面临的竞争程度COMP，这种竞争程度越强，它越愿意提供更高的基础设施水平，第五个是土地协议出让优惠程度LTC。刚才说了，土地价格优惠竞争和基础设施竞争是相互替代的，也就是说，给定政府的竞争目标，土地优惠的竞争程度越强会导致地方政府通过基础设施竞争的程度降低。

这样，我们就得到了上面这个均衡方程。这个均衡方程告诉我们从社会需求层面，有工业化水平、国民产出、居民消费和市场整合这四个影响因素；从政府供给层面，有一般公共预算收入、土地出让金收入、其他融资能力、政府间竞争程度以及土地协议出让优惠程度这五个因素。接下来，我们提出了八个理论假说和一个推论，这八个假说中有四个假说是需求层面的，也就是给定其他因素不变，工业化程度、国民产出和市场整合度的提高促进了基础设施投资，消费则抑制了基础设施投资。第五到第八个假说是关于政府供给层面的，即给定其他因素不变，公共预算收入、土地出让金、其他融资能力以及政府间竞争程度的提高促进了基础设施投资。另外，还有一个推论，即给定其他条件不变，地方土地协议出让优惠程度的提高会降低基础设施投资。

接下来，我们对以上假说和推论进行了系统的检验。简单介绍一下检验的过程。基于上面的理论模型，我们提出了一个基本的计量经济方程，它实际上是一个从上面的均衡方程得出的一个简化形式，它把需求和供给层面的各个因素都包含进来，共同解释基础设施投资的变动。但因为不同因素之间可能存在共线性，所以在基准回归中，我们选择了六个解释变量，包括工业化水平、社会零售额、市场整合度、土地收入、中长期贷款（因为中长期贷款规模越大，代表地方政府能够融资的能力越强）和 FDI（代表地方政府面临的竞争程度）。回归时采用了双向固定效应，并对所有变量进行了对数处理。

接下来要讨论一下内生性问题。如何克服内生性是这篇文章所面临的一个重要问题。可以说所有的影响因素都有一定程度的内生性，从而要克服这个问题，我们只能从因果推断最基本的条件来进行考虑。从本质上讲，进行因果推断需要满足三个条件，第一，原因要在结果之前；第二，原因和结果是相关的；第三，解释因果关系的其他原因已被排除，也就是不存在遗漏变量的问题。在这篇论文中，我们基于一个统一的理论模型推导得到了九个影响基础设施投资增长的因素，从而因果推断的第二和第三个条件基本上得到了满足。对于第一个条件，我们将解释变量作了滞后一期处理，但是有一个变量例外。这个变量是 FDI，之所以 FDI 不能滞后，是因为虽然我们用 FDI 来衡量政府间的竞争程度，但它本质上是一个结果变量，它受到基础设施投资的影响，也就是基础设施投资水平越高，FDI 越高。所以这个变量不能滞后，否则就不符合这个因果关系了。但是，这样处理的一个后果就是，FDI 与基础设施投资之间存在着严重的反向因果关系。为此，我们给 FDI 选择了两个具有相关性和排除性的工具变量。

我们首先利用省级面板数据进行了基准回归。结果表明，所有因素的影响系数及方向都符合预期，而且显著性程度也非常高。后续的稳健性分析进一步验证了其他假说和推论，因为时间关系我就不展开说了。总之，我们在理论分析中得出的所有假说和推论全部被验证通过了。

之后，我们还做了地级市层面的稳健性检验。我们发现，地级市层面的结果与省级层面的结果之间有一个很好的相互印证。当然，地级市和省级之间也存在着一些异质性，主要体现在两点，一是市场整合度对省级层面的影响很显著，但是对地级市的影响不大；二是城投债对地级市层面基础设施的影响比较显著，但对省级层面的影响是不显著的。我们觉得这两点恰好体现了省级和地级市的不同特征，这在理论层面也是可以解释的。

那么我就讲到这里，非常感谢大家！

横向转移支付与国内市场融合

鲁建坤*

非常荣幸有这个机会汇报下我最近新做的一个研究，请大家多多批评。

这个研究是关于横向转移支付与国内市场统一。源自我本人的一个国家社科项目。按照亚当·斯密关于国民财富增长的一些思想，市场分工取决于市场规模，而市场分工恰恰是技术进步与财富积累的关键。所以我认为，如果某个政策能够促进全国统一大市场的形成，也就会促进分工与协作，促进产生更多的生产网络连接，从而带动生产力发展，这是一条由大到强的发展思路。如果做好市场的基础设施，市场规模足够大，市场分工就会内生地衍生出新质生产力。关于积极的财政政策，我觉得大家都会讲总支出或者是总收入的角度或者是别的方面，我想在促进国内市场融合方面，可能中国有一个在实践上比较特殊的财政政策工具，就是横向转移支付。只有中国这样的大国，这样具有特殊制度优势的大国，才能使

---

* 鲁建坤：浙江财经大学财政税学院教授、经济学博士、博士生导师。主持国家社会科学基金项目、教育部人文社科项目等省部级以上课题多项。在《经济研究》、《管理世界》、《社会学研究》、《经济学（季刊）》、*Journal of Economic Behavior & Organization*、*Journal of Risk and Insurance* 等国内外一流期刊发表论文 20 余篇。多篇论文被人大复印报刊资料等转载。曾获得教育部第九届高等学校科学研究优秀成果奖（二等奖、参与）、第二十二届浙江省哲学社会科学优秀成果奖（青年奖）、浙江财经大学优秀教师（2 次）、浙江财经大学优秀本科生班主任等多项荣誉奖励。

得地方政府之间有足够积极性去推动横向转移支付，所以我想探讨一下这种横向转移支付是不是在促进国内市场融合方面有独特的经济后果。就是在完成一方有难八方支援的政策目标基础上，或者是在其他的一些政策基础上，有一种意外的后果，给市场的融通带来一个新的推动机制，这是我最关注的问题。总结一句话，就是横向转移支付能否作为国内市场融合的一种推进机制。

讲这个东西并不完全是一个政策性的话题，实际上如果我们去查文献的话，就会发现此类问题可以从国际贸易文献中得到启示。市场分割的极端形式无非就是国际贸易，我们去翻看历史，太平天国之后到民国各省之间贸易征收厘金，现代德国兴起之前各个小邦之间大量的关税，是非常类似于现在国际贸易体系里面的跨国之间的市场分割，所以我觉得研究横向转移支付是可以通过国际上对于这个国际援助以及国际之间的贸易的研究得到一些启示。例如，2013 年《美国经济评论》（*American Economic Review*，AER）的某篇文章，就探讨了在冷战期间美国中央情报局干预是不是只带来政治的好处，他们发现美国中央情报局干预对美国和这些国家的经济联系起到一个非常大的助推作用。马歇尔计划既振兴了第二次世界大战之后的欧洲市场，也在经济上将欧洲市场和美国绑定了。跨省的转移支付也可以从这里得到一个启示。2015 年《国际经济学》（*Journal of International Economics*，JIE）的某篇文章，谈的是日本侵华和当代的中日贸易。简单想一下，文章所说的情感纽带因素，是客观存在的。回到国内转移支付，比如说有个省来支援另一个省，这个省在消费、就业等选择的时候，注意力或者我的情感对这个省更友好，也许这也是促进企业跨地区投资选址的一个机制。还有一个就是2023年《远程教育》（*Journal of Distance Education*，JDE）的某篇文章，讲的是苏联的援助和当代的中俄贸易之间的关系，他们发现历史上这些经济援助的关联和当代的贸易之间是有一个正向作用的。还有一些文献是证明，比如说中国无论是援助拉美，还是救助一些灾难国都会增强两国之间的信任，会促进两国之间的贸易，这为研究横向转移支付的市场融合效应提供一定的学理支持。另外关于中国的对口支援，中国对口支援体系非常复杂，大部分研究都聚焦于受援方经济的增长、就业或者是经济社会发展的效果，就是我接受援助我会不会变好。但是，反过来，会不会赠人玫瑰手有余香，对支援方有什么影响还没有这种研究，我就想去探讨一下。

2020年《远程教育》发了一篇文章，讲国内领导干部跨区调任，会加强省际经济联系，他们用到货物流的数据。其中一个和我可能有一点相近的就是张可云2023年在中国工业经济发表的研究，他们发现可以促进人口流动，他们主要是通过人口普查数据来做的，和我关注物流和生产网络是有一定补充的，但我们可以提供比他们更详细的微观层面经济证据。我们采用汶川地震灾后重建对口支援来做研究。当时“512地震”之后，国务院出面，当年很快就安排了相应省份支援受灾县，所以我觉得这是促进这些省份和四川加强经济联系的机制。这个援助实际上救灾性质比较强，虽然从内容看有输血和造血，但是造血是比较弱的，因为基本上都是恢复生活恢复生产的概念，并不是像推进马歇尔计划一样。这里有一个数据，援助金额的要求是支援省前一年财政收入的1%，简单算一下，平均下来最高的时候占四川省地方生产总值的比重也只有2%。所以在研究这个问题时，我若观察到货物流的变化，应该不是这批物资在发挥作用，应该是这个物资衍生出来的省际之间的关系在发挥作用。

接下来，我就介绍一些结果，每个结果有一点细微的差别。我去比较了一下，把参与支援的那些省和四川的货物流关系与这些省和非四川的关系去比较。我发现在2008 年之前，这些省和四川的关系与这些省和非四川的关系本质上没有大的区别，但是2008 年之后，有一个很大的跃升，这是一个巨大的货物流的一个变化。简单的回归验证了这个故事，我们控制输入省、输出省的固定效应。倒过来去想，四川省和这些支援省的货物流又有什么关系呢？四川省与非四川省的关系，这样一个对比发现，其实往外流的情况是没有一个明显的变化的。可以认为这种横向转移支付它是可以促进这个支援与被支援省份之间的一个物流情况，但是反过来的因素可能就比较少。这个支援是没有指定企业去做这个事情的，是一个公共财政的支出。如果是自己省政府跑到四川去做了一个支援的项目，是不是类似于新加坡政府跑到苏州去搞了工业园，但这个支援项目里面我还没有看到它是专门的招商引资的情况。我进行了一个简单对比，支援省的上市公司，在四川省投资的情况相对于非支援的省份在四川投资的情况，我们发现在2008 年之前至于大家要不要去四川投资，实际上没有任何的区别，但是参与支援活动的这些省份在这之后，这些地区的公司在四川省设立子公司的情况就增加了。从四川子公司数量，四川子公司在总的子公司占比等度量去观察，我都观察到了这个支援省份的上市公司更多地在四川省进行了投资。

在我的逻辑里面，我是把投资网络、销售网络、市场还有供应链等网络都放在一起了。但是我再去看一下跑到四川投资有什么好处没有，就是有什么市场的好处，实际如果有市场好处的话，这是一种拉力。利用上市公司前 5 名的供应链供应商和销售商公共名录，尝试用这些已知的数据去研究它的地理信息，也就是去那里设置子公司，对在四川得到客户有没有影响，我发现这是有一定影响的。在四川省有子公司会提高在四川省有前 5 名大客户的概率，也会增加在四川省客户的数量。那么接下来看有供应商怎么样，其实供应商也有一定积极的正面的影响。也就是说参与支援的省份的上市公司，在四川省进行投资对他们寻找四川供应商有积极的作用，这两个都是相互验证的东西。

支援别人会帮助自己去得到市场或帮助企业去销售东西，但是对于受帮助的企业，会不会有更多的物流运出来，答案是不会，那么我们在企业上能不能看到类似的这种情况？这个就比较难做，因为四川的公司要不要去支援省投资和去非支援省投资，这个我很难去用 DID 模型的策略去尝试。我做了比较，将四川省的上市公司子公司的地理分布画出来，看四川省在支援省和非支援的情况有没有一个显著的跳跃，发现没有什么明显的跳跃，也就是说对于四川省的公司来讲，对于援助省和非援助省的投资情况是没有什么本质影响的，所以我这里一个简单总结就是支援省份的企业与那个物流数据对比，支援省的企业实际上是更多地进入了被支援省进行投资，而这种投资获得了更多的市场和供应，拓展了销售网络和供应网络。

反过来讲，受支援省份在支援省份投资是没有显著差异的，后面也没有做销售的情况，所以是否支援别人，对于市场开拓来讲，可能有一种市场的引力。对于企业来讲，一个真正厉害的企业能够得到新的市场，按照熊彼特的说法，你能够得到新的市场，你能够开辟新的原料来源，这两个也是典型的创新，就是市场创新。

那么还有一个可能有政府推力，比如我去了也没什么好处，因此我看一下对其税收优惠或者是财政补贴有没有什么影响，发现实际上你去四川投资的话，就税收优惠虽然是负的，但是没有统计上的显著影响，可能会得一点点财政补贴。但是从双方市场的融合来讲，市场的吸引力和政府的推力可能都有一点作用，但政府的推力应该不是最主要的。

当然至于更详细的机制我还没想好，我就简单想说中国经济发展是双奇迹，经济快速发展，社会长期稳定，很多的治理机制在务实或实效上有一定的功能，所以横向转移支付可能扮演着能促进市场融合作用的重要角色，也许以后可以多研究一下省际之间的联系，我就汇报到这里。谢谢！

经济增速放缓情形下积极财政政策的刺激效果

田　磊*

这篇文章也是做了很久，刚刚完成，给大家报告一下增幅放缓情形下，积极财政政策的刺激效果。我们知道这个其实从2011年开始，我们国家GDP一直是处于放缓状态，那么到了2019年其实已经进入了5G时代了。

那么经济增速放缓，其实是经济发展由高速增长阶段转向高质量发展阶段的规律性现象，但是呢，如果你的增速放缓太快的话，则有可能会使高质量发展失去基础性的条件，所以不管是我们发展新质生产力也好，还是做其他方面的发展也好，保持一定的经济增速都是一个基础性的条件，例如，我们昨天房地产市场射出了三支箭，我们也不能说它是跟新质生产力没有关系对不对？然后是为了更好地促进新的生产力。那么在这里不管是刚才的GDP还是投资，还是税收收入增速，近年来都呈现了一个下降的趋势。

---

* 田磊：浙江财经大学财政税务学院副教授、经济学博士。主持国家自然科学基金面上项目、浙江省社科重大项目等省部级以上课题。在《经济研究》、《管理世界》、《经济学季刊》、*China Economic Review* 等国内外著名期刊发表论文。数篇论文被中国社会科学文摘、人大复印报刊资料等转载，在《中国社会科学报》等有影响力的报纸杂志发表媒体评论数篇。曾获得浙江省哲学社会科学优秀成果奖（青年奖）、邓子基财经学术论文奖、邹至庄最佳经济学论文奖等学术奖项。

那么同样一个下降的趋势，就像我刚才讲的，我们中央政府它最近几年的宏观经济目标一直是要保持经济增速运行在合理区间，也就是使它不能下降得过快。在这里面积极财政政策是主力的政策工具，首先我们知道政府进行了大规模的减税降费，然后还做了支出扩张，在这里想表示的是最近我们一直是积极财政的，但是我们的支出扩张其实并没有字面上说的那么强大。2017 年以来，以全国一般公共预算的预算完成率来看，其实有数个年份我们的预算完成率是低于 100% 的。

如果以赤字率来看，也只有 2020 年的赤字率超过了 3%。这个是想跟大家先交代的一点背景。那么问题、挑战是什么？就是虽然我们已经进行大规模的减税降费，也进行了支出扩张，目前我们的宏观经济依然面临有效需求不足，社会预期偏弱这个状况，因此今年中央经济工作会议就要提出来，要用好财政政策空间，提高经济效益、资金效益和政策效果。这个时候政策上面就提出了一个大的问题，就是如何实现积极财政政策，适度加力提质增效。

那么从理论上来说，测度财政支出和税收政策的产出乘数一直是宏观经济和公共经济一个中心问题，但不管是政策制定者、学者还是普通民众，其实更关心的是在经济低迷时期，财政政策的刺激效果。作为频繁运用财政政策调控宏观经济的全球第二大经济体，那么有关中国财政政策刺激效果，随着经济周期不同，其刺激效果会不会发生系统性变化？这个研究其实也是处于一个起步阶段，在这种情况下本文研究这样一个问题，在经济增速放缓的大背景下，我们的积极财政的刺激效果有多大？

它相比于经济运行正常时期或者说稳态时期，它的刺激效果是更强了，还是更弱了。那么接下来说一下我这篇文章主要的研究思路，因为我们知道企业投资是积极财政政策中刺激宏观经济的重要中介变量，但是如果我们切入个体企业，我们可以看到个体企业遭受的金融摩擦，还有实际的投资摩擦会影响这个企业投资对刺激政策的反应。因此我们就想从微观企业视角，来看经济增速放缓对财政政策的影响。

我这个研究设计其实由 4 部分组成。第一部分是一个简单的公司金融模型，我们用这个简单的公司金融模型来理论证明，第二部分是证明只有正向的冲击，能够显著降低融资约束企业的融资成本的条件下，遭受融资约束的企业的投资反应才有可能强于不受融资约束的企业。第三部分是把公司金融的理论内核嵌入一个异质性的凯恩斯动态随机一般均衡模型中，也就是现在宏观里面前沿的 HANK 模型里面，我们用了中国税收调查数据，还有中国宏观经济序列来拟合了这个模型。拟合这个模型以后，就相当于我们得到了一个政策实验室，然后进行政策试验，这里就先交代一下这个模型经济，因为它既用了微观数据，又用了加总数据，所以对样本数据的拟合还是比较准确的，它不但拟合了有关投资的一些重要指标，也拟合了负债率指标，还有它能够产生与代表性宏观实证文献相一致的投资价格弹性这样一个重要的统计指标。那么在本文我们主要研究了三个财政政策，第一个是增值税税率下调，第二个是政府消费扩张，第三个是政府投资扩张。第四部分一个扩展研究，我们就看这个在经济增速放缓的大背景下，宽松的货币政策是不是可以起到增强积极财政政策的效果。那么这里边先讲一下整篇文章，这个经济机制，宏观经济宏观模型，它或者是宏观研究一般都是有这个特点，我自己感觉，就是他篇幅比较大，做了很多事情，但是其实它的经济机制一般都是比较简单的。

这里先讲一下积极财政政策，刺激效果大小的一个核心机制是什么呢？我们知道 Y 等于 C 加 I 加 G，这是一个支出法的公式，那么我们两边对 G 求导的话，我们就可以看到什么呢？看到只有财政政策对居民部门的支出，也就是居民消费和居民投资，如果挤入效应是正的情况下，支出的产出乘数才有可能是大于 1。对居民部门支出的挤入效应越强，产出乘数就越大。反过来说挤入效应越弱，产出乘数就越小。

接下来看整个模型和该模型从理论和量化来表明什么？如何来表明面对相同的积极财政政策的冲击，不受融资约束的企业群体，才能表现出明显更强的投资反应，和谁相比？就是和遭受融资约束的企业群体相比较，这是机制的第一点。第二点就是，当整个模型经济遭受负向总量冲击的时候，比如说负向 TFP 冲击或者是负向的需求冲击以后，这个模型经济它就会由稳态然后滑入经济增速放缓期，或者是低迷期，那么这个运行状态的变化，它会带来一个重要的变化就是什么？

就是不受融资约束企业，占比减少了，这个其实也是很直观的，就是当经济不好的时候，有更多的企业会变成处于遭受融资约束的状态。那么由这两点我们就可以得到本文的一个重要的结论或者一个重要的机制，就是什么？就是相对于模型的稳态运行期。在经济增速放缓的时候，积极财政政策，只能产生较弱的挤入效应。由此它只能产生更小的产出乘数，这也是整个模型的核心机制，在这里面比较强调一点就是模型经济，它有两个特点，第一个特点就是里边的个体经济是可以被动态地并且被内生地识别为是遭受融资约束企业，还是不受融资约束企业。

第二个特点就是里边两大类企业的占比会随着经济运行状态内生的发生变化，那么这里是主要的结论，就是这三种积极财政政策，它的刺激效果都会表现出顺周期性特征，也就是说在经济增速放缓期这个它的刺激效果就会变弱一点。但是它的顺周期性特征，其实也是由强到弱的。这样第二点结论就是政府消费扩张和政府投资扩张在经济增速放缓期依然可以有效地刺激宏观经济，产出乘数分别是显著大于 1 和 3 的，但是增值税税率下调，在经济增速放缓期的产出乘数是略小于 1 的。

第三个就是在经济增速上，宽松货币政策的配合可以显著增加经济财政的刺激效果。接下来说一下相关的文献，首先是实证文献，实证文献其实也不太多，实证文献想跟大家交代的有些是认为发现财政支出政策它的刺激效果是逆周期的，税收乘数也是逆周期的。有些文献发现是没有明显的周期性特征，有些文献发现是顺周期的，并且根据近年来的文献来看，越新的文献越发现这个财政的支出政策，还有税收政策，它是顺周期的，其实这更符合一般民众的这个感觉。

那么不管是传统的代表性模型，还是现在比较前沿的异质性模型，就是更多地会发现财政政策具有顺周期性，但是也有发现逆周期特征的。那么这个是本文的边际贡献，我就先把它略过去。经过理论分析以后，我们可以看到，第一个结论其实是很清晰，就是我们可以用包络定理来证明什么？就证明当对企业来一个正向的冲击的时候，那么遭受融资约束，企业价值会有更大的提升，这个其实是已有的被广泛接受的结论。但是面对正向冲击的时候，企业投资的反应其实是比较复杂的，也就是说，经过理论分析可以发现，面对正向总量冲击，受融资约束企业的投资反应并不是一定强于不受融资约束企业的，因为最终的结果取决于两类企业的边际资本收益曲线和边际成本曲线的相对变动。

我们经过分析可以发现，只有在正向冲击可以很明显地降低融资企业的边际融资成本的时候，这个融资约束企业它的投资才可以呈现更强的反应。其实在大部分情况下，相比不受融资约束企业，它的反应是更弱的。这一点跟大家直觉也是比较相符的，因为只有当你面对一个好的赚钱机会，可以更好地调动资金，有更低的融资成本的时候，你的反应才会更大，而不是你越没钱，反而你的反应越大。

接下来就是一个比较标准的新凯恩斯模块，这个高级宏观到中级宏观都有，在这里唯一不一样的是什么？唯一的不一样就是我嵌入了异质型企业部门，异质型企业就是刚才尹恒老师讲的，就是我在这个异质型企业部门里面，各个企业它的资本规模、债务存量和个体生产率水平三个维度是存在异质性的。还有一个想跟大家要说的，就是在这里面我是假设增值税是中性的，所以增值税的名义税负全部是由代表性居民来承担的。那么第三个特点是政府消费进入居民的效用函数，然后政府投资进入这个个体异质性企业的生产函数。

因为时间关系我把它略过去。这是宏观里面很常用的校准，在这里只是想跟大家强调一下我这边取得的校准值，要么自已有文献公认的值，要么是用样本数据算的，也就是说，本篇文章为了拟合模型来选的校准值是比较少的，这个可以来论证这篇文章它量化结构在一定程度上的可靠性，在这里还要强调一点，因为已有的文献包括贾俊雪老师、白艳老师，他们都是用中国工业企业数据库来估计个体全要素生产率过程，我们这篇文章其实用的是税收调查数据库来估计的。

那么税收调查数据库和中国工业经济工业企业数据库相比，它有更多的小企业，意味着什么？意味着企业与企业之间它的生产率分散程度更高。分散程度更高，意味着它的方差是更大的。统计出来的个体生产率的方差是更大的。但是它的可持续性是更小的。那么这两个特点会导致什么？首先就是模型校准的这个，模型模拟出来的企业的投资方差是比较大的，然后均值也是比较大，这个正好和样本数据是匹配的。还有一个重要的特点是什么？重要的特点就是因为个体生产率具有更大的方差，它就意味着估计出来的投资产出乘数相对来说会大一点。

这个就是拟合的效果，模型经济是校准过来的，样本数据是直接计算出来的，大家可以看到不管是投资率、均值、投资率小于等于 0 的比例，投资率标准差，这几个指标都让模型经济和样本数据比较接近，那么资产负债率稍微差得多一点。还有就是我们比较好地拟合了这个企业的分布，因为在这种异质性企业模型里面，最重要的是要拟合企业的分布，也就是在三个维度上搞一个联合分布。这个是投资价格弹性，比如说你减税减 1%，企业的投资会增加百分之几这个弹性，这是一个很重要的指标，比如说像我们都很熟悉的刘永正和毛捷老师的那篇文章中估计出来的，使用者成本弹性它用的是1.9，包括陈钊老师跟刘志阔老师的文章中估计的使用者成本弹性是2.4，那么和本文的拟合的这个使用者成本弹性基本上是一致的，这个也是想为模型的量化结果找可信性支持。

在局部均衡环境下，我们都发现了什么？来论证什么？来论证这个企业投资的反应就是约束企业的反应更小。后面这个结果是来展示，当遭受了负向的总量冲击以后，受约束企业的比例会有一个升高。那么这边这个结果是来展示两种情形，当经济遭受了不好的冲击，总量冲击以后，要么采取干预的政策，要么采取不干预的政策。采取干预的政策以后，不管是投资还是GDP，它下降的幅度就小一点。

这个是测算的最重要的结果，也就是说，我们看下一条增值税税率，在低迷期的话，那么下调增值税税率，它的这个产出乘数是零点八几到零点九几，那么政府消费扩张它的产出程度是1.9~1.38，但是政府投资扩张，它的产出程度还是比较大的，即使在低迷期，也明显是大于3的。为什么会产生这个顺周期的结果，下面的结果我们可以看到这个虚线的是稳态期，然后实线的是低迷期，那么挤出效应你不管只看投资还是看居民消费，还是看投资和居民消费加在一起，就可以看到在稳态期挤出效应更强，所以它的稳态这个产出乘数相比于低迷期的产出乘数更大。

这个是政府消费的，那就不讲了，因为刚才那个结果都呈现了。这个是微观个体的，就是从微观个体层面来看一下，结果也是一致的，就是未受融资约束企业，面对正向冲击的反应更强。那么接下来是拓展，拓展分析报告结果就是你在经济增速放缓期，在实施积极财政政策情况下，如果下调利率的话，那么都可以有效地增强每一种积极财政政策的刺激效果。这个就是政策建议，我的汇报就到这里。

谢谢大家。

技术创新促进新质生产力的微观机制与财税政策选择

尹　恒*

我的研究不是技术创新的特征识别，而是将技术创新效应分离。为什么我们的研究设想能够与新质生产力的官方定义契合，实际上我认为新质生产力强调了以下几个关键词，分别是创新、资源优化配置、产业转型升级和全要素生产率。我们的研究与这几个关键词都相关。我们的研究认为，从微观层面来看，企业创新促进新质生产力提高的渠道是技术创新和微观效率的改善；从中观层面来看，企业创新促进了企业的转型升级；从宏观层面来看，体现在资源配置效率的改善，把更多的资源输送给优质的企业，让僵尸企业基本没有办法生存。所以，最终的表现就是通过技术创新和制度创新这两个原始动力来驱动产业生产力的大幅度提升。

在这一逻辑之下，我们把重点放在微观层面，我们思考的前提是企业技术创新，我们通常关注的是它能够提高企业全要素生产率，提高企业效率，降低企业成本。技术创新还有一个更重要的特

---

* 尹恒：中国人民大学国家发展与战略研究院特聘教授，中国人民大学杰出学者，经济学博士、博士生导师。主持国家自然科学基金项目6项，在《中国社会科学》《经济研究》《管理世界》《经济学季刊》等权威期刊发表论文50余篇，多篇论文被新华文摘、中国社会科学文摘、人大复印报刊资料等转载。曾获得教育部高等学校科学研究优秀成果奖、省级哲学社会科学优秀成果奖等多项省部级学术奖项。

点是能提升消费者的满意度，促进企业市场份额的提升。至于一些创造性的毁灭，让一些全新的产业去完全替代传统产业，这都是通过技术创新和需求路径来实现的。所以在微观层次上，技术创新实际上不仅是我们传统的文献所理解的技术创新，促进产业生产率，很重要的一点是技术创新同时还能扩大企业的市场份额，扩大企业的需求，从企业的需求端和生产端或者成本端两个方面都能够促进企业的成长和产业的结构转型，所以我们认为技术创新在微观的作用机制就是促进企业的新质生产力，而不是我们传统的只关注到技术创新促进企业的全要素生产率。

以往大量的研究都是聚焦在研发和企业的生产率提升上，这是很重要的一支文献，到现在都还在同步发展。这里的一个前提就是企业的研发投入是企业为获得一些创造性的成果而进行的投入。如果按照传统的思路直接讨论研发和企业生产力关系的话，实际上是混淆了或者混合了企业的两个生产过程。一个是技术生产过程即创新过程，另一个是企业产品服务的提供过程。所以讨论研发和企业生产率的话，实际上是假定一个企业在研发过程中是完全有效率的。但实际上这是一个黑箱子。我们现在想把焦点凝聚在企业的研发和产出，即创新的成果如何促进企业的成长或者产业的发展？

我们刚才已经提到，技术创新具体的体现就是专利。企业创新对企业成长的表现有两个很重要的渠道，一个是降低企业的成本，这体现在生产端；另一个是扩大企业的需求和市场份额，这体现在需求端。那么创新对企业这两方面的影响，其渠道是完全不一样的。新产品可能质量更高从而销售价格也更高，但生产成本相应的可能也更高一些。如果忽视了创新对需求的影响，我们可能会看到创新活动并没有提高企业的生产率。因此，传统的全要素生产率估计基本上没有控制产品的质量，忽视了企业创新对需求端的影响，传统全要素生产率的估计肯定是有偏的。

我们想要做的就是分离识别企业的技术创新。技术创新通过两个渠道影响了企业的成长，一个是改善效率，降低成本，另一个是扩大企业需求。我们想把创新对企业的这两个影响分离出来，在此基础上做一些政策评估，看看鼓励企业创新的财政补贴和税收优惠的政策效果是怎样的。这可以在模型里做反事实分析，这就是我们接下来要做的工作。

我们要分离技术创新在微观层面对成本和对需求的两个不同的影响渠道，尝试回答这些问题。首先一个前提就是要识别企业的创新，或者说专利的特点。我们使用的数据包括专利的数据，这是大家经常用的，就是一个企业专利申请和授权的数据，还有企业的微观数据库，包括工业企业数据和税收调查数据。我们首先看看这个企业的专利到底是有什么样的性质，这里面实际上想要明确的是这一个技术创新或专利，它到底是通过降低成本的渠道去影响企业的发展，还是通过扩大需求的渠道影响企业的发展。

那么大家知道在专利库里面明确的分类有三类，分别是发明专利、实用新型专利和外观设计专利。那么对于外观设计专利，我们应该可以明确地回答它一个产品，它的产品外观设计让它更吸引人，应该更多的影响是从需求渠道，通过改善产品的外包装、外观设计等，这可能对企业的成本影响不大，但是让产品有了差异化，让消费者更愿意购买或者愿意付更高的价格来购买它。

我们不知道发明专利和实用新型专利到底是通过需求影响企业，

还是通过降低成本影响企业，所以我们要做的就是对于这两项专利进行一些识别。每一项专利都有一项专利的摘要，比如从这个食品行业的这样一个专利来看，它的描述是这个发明的是一个新产品，那么我们认为这项专利是可以确定的。如果我们读这篇文本的话是可以确定的，它是通过需求渠道，即通过扩大需求，而且并没有影响企业的成本。那么如果再比较这样一个专利的话，我们可以确定它更多的是一个改善企业的生产过程，就是我们通常所说的过程产品。那么过程创新肯定就是让这个过程更有效率，那么目的就是让企业的生产成本更低一些。那么产品创新的一个基本的目标就是说通过新产品来扩大企业的市场份额。所以这些专利我们可以确定它是对生产流程的优化，这是通过生产端去发生作用的。那么还有一些专利，比如像这个专利，它既是要影响企业的成本端，也会影响企业的需求端。每一项专利都有几百字的描述，所以我们想要的是通过这些描述来理清楚专利的作用渠道到底是需求还是供给或者同时都起作用。

如果是我们自己去阅读每一项专利得到这个结果的话，工作量是很大的，这里有十万多个专利的摘要。所以这里我们搭了一下人工智能的便车，通过机器学习，这个好像现在也蛮多的人在用，其实我们的主要目的是减少工作量，它让我们对每一项专利这么分析，之后有三个判断，一个是它到底影响需求端，还是影响成本端，还是两个方面都有影响？

这个工作我们已经做完了，机器学习的评估效果有85%左右的正确率，是可以接受的。大家可以看到，这是专利的一个分布。比如这个电子制造业有11%的企业在这一年申请了外观设计专利，电器电子产业制造业，在 2000 年差不多有 40% 的企业这一年申请了专利。所以从整个数据来看，我们觉得这个还是比较适合分析的，如果专利的比重特别小，估计就可能出问题。那么，这个是影响成本的渠道，即过程创新，虽然稍微比前面所说的产品稍微少一点，但是还是可以接受的。另外，我们直接认为外观设计专利是影响需求。特别是一些很重要的制造业行业，数据还是比较稳定的。

下面是我们的模型，我们来分离它的影响。我们这个目标是同时把企业的需求函数和生产函数给估计出来，我们认为技术创新是通过影响企业的需求函数，那么过程当中我们说它是影响企业的成本，所以把技术创新的影响归到不同的机制，同时识别生产函数和需求函数。比如从需求角度的来说，产品创新通过两个角度影响需求。大家都知道微观经济学的需求曲线的移动，专利可能影响企业的需求价格弹性，或者改变需求曲线的形状，也可以让需求曲线向外移动。

我们的这个模型实际上能够进一步把需求移动的这两块给识别出来。还有就是过程创新，很经典的设定是过程创新影响企业的全要素生产率。具体的一个设定是，假定一个垄断竞争的市场结构，每一个企业面临着这样的需求弹性。第二块里面包括影响需求曲线移动的因素。其实我们这个生产函数还考虑了两种类型的生产率，一种是希克斯中性生产率，或者全要素生产率，一个是劳动增强型生产率。实际上现在企业的异质性有四个，我们把这四个异质性企业的异质性分离出来。我们假定这样一个马尔可夫过程，这个是 t-1 期的生产率，再加上这一期的产品创新，一起使得企业下一期的预期生产率发生明显改变。我们同时可以把这个函数区分为两个，分别是在这一段时间做了研发的企业和没有做研发的企业这两类企业，它们的马尔可夫过程是不一样的，可以把它分开。最后我们得到了这么一个估计系统，用 GMM 的估计。这是我们的估计结果，这个结果还是很可靠的，特别是代表性的行业，平均的资本弹性，平均的劳动弹性，都是在可接受的范围之内。这个是全要素生产率，就是希克斯中性生产率在2007～2020 年的企业层面的简单平均数，我们发现确实有很多行业在这段时间是负的，就是在 11 年之后全要素生产率是在下降的，这个应该引起我们的重视，这在我们以前发表的文章里面把结果已经说出来了，在这里又印证了这一点。但是劳动型生产率是一个稳定增长的态势，实际上它是劳动的相对效率，相对于资本效率来说是在稳步改善。

因为我们这个模型是通过替代的办法把这两个异质性估计出来，因此可以用简单的回归来分析它的影响。但这些我们还没开始做。目前是一个很粗糙的工作，在这里报告给大家主要是想听听大家的宝贵意见。那么至于政策的着力方向，我觉得这个模型里面可以回答的是鼓励创新的财税政策的效果，对鼓励产品创新的财税政策效果进行一个反事实评估，这是可以做到的。我认为财税政策可以在微观效率改善、产业转型升级和资源配置效率改善等方向着力。时间也差不多了，我就不展开了，谢谢大家！

财政赋能加快发展新质生产力：着力点与实现路径

周　波*

大家好，很荣幸有机会和大家交流关于新质生产力财政赋能这样的一个话题，感谢主办方邀请。

其实不难发现，我们做教学科研的往往面临着权衡。有的时候一个新的概念、新的话题、新的理念出来以后，我们考虑是不是要跟的问题。刚刚前面三位讲到的大家也会发现，尹老师做的内容是他一直以来在做的，而且我认为特别好的是，长期以来我们来衡量创新的时候，往往只看重创新的结果，尹老师这个研究会让我们感觉，我们不仅看它的结果，还在看它的用途，所以和新质生产力紧密地联系起来。汤老师做的是在一个很宏大的历史视野当中来看，这个想法也特别好。一直以来听金老师讲模型是特别过瘾的，当然他现在还没讲，但是特别清楚。

我今天汇报更多的是我个人的一些思考，我这个其实还不是偏

---

* 周波：经济学博士，教授，博士生导师，东北财经大学东北全面振兴研究院副院长。辽宁省特聘教授（2017），霍英东青年教师奖获得者（获奖编号143097）。主持国家自然科学基金三项（青年项目一项，面上项目两项）、国家统计局重大统计专项、司法部国家法治与法学理论研究项目、中国博士后基金、辽宁省高等学校优秀人才支持计划项目、辽宁省科技厅科学研究项目、辽宁省教育厅、辽宁省社会科学基金、辽宁省社科联等课题二十余项。在《管理世界》《数量经济技术经济研究》《财贸经济》《政治学研究》《财政研究》《税务研究》《经济学动态》等杂志发表50余篇科研论文，出版学术专著4部。

技术的。我其实长期以来一直在做政府间关系研究，或者说中央地方关系研究。

上午好多知名学者都讲了新质生产力这个历程，所以这个梳理我就略过了，我有这么几个感悟。第一，我们有的时候可能还是不够敏感。2023 年 10 月，我调整了一个新的岗位，我们东北财经大学成立了东北全面振兴研究院，其实主要是服务于东北全面振兴的一个智库机构。我们关注到了新质生产力的这个内容，但是当时我的体会是，新质生产力的好多核心要素在全面发展这个理念当中都有，包括科技创新、产业升级、绿色化这些内容。我们也关注到，反应迅捷的，到 2024 年 1 ~2 月关于新质生产力的科研论文已经出来了，比如关于新质生产力测算。其本质上仍然是在用过去的一些指标在做。我们当时的想法是这是不是新瓶装旧酒，至少我当时其实是有这样的疑虑的。所以我们没有动手，现在看来是后知后觉了。

第二，我主要是从中央和地方关系角度来研究政府行为及其绩效的，所以其实我更担心的是地方政府一哄而上，重新引发新一轮的同质竞争，重复建设问题。事实上，我们也关注到中央其实也担心这样的问题。2024 年以来，地方政府的两会都把新质生产力作为非常重要的因素放在主要的地位来布置工作。在中国的分税制财政体制下，地方政府在财政政策上是有自由量裁权的，也就意味着，地方政府通过政府行为、财政行为来加快形成和发展新质生产力过程中，有些问题需要重点关注。

前面关于新质生产力发展历程，其实大家都比较熟，节点包括习近平总书记在东北调研，2023 年经济工作会议，2024 年全国两会，然后是习近平总书记在全国两会期间江苏省代表团讲话又重新提出并进行布置。我们经常有发表的问题，我们会发现很多杂志都有新质生产力这个专题，然后是专门设置的，所以我刚才讲的后知后觉的原因就是这个，也就是等待已经全部动起来的时候，其实研究热潮已经过去了。所以我想可能对我们做研究的来讲，是需要反思和考量的，就是你要不要跟热点，而且，有的时候又意味着你可能需要开辟新领域，所以这是一个权衡的问题。

为什么要发展新质生产力，其实有很多的解读。在我看来，新质生产力是从生产力的角度总结我们应如何发挥有为政府作用的，我觉得这更多是一个理念性的问题，是重新考量政府和市场关系以及中央和地方关系一个非常重要的契机。之所以这样说是因为无论技术创新如何产生，包括很多专家提到的技术创新收益如何分享，在这个过程中，都是需要政府通过财政赋能的。但是政府应该通过什么样的方式，这个是需要考量的。从新质生产力的基本内涵来看，创新也好，全要素生产率也好，发展方式也罢，包括所谓的三高突破等，这些政府要做的还是立足于教育科技人才、产业链的优化、培养新兴产业未来产业、数字经济及绿色科技创新，政府到底在一个什么样的程度上能够发挥它的刺激作用，这个是值得考量的。

大家可能还有印象，前些年关于政府市场关系的两种观点，相关辩论者有一个针锋相对的辩论。一种观点认为要发挥政府的作用，对重点产业、战略性新兴产业进行支持。所以我们会发现一条基本规律，发展中国家是可以追上发达国家的，就是我们通常讲的经济增长是可以收敛的，中国的经验事实上是可以为其他国家借鉴的。另一种观点认为，政府所做的所有规划都是失败的，两种观点完全相对。这事实上也是我很关心的问题，科技创新本身有自己的规律，尤其是落实加快发展生产力，如果地方政府都一哄而上进行同质化的战略性新兴产业规划，结果会产生同质化问题。如果地方政府和中央政府共同来承担新质生产力发展，地方政府在分权激励下履行这个职能，一方面会给地方政府激励，另一方面也会造成地方政府之间的竞争。换句话讲，我的想法是我们国家的很多的市场分割，它其实是制度性因素导致的。

地方政府的很多行为，导致了市场分割，这个应该是我们建设国内统一大市场要解决的一个核心问题，这又回到了地方政府行为上面。在发展新质生产力的过程中，地方政府发挥作用，但是到底在一个什么样的程度上发挥作用，并且又需要考虑地方政府有财政的量裁权。事实上，金戈教授讲的那些要素，本身也是地方政府事权的一个部分，包括与履行事权对应的支出责任，收入来源是怎么样？这些因素当然是我们中国成功的经验之一，是把发展的责任疏解给地方政府，地方政府之间又造就了竞争，所以这个经济能持续增长，但是这个负面因素也是要考虑的。

所以我们认为可能有这样几个问题，一个是以企业为主体的科技创新。与企业相关的另一个问题就是人才问题。现在政府会出台一些政策，譬如说不允许东南沿海发达地区，到西北和东北去挖人。其实仔细想这个好像又是与人才流动相反的。去年东北有“哈尔滨现象”，包括从哈尔滨现象到吉林到辽宁，这两年我们可以发现东北人口的净流出趋势得到了缓解，有一定程度的人口的回流。但是人才的待遇，所得税等的很多问题其实是比较难解决的。所以还是要针对不同的经济发展水平来考量，这个是重要的。还有一个问题是大家期待的地方政府职能转变，软环境的作用效果可能是吸引人才更应该考量的一个问题。其实“哈尔滨现象”出来以后，会发现政府的投入并不多，反映出来的问题是，如果政府要推行一件事情，一定要政府大量地花钱，其实很多时候可能不是的。

还有就是这个数字化和实体经济的结合。其实坦白地讲，最早习近平总书记在东北提新质生产力，我当时的理解是东北作为老工业基地，它整个的生产力的质态可能与我们讲的北上广创新活跃的地区有差距，所以我认为这是一个局部现象，甚至到现在我们全国都在讨论这个话题，所以在东北局部地区实体经济数字化其实是很重要的一个方面。这个过程和财税紧密相关，我们讲的数字经济的价值核算，以及数字经济价值如何转换成税基，但是我们发现这里有非常突出的问题到现在为止没有得到解决。当然也有大家关心的增值税分享的问题，这些内容事实上都是需要中央政府来做，统一协调地方，但是这个事权、政策的制定权不在地方政府。

还有一个就是地方政府在推进新质生产力发展过程中，主要作用可能还是应该体现在产业选择上，这个产业选择我们认为可能它不应该是地市级或县级政府做的，需要适度集中，就是在一个省级政府层面上来做。所以，从不同层级政府职能优势的角度来看，可能还是应该放在一个更高层级政府上。

事实上我们前一段调研也发现，大家现在一直在讲新能源，讲氢能，其实氢能有灰氢和蓝氢，灰氢它仍然有污染，蓝氢才是更清洁的。氢能做成电池，然后它的使用应用又与公共设施的配套相衔接，就是你没有那么多充电桩，这个仍然是做不了的。所以从地方政府的角度来看，大连有大连化学物理研究所，这个氢能的技术其实是做得很好的，但是一直没有列入国家计划，所以这个充电桩就搞不定。如果地方政府把这些桩搞好了，可能也能发展起来。

其实简单来说就是在考量政府能做什么的情况下，要考虑地方政府它不应该只限于投钱，不能只限于地方政府花钱，而且花的时候你要讲效率，所以这里有一个政府与市场关系的问题。还有新质生产力事实上不是一天就搞成的，所以某种程度上怀疑把新质生产力用若干个指标，然后测算说不同地方的新质生产力情况，我觉得这可能也是有误导的。这个和传统生产力有关。上面也有专家讲到，其实传统生产力它是解决就业的，另外传统生产力其实恰恰是应该思考怎么把它和新的发展趋势结合起来的。所以，问题还是地方政府一哄而上，大家看政府工作报告包括政府规划，确定的重点产业基本是雷同的，基本内容大部分是雷同的。

这里还有一个问题会存在，是因为花了钱就干了这个事儿，其实支出责任和事权是完全不同的两回事，作为地方政府来讲是应该思考的。很多时候我们强调税收优惠，但是事实上我们关注了 18 个税种，你总会发现这些税种总和新质生产力有关系，但其实又是作用在不同环节的，所以这个过程当中其实是可能会有合成谬误的。另一个就是，很多时候应该用制度而不是用政策来推动生产力的发展，这是我的一些简单的思考，时间关系我就讲这么多，谢谢大家。

分论坛三：新质生产力与金融强国①

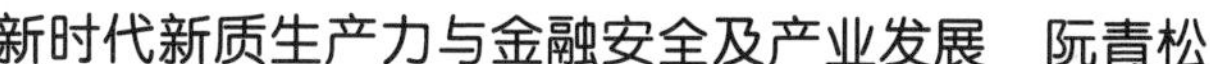

新时代新质生产力与金融安全及产业发展　阮青松

共同富裕视域下创新型货币政策的实体经济效应研究　彭俞超

模型管理与新质生产力　潘陈新

绿色金融是金融强国的底色："金融＋"　骆兴国

加快新质生产力：资本市场赋能　胡海峰

金融强国建设的指数构建与实现路径　董青马

① 分论坛三报告文字整理人：浙江财经大学金融学院教师林朦朦。

分论坛三：新质生产力与金融强国

新时代新质生产力与金融安全及产业发展

阮青松*

很高兴有这个机会来到浙江财大，参观这么美丽的校园，能够与大家同探讨一个重要议题——新时代新质生产力与金融安全及产业发展。首先，我来简要介绍一下研究背景，我跟大家的视角稍许有点不同，两年多以前也就是2022年，俄乌冲突爆发以后，当时有关部门跟我们合作做了一些调研，主要在于审视整个西方对俄罗斯包括金融在内的各个产业的制裁情况。经过细致地梳理与分析，我们侧重中国各个产业的韧性，在未来比较复杂的情况下，考虑如果受到类似的制裁我们撑得住吗？在这样一个背景下，这个研究一直不断地在更新，已经做了二十多稿，把其中一些阶段性成果跟大家分享一下。同时，把一些内容，与此次会议主题特别是新质生产力

---

* 阮青松：现任同济大学经济与管理学院党委副书记，博士生导师。上海市金融硕士教指委委员，上海市金融学会理事，成都市政府特聘专家，国家一流本科专业和国家一流本科课程负责人，欧洲管理博士教育联合会执行委员会委员。上海市金融硕士同济—东证创新实践基地负责人。曾获国家级教学成果奖，上海市教学成果奖，上海市科学技术奖。曾经在哈佛大学商学院访问学习。出版有学术专著2部，教材5本。发表学术论文80多篇，20多篇论文在国际高水平期刊发表，并被SSCI、SCI等检索，主持多项国家级课题、省部级课题以及政府机构、企业委托课题。

结合在一起，从安全和发展角度来讲一下新质生产力与金融安全及产业发展。

首先，我就第一个关键点展开。党的二十大报告里面有一句话，不知道大家有没有注意到。在最初没有全文发布时，我仔细阅读了网上的整理稿，尤其是总书记的讲话部分，特别是对有关经济发展的板块进行认真阅读理解，发现以经济建设为中心这句话改了，换了一种提法。从党的十一届三中全会以来，历届党代会都有以经济建设为中心，但是在党的二十大报告里面专门讲了统筹发展和安全这样一种关系，认为发展和安全两个因素不可偏废，非常重要。这种提法的转变，一个理解是中美博弈，包括地缘局势的动荡，意味着中国发展所面临的外部环境出现了深刻的变化，安全发展并不是一时之需了，而是长久之计，同时报告也提醒，我们国家是唯一的世界大国和安理会常任理事国里面，到现在还没有实现国家统一的。

第二个理解是，当前我们正处于产业转型的攻坚阶段，这一进程在制裁与封锁的严峻环境下尤为艰难，产业安全成为了博弈中的核心议题。这个时候，关键技术领域的突破就变成了新的发展格局下必须拿下的硬骨头。在这个过程中，我们学到的最大体会是新质生产力的提升不仅关乎经济发展的动力，更重要的是其背后所承载的国家安全重任。国家安全是一个多维度的概念，涵盖了政治安全、金融安全、产业安全及科技安全等多个层面。新质生产力提出的背后要保的是安全问题，这些东西不解决，安全就得不到保障，同时，新质生产力提出来要发展还要解决经济发展的问题，背后有两个党的二十大报告里面专门提到的核心观点。

从体现的新质生产力三高，可以发现新质生产力相关的产业比较多，多达四十多个，再次我们聚焦于几个较为紧密相关的领域，比如芯片、半导体、计算机通信、人工智能，还有著名的新三样，新能源汽车、锂电池、光伏等，这些均是在未来发展中极具潜力且已展现优势的行业。在这背后，新质生产力相关产业的发展，必须要有金融的支持，所以总书记在2024年4月专门谈到了金融强国和金融高质量发展。在铺垫了这些背景之后，我想强调的是，新质生产力并非贸然提出，而是在一个新的历史阶段，在国家面临的新的发展阶段，在党的二十大强调安全和发展之间的关系下提出来的。

同时，当时局势比较复杂，俄乌冲突、中东冲突在各个方面影响突出。我们特别关注俄罗斯和乌克兰的冲突，以及当时其对俄罗斯金融和产业领域造成的影响，战争爆发以后，据我们统计，包括到现在为止俄罗斯是整个全世界受到制裁最多的国家，接近两万项，排第二的是伊朗，有5 000多项，排第三名是中国，我们现在近四千项，但是这个单子在不断地增加。俄罗斯是总受制裁的，里面最重要的是金融制裁，包括冻结外汇储备、一些外汇资产以及把俄罗斯的金融机构剔除国际金融交易系统，还有对个人、银行包括实体的企业进行了全面的制裁，这个制裁清单在不断地拉长。当时有一个故事，在伦敦的街头有一个寡头，这个寡头原来很有钱，有好几十亿英镑，还曾经买了一个英超的俱乐部，突然遭受制裁以后，银行卡刷不了了，所有的资产被冻结，唯一能用的就是身上带的几百英镑的现钞，这种制裁对他们的影响应该还是比较大的。

在这个过程中，当时梳理了一下冲突之前整个俄罗斯外汇储备的构成。在构成里面，我们发现一个比较有趣的事情。2018年之后俄罗斯当时采取了去美元化，所有的军事行动，以后变成不是部队先行，而是金融先行，所以大家以后看指标的时候要看金融指标。

关于中国的情况，我们一直在想未来中国有没有可能面对惊涛骇浪，不仅是上海还有浙江这边，很多都在讲底线思维。这种普遍的不安感，源于我们周边环境的复杂多变，西边是印度，南边是南海菲律宾，东边这边是台海问题。所以，大家在想国家是在做一些底线的思维，进行一些预防性的措施。在这种情况下，我们看到俄罗斯所受到的金融方面的制裁，也包括俄罗斯的能源行业所受到的制裁，虽然时间问题没有办法全部列出来，但其为我们提供了前车之鉴。国家也在做相关的准备，在这个过程中，我们拥有约 3.2 万亿美元的外汇储备，虽然总量稳定，但是最主要的美元资产的占比还是比较高。只要我们有这么高的美元资产、欧元资产，属于西方国家的货币资产。可以预测得到，如果国家真要采取一些预防性的断然措施，这个肯定是要大幅度调整，俄罗斯是提前了 4 年，2018 年开始，我们要提前多少年来降。

近期，关于国际资金清算系统（society for worldwide interbank finacial telecommunications，SWIFT）的讨论再度升温，在上海那边金融机构出于对潜在制裁风险的担忧，做了一点避险。市场担忧的是，制裁可能并非针对大型银行，而是选择性地针对小型银行，如将其排除出国际资金清算系统或限制其美元业务，以此作为对中国的警示。我们现在了解到的情况是，基本上大的银行对开展跟俄罗斯的汇兑结算业务都非常谨慎。值得注意的是，浙江有一个小银行，是中俄结算很重要的一个渠道，相关业务基本上现在已经开始大幅度收缩了，还有一个昆仑银行也被制裁过了，所以在这一块最主要的，如果真的被剔除国际资金清算系统，大家想想我们有没有什么办法。现在大家都知道有人民币跨境支付系统（cross-border interbank payment system，CIPS）跨境结算系统，我们当时测了一下跨境支付系统有一个什么问题呢？跨境支付系统整个来看，在这里面整个人民币在国际支付中的占比，虽然在不断地提高，但是我们看了一下去年年底是 3% 左右，跟美元和欧元加起来接近国际支付 80% 占比比较，占比很低，我们自己的贸易绝大部分（85% 左右）都还是使用的不是人民币进行交易。在 2023 年全年跨境支付系统，人民币结算系统总共处理了大概 100 万亿元的业务，相较于国际资金清算系统所占的规模，只有它的 5‰，1% 都不到，这一块相对来说还是微乎其微。

我们想想如果处于底线思维，未来几年发生了大的中西方的冲突，采取把我们剔除国际资金清算系统，我们的跨境支付系统是不是可以替代？这个大家还是要相当的谨慎，因为目前跨境支付系统的结算还是人民币为主，尽管支持一小部分港币，但是很大一部分跨境支付系统的跨境业务还是要依赖国际资金清算系统作为底层的基础设施来进行，还是要建立在国际资金清算系统之上，所以在某种程度上，跨境支付系统还不是国际资金清算系统的一个替代。我们能不能做一个自己的国际资金清算系统，类似于中国主导的新国际资金清算系统（C－SWIFT）呢？从技术上，从金钱投入上没问题，最大的问题是政治因素。这里面金融的数据是涉及安全的，假设中国建设一个中国主导的新国际资金清算系统，后面怎么样吸引世界的金融机构加入，这有一个政治难题在这里面。

另外，金融市场上有一个很重要的是评级机构，但我们在评级机构几乎没有国际话语权，三大评级机构是有全世界金融市场话语权的。我们当时梳理了俄罗斯所受的制裁，能源是一个很重要的领域，俄罗斯是一个能源出口大国，所受的能源制裁是不让出口，未来假设中国在发生可能危机的情况下，可能这种制裁的方向是反向的，我们看一下石油的情况，进口的比例是72.1%，自己的这一块只占了27.9%，你们想想如果未来发生危机的情况下，这一块石油的安全能不能保障，我们当时看了一下，现在中国前十大石油进口国，前面几个沙特阿拉伯、俄罗斯、伊拉克、阿联酋，其中俄罗斯在发生冲突的时候可能还会继续卖，前提条件是俄罗斯政局不发生大的变化，在中西方冲突的背景下，能保障我们的石油供应吗？同时，运油的通道不掌握在中国手里，我们国家在石油供应上是没有安全感的，我们讲新能源车搞节能，可能更多地没有从安全角度讲国家为什么推这个事情。天然气进口虽然只有45.5%，但是天然气主要进口是从西方国家，都是在未来冲突背景下，没办法保障进口的来源国。

谈一个与新质生产力有关的，我们讲的光刻机这一块，大家都知道荷兰是绝对的老大，中国从那边进口占89.21%，日本占了一小部分，中国台湾地区占了1%不到，我们用2022年的数据研究，站在国家安全冲突的视角上，一个是光刻机，一个是芯片，都是在未来冲突发生的时候，会对我们断供的，你会发现最可怕的是光刻机几乎百分之百都是来自风险区域，都有可能断供，芯片好一点，但是也很可怕，只有90%多，特别是高端的芯片，全是来源于西方国家或者美国在冲突情况下能够施压断供的地区。这也是我们现在要为什么搞技术突破。这都是新质生产力相关的主导行业，这些行业的技术突破不解决，我们在未来产业上，未来面临的国际局势下是没有安全感的，这就是一个很重要的原因。

还有一些其他的，大家都知道，“919 上海”在做的国产化率有60%多，一开始就这么高，但是飞机的心脏发动机、飞机的神经系统飞控系统，这些都是需要进口。还有高铁2015 年国产化率达到了70%，但国外生产的那部分30%，拿走了70%的利润。现在我看了一下数据，大概能达到97%、98%，还有一些不能生产，什么不能生产？你们想想高铁的轮子、高铁设施的紧固件、高铁的轴承这些还生产不了，还需要进口，因此相关的领域是国家要大力投入。这个领域不是生产一个飞机发动机或者一个高铁轮子，为什么？它里面有很多东西，一个是机床，高端的数控机床，还有新材料，材料能不能达到，里面的材料、零部件这些东西加在一起，可能要涉及几千家企业去协同，这是一个产业链。

从这个意义上来说，未来的金融安全所面临的挑战，包括美国时时刻刻都在以制裁中国的金融机构作为威胁，包括我们所讲的美元霸权，金融制裁成为美国对外政策常用的工具。俄罗斯首先进行的是去美元化，但是中国能不能去美元化，目前是比较难的，所以真要改革了，还是任重道远，在可以预见的一段时间内，美元在金融体系的霸主地位，难以有大的变化。

未来怎么样逐步地，出于国家安全的考虑，尤其是紧急情况，未来要准备的情况下，怎么样降低西方货币资产的占比，同时进一步做大做扎实跨境支付系统，包括跟跨境支付系统有关的金融技术的创新。在能源这一块，现在为什么大量地推清洁能源，去年我们看到的数据，中国已经是世界上第一大汽车出口国，超过了日本，里面大部分都是新能源车。美国已经加税了，欧洲现在没加，以后也是一个大的问题，会制裁我们。在这一块我们做了一个数据，中国在能源转型上是世界第一，投入了大量的资金，这个资金不是白投的，不仅是碳中和，后面还有国家安全。美国投的资金不到我们的一半，所以我们有全球最优质的产能，有竞争力。

还有对光刻机相关的领域，这一块是我们的痛点，因为一个光刻机涉及几十甚至上百万个零部件，要突破很难，上海现在唯一有一个做的就是上海微电子，也被美国制裁，但是还不能实现可靠的产业化。还有一个碳基芯片，现在都是硅基芯片，硅基芯片因为被美国制裁，你要再超也比较难，未来就像新能源车弯道超车一样，由硅基向碳基转化，只能看这一块经过大量的投入研发能不能弯道超车。光刻机投入是巨大的产业链，几十万个零部件，不是一个企业造几台机器，涉及几十万个零部件，世界上没有一个国家能全部做，荷兰的 ASML 的零部件从全世界十多个国家进口，包括我们讲的未来怎么样让国产大飞机在危机的情况下受制裁，不要影响它的维修，能够飞起来，包括我们的高铁，能够从 97% 到 100% 。

另外，我自己在军工行业工作过好多年，对这一块关注比较多，这一块从俄乌冲突来看，你们可以看到在军工行业，军队的新质生产力或者说新质战斗力也非常重要。现在重要的是精确制导，还有是电子战、信息战。在未来可能发生冲突的情况下，电子战、信息战，甚至包括人工智能 + 军事的发展，都非常重要。未来十年，我们可能会看到在战场上是机器人的战争，以一全新形态进行对抗。

总之，我们是希望和平，但是国家要做准备。资金的投入、军费的投入、科技的投入、产业的投入都应该是扎扎实实的。总体来看，以新质生产力新时代统筹安全，不要忘记后面的安全问题和发展问题，既是安全问题，也是发展问题，国家现在要未雨绸缪，对新质生产力与安全相关领域增加投入。

谢谢大家！

共同富裕视域下创新型货币政策的实体经济效应研究

彭俞超*

我今天汇报的是最近的一项研究，跟北大的韩老师、厦大的倪老师合作的一个论文。方向上跟本次大会主题还是比较密切的。关于新质生产力，现在第一波已经出来了很多研究，学界有很多的争论，一般是文字定性类的研究发了很多，解读也很多，但是实证类的研究容易被批评，所以我们现在也还没有涉足这个领域。

这个概念提出还是很有意义的，是我们对过去很多事情的总结，也是中国自主的知识话语体系的体现，谈到这个词还特别重要。今天不敢班门弄斧，既然是金融强国和新质生产力，我就剖析金融强国，一个强国怎么着得实现咱们现代化的目标，今天带来的题目就是“共同富裕视域下创新型货币政策的实体经济效应研究”，因为

---

* 彭俞超：中央财经大学金融学院副院长，博士生导师，入选国家级特殊人才支持计划哲学社会科学青年拔尖人才，中央财经大学“龙马学者（青年）”，全国金融青联委员，兼任丝路金融研究中心主任，国际期刊 *China & World Economy* 副主编，*International Review of Economic and Finance* 副主编。作为骨干成员入选教育部首批课程思政教学名师及团队，第二批全国高校黄大年式教学团队，首批中国经济学教材《中国金融学》编写团队。近年来，在《经济研究》、《管理世界》、《经济学（季刊）》、《世界经济》、《金融研究》、*Journal of Development Economics*、*Journal of Money, Credit and Banking*、*Journal of Corporate Finance* 等国内外重要期刊发表论文 60 余篇，主持国家自然科学基金面上项目和青年项目、北京市社科规划项目，获得厦门市第十二次社会科学优秀成果二等奖，普华永道 PwC3535 优秀论文奖等。

共同富裕是社会主义的本质要求，也是党的二十大专门强调的中国式现代化的重要内容。未来走向强国肯定还是坚持以人民为中心的发展思想，在高质量发展中要促进共同富裕，这个问题是怎么来的？这个选题怎么来的？体现共同富裕很多，共同富裕既要谈共同，还要谈富裕。富裕是整个经济要富起来，人们要发展起来，谈共同实际上强调什么？要有平等。共同富裕是公平与效率的统一，经济增长与经济公平的统一，是强调这么一个事。

我们都知道讲分配就有很多东西可以说，有初次分配、二次分配、三次分配，这篇研究主要关注初次分配，因为初次分配本身就很重要，解决劳动收入份额和资本收入份额的问题。尤其是近年来，关于资本的新讨论，总书记去中国人民大学的时候，去之前袁春校长讲过一次关于资本的讲座——怎么正确看待资本？他说资本和劳动在里面的分配怎么解决？这就是初次分配，企业有了利润之后，经济有了回报之后分给资本和劳动。初次分配本身就是分配中很重要的一环。怎么理解这个事？比如皮凯蒂很早的时候就说，很火的访谈节目《21 世纪资本论》就说了，r 大于 g，资本的回报率如果大于经济增长率，就会产生差距变大，不公平，即使经济增长很快，g 很大。如果 r 更大，就会导致收益更多地分享给资本。当然这个公式本身来讲在学界是有争论的，尤其很多的经济学家说这个公式是错的，不管是对还是错，至少可以从直觉上理解 r 就是资本的回报率，g 是整个经济给大家带来的回报率，如果回报中大多给了资本，没有给劳动者，可能就会拉大差距，这是从整体上讲。

是不是资本的回报相对低一点，让劳动者的回报相对多一点呢？同时让 g 增长，是不是就能实现共同富裕呢？共同富裕的目标实际上是既要保持企业的蛋糕做大，又要把蛋糕分好，分得让劳动者能够惠及，这是一种说法。当然了，让劳动者的钱袋子鼓起来，资本也有增值，也是更好的，现在不是也说股票市场要好好整，中国的股票市场多少年前是3 000点，现在还是3 000点。股票市场几乎增值空间很小，最近国家也在提怎么提高股票市场和资本市场，从过去强调融资功能到现在讲投资功能，让老百姓的钱袋子鼓起来，让老百姓能够通过理财来盈利，这是新提法。我们这里更关注的是企业中分配的资本收入份额和劳动收入份额问题。

我们在这个背景下就关注创新的货币政策，创新的货币政策这些年研究得非常多，最早是结构性货币政策，后来又谈了各种各样的“酸辣粉”“麻辣粉”等，我们国家有很多新货币政策工具，这种新货币政策工具本身有一个特点，就是灵活、针对有效，发挥了货币政策总量和结构的双重功能。我最早于2016年在《经济研究》上发表的论文应该是国内最早做结构货币政策的理论文章，之后我很多年没有推开做实证，所以总是有人问我说什么时候再写一篇实证论文验证一下，结构性货币政策是不是真的有效？这篇文章也是从这个角度出发，关注创新的货币政策。它的特点是什么？创新的货币政策是把资源流向了真正稀缺的地方，强调了结构性，金融强国里面五篇大文章中，有四篇都强调结构性，我经常说中国特色的金融理论很重要的一点是强调结构性，过去五篇大文章前四篇科技金融、绿色金融、普惠金融、养老金融，都是金融要支持某个领域，数字金融是告诉你支持这个领域需要用到数字化手段，这是这么一个逻辑。

西方总说经济管好总量就行了，不用管好结构，但是我们的金融既要管总量又要管结构。可以看到我们整个调控体系框架下，利用金融工具货币政策去管结构，这是过往的西方文献中不能接受，不能理解的。为什么说这个事也是很重要的一个点，创新型货币政策的使用到底能不能有效？因为它流向了真正稀缺的地方，而稀缺的地方那些人可能是什么？可能恰恰是融资约束的地方，恰恰是由于资本有约束，不能更好地获得应有的投资机会，不能增加产出，你给我资本之后，我反而在我那个阶段的时候，资本增加了，反而有了更好的项目，我雇佣了更多的劳动，反而我会让资本劳动过得更好，这是我们这篇文章强调的条件。创新货币工具流向的就是那些稀缺又高效的企业，那些企业产业可能不仅融资成本下降，产能提升，可能还能提升效率，可能还能改善分配，这是我们想问的问题。

我们研究的是针对传统货币政策，针对整体经济金融体系进行实施流动性供给，而创新性货币政策有很多，其中一种是担保品框架，以它为主要工具，采用质押的方式向银行体系提供货币，它是一种报销式货币政策，现在谈结构就要谈报销式，先贷，贷完之后再去央行报销，这样更加针对性地有一个流动。比过往的直接给你一个导向，给你创业指导那么干更好，你先干，干了回来之后来央行给你报销流动性，是这个逻辑。文献里也有很多人关注，过往主要关注的是对融资的改善，创新型货币政策到底能不能影响到企业融资成本？包括银行的证券利差（Spread）最多也能做，但是能不能真正影响到企业的效益，影响企业的分配，这个是没有人做的。比如像富劳动、缺资本的切断和富资本、缺劳动的情况，受到政策的影响到底会怎么样？没有人关注，我们这篇文章是关注资源配置之后的分配改善问题，最后能不能带来共同富裕。这篇文章一开始的题目为“创新型货币政策的实体经济效应研究”，没有共同富裕四个字，“共同富裕视域下”是我加的。我在这篇文章里最大的贡献是加了这四个字，文章开始找我的时候就是创新货币政策和结构性货币政策，和担保品扩容政策和企业的比如劳动收入份额，这是原来做的题目，最后我为了这个文章能够进军外省就加了这个，果然进了外省。我发现还是管用。

我们做了什么呢？第一先建了一个模型，并基于这个模型推了一个定理。完成定理推导后，我们基于该政策进行了实证研究，以验证模型的结论。结果显示，该政策有效缓解了特定企业的融资约束，增加了这些企业的投资和劳动雇佣规模，提升了企业捕捉投资机会的能力，最终导致企业利润上升。因此，可以说企业确实是盈利的。同时，资本要素和劳动要素之间的收益分配机制得到了改善，劳动收入份额也随之提升。这一发现表明，企业不仅能够做大“蛋糕”，还能够提高劳动者的收入回报，这一结果是非常积极的。

关于模型部分的结论，我主要解释一下我们的发现。首先，模型的一个前提条件是企业存在融资约束。创新型货币政策的目标是改善这些有效率但有融资约束的企业的融资情况。其次，还有一个前提是资本与劳动的替代弹性较小，即资本和劳动是互补品。在这种情况下，结论就非常强大。然而，如果这个前提条件不满足，结果可能并不会那么显著。虽然劳动雇佣可能增加，但劳动收入份额的提升还需要资本收入的增加，换句话说，既要“蛋糕”做大，还要劳动的占比增加。这两个结果的同时出现需要较低的资本劳动替代弹性，即资本和劳动是互补的。在这个逻辑下，如果企业获得了资金，它们将投入更多、更好的项目，同时也会增加劳动雇佣，而不是用资本替代劳动。因此，在资本与劳动互补的条件下，我们的结论是成立的：创新货币政策不仅能促进劳动雇佣的增长，同时还能提高企业的利润率和劳动收入份额。

简单地和大家分享一下实证的部分。我们使用了一个 DID 方法，这个政策在文献中也是常见的，是央行的 MF 担保品扩容政策，具体内容是将不低于两 A 级的小微企业绿色贷款、两 A + 和两 A 的公司信用债，包括优质小微企业贷款等纳入担保品范畴。简单来说，就是放宽了要求，以前只有 3A 级的企业才能享受这些政策，现在一些 3A 级以下的企业也可以纳入进来。我们使用了“Treatment”和“Post”变量，来观察政策实施后的效果。这个设置（Setting）在之前的研究中已经被应用过，特别是在债券利差（Spread）方面的影响，已经有研究发现政策确实降低了债券利差，进而降低了融资成本。我们只是进一步测试了其他方面的影响，结果发现企业的投资上升，劳动雇佣增加，劳动收入份额上升，总的来看，劳动收入（LA）也有所提升。这些结果非常积极，甚至超出了我们的预期。我们进一步观察了“Treatment”变量，尽管前期数据存在一些波动，但总体趋势依然向好，后期的波动更为减弱，说明这个政策效果确实不错。无论是投资、雇佣、LA，还是劳动收入份额的平均趋势，都没有问题。

此外，我们还进行了安慰剂检验和稳健性检验，结果都非常好。在机制分析部分，我们探讨了政策为何能够产生这些效果。首先，政策缓解了有效率但有融资约束的企业的融资问题，融资约束的缓解对企业投资的促进作用尤其显著。我们使用了一个融资约束指标

(SA)，发现不仅劳动收入份额上升，总要素生产率（TFP）也提升了。其次，捕捉投资机会的能力也有所提高。通过回归分析，我们发现政策实施后，企业对投资机会的敏感性增强，这表明企业在不受融资约束的情况下，更能够抓住投资机会。此外，企业留存收益的减少也可能是劳动收入份额提高的一个原因。由于外部融资得到了改善，企业不再需要依赖大量的内部留存收益，从而能够将更多资金用于员工激励，最终促进劳动收入份额的提升。

第二个逻辑是如何提高捕捉投资机会的能力？为此，我们进行了回归分析，研究了Q值对投资敏感性的影响，Q值是捕捉投资机会的一个指标。我们将“Treat”变量与“Post”变量相乘，再与Q值结合，来说明在政策实施后，企业在面对投资机会时的反应能力得到了提升，也就是说，企业的Q值提高了。这表明企业在不受融资约束的情况下，能够更好地捕捉到投资机会。过去，投资机会可能因为门槛高而无法实现，而现在企业能够顺利抓住这些机会。特别是大项目通常比小项目的收益更高，因此，通过这种方式，企业不仅能够扩大自身的“蛋糕”，也能够更好地实现投资机会的捕捉。这就是我们所观察到的一个重要机制。

还有一个文献提到的机制：劳动收入份额的提高是否可能是由于企业留存收益的下降？我们发现确实如此。企业通常会通过留存收益来进行内部资源融资，但如果外部融资得到解决，企业就不需要依赖过多的内部融资留存，反而可以将资金直接发放给员工，用于员工激励和福利改善。因此，融资约束的缓解不仅减少了内部收益的留存，还促使企业将更多资金用于员工福利，导致劳动收入份额的上升。进一步的分析表明，互补性在这个过程中非常重要。如果没有资本与劳动之间的互补性，这种结果是难以实现的。因此，我们考虑了替代性和互补性之间的关系，是否可能导致结果的差异。基于 Jacob2021 年的研究，我们对员工总人数的增加值、就业变化、雇佣变化和固定资产变化进行了回归分析，从而得到了每个行业的替代弹性。当资本增加时，劳动是否随之增加？或者当劳动增加时，资本是否也会增加？我们对这些替代弹性进行了分组，结果显示，互补性越高时，政策效果就越显著，确实能导致雇佣增加和劳动收入份额的提升。通过模型分析，我们发现，资本的增加不需要任何特殊条件，因为资金的增加自然会改善融资条件，从而带动劳动收入的提升。然而，如果希望劳动雇佣和劳动份额同时增加，则必须具备资本与劳动的互补性。在这种逻辑下，才能实现所谓的“共同富裕”。这种机制恰恰存在于当前经济结构中，特别是在现有的行业和环境下。

国家目前推行的政策非常好，这也符合我们提出的逻辑：要建设金融强国，实现共同富裕，推进中国式现代化，就必须坚定不移地做好结构性的宏观调控，推行创新的货币政策，并落实好五篇大文章中的四篇结构性文章。我们的文章主要探讨了这一逻辑。我们首先构建了一个模型，随后推行了担保品扩容的创新型货币政策，并通过实证检验论证了该政策确实能够促进共同富裕。

政策其实需要进一步加大力度。在过去的一段时间内，政策机制在实现这些结构性目标上发挥了重要作用。当然，这种政策是否具有持续适用性呢？答案是肯定的，但也有一定的条件。如果未来企业投入过剩，没有融资约束，资源配置变得更加有效，那么这种政策的作用可能会减弱。结构性政策有其特定的适用场景。早年我在撰写有关结构性货币政策的报告时，曾受到张晓慧行长的批评，认为我们不应仅仅得出正面结论，称结构性货币政策特别好，因为当时对这一政策的理解尚不明确。最终我们在报告的结尾加上了一句话：结构性货币政策虽然有效，但不能长期适用。当经济中不再存在结构性问题时，货币政策应回归到总量调控的功能；但当经济中存在结构性矛盾时，结构性货币政策就有其重要作用。这是我们的主要结论。谢谢大家！

模型管理与新质生产力

潘陈新[*]

各位专家的精彩发言，让我受益匪浅，各位专家是从比较宏观的角度，来谈新质生产力这件事情。非常荣幸有机会作为一名银行业的从业者，从银行业界的角度来说，和各位专家交流对新质生产力的理解，请各位专家批评指正，今天的交流分为四部分，第一部分谈一谈我们这个行业和我个人对新质生产力的理解，第二部分是银行业的模型管理的重要性，第三个部分是商业银行模型管理与新质生产力，第四部分是未来与展望。

首先什么是新质生产力？习近平总书记强调："新质生产力是创新起主导作用，摆脱传统经济增长方式、生产力发展路径，具有高科技、高效能、高质量特征，符合新发展理念的先进生产力质态。[①] 它由技术革命性突破、生产要素创新性配置、产业深度转型升级而催生，以劳动者、劳动资料、劳动对象及其优化组合的跃升为基本内涵，以全要素生产率大幅提升为核心标志，特点是创新，

---

* 潘陈新：毕业于英国华威大学管理科学与工程，现任职于宁波通商银行总行风险部，负责模型管理、模型资产估值以及模型风险管理。曾任埃森哲（上海）咨询公司大中华区技术创新事业部金融服务行业数据科学家，负责金融条线的数据分析和建模支持，参与多家大型股份银行、保险公司、金融互联网公司等模型资产估值运营体系设计与建设，在金融服务业的数字化转型的战略定位、经营管理与流程优化以及架构设计上有丰富的经验。

① 创新是新质生产力显著特点［N］. 经济日报，2024－05－09.

关键在质优，本质是先进生产力。”那么我们在银行业中的新质生产力体现在什么地方？这是我们行业对于新质生产力的理解，左边是供给端，右边是需求端，中间的桥梁是新质生产力。供给端提供基础型的模型资产或者模型资源，它为新质生产力提供原料，右边在消费端新质生产力形成的是什么呢？是场景下的模型的产品及服务，中间的就是新质生产力，新质生产力分成两个组成部分，第一个是实体要素，第二个是非实体要素。实体要素中人是劳动者，算法和规则是劳动工具，服务型模型资产就是加工过的数据资源，包括一些标签等是劳动的对象，这些是实体的要素。这些实体的要素需要非实体要素的支撑才能更好地发挥作用，包括科学技术、存储、算力、教育以及管理，这是我们对于新质生产力的来自经济视角的理解。

在新质生产力的含义中有两个要点：第一个是生产要素的创新配置，第二个是全要素生产率提升。生产要素的创新配置跟数据经济发展密切相关，数据经济专注于数据本身及其价值的开发和利用。在数据经济中，数据不仅仅是数字化过程的产物，更是一种重要的资产和资源。模型涉及数据的收集、存储、管理、分析和应用，旨在通过数据分析获得洞察力，从而支持决策制定、创新和优化业务流程。传统上我们认为有土地、劳动力、资本和技术四个生产要素，长期以来是推动社会经济发展的基石。现在国家开创性地把数据作为第五个生产要素，在国际上是没有任何先例的，显示了我们国家对于数据价值的深刻认识和前瞻布局。中国社会科学院教授江小涓在今年数字经济发展与治理年会上指出，目前，数据经济的发展迫切需要一个具有中国特色的社会科学理论框架来指导。对于数据的研究，从经济学的角度需要一个很好的分析框架，从经济学视角思考，数据研究涉及非常多的学术问题。第一个是作为生产要素，我们就要研究它的确权，交易机制和收益分配，作为一个新兴产业，我们就要研究它的产业组织、生产消费关系，以及价格形成机制，最后作为新兴市场我们要关注它的创新动力、竞争格局以及公共品的角色和定位。理论服务实践，银行业是数据要素的应用端，其实践主要在于对智能模型的应用与管理。我们致力于在深刻理解银行业为核心的金融科技产业组织的基础上，明确银行业智能模型从生产到消费的全生命周期特征，并探索模型价值的形成和计量方法。通过对模型管理的研究，我们期望能够揭示与模型相关的社会资源配置效率及分配的合理性，为推动以模型资产为代表的数据资产评估和管理知识体系的建设与完善贡献力量，最终助力数据资产市场的繁荣与发展。

第二个关键要点是全要素生产力的提升，北京大学黄益平教授的《中国存在“索洛悖论”吗?》的主旨演讲让我颇受启发，我在此和大家分享一下。他提到诺贝尔奖得主索洛在 20 世纪 80 年代的时候说过一句话，“You can see the computer age everywhere but in the productivity statistics. ”意思是，尽管我们已经明显地进入计算机时代，在生产力的统计数据中却并未显示”，这是著名的索洛悖论。从 20 世纪 80 年代到 20 世纪 90 年代，你会发现它是一个下降的趋势，然而这个趋势在 20 世纪 90 年代停止了在之后的十年出现了上升，有一些专家以此认为索洛悖论的可能原因是滞后，我们在 20 世纪 80 年代未被观测到，但在 20 世纪 90 年代观测到了，但有另外一批学者确认为 20 世纪 90 年代是互联网产生的年代，也许这个时代的全要素生产力提升并不是因为计算机时代的滞后，而是因为互联网时代的诞生。至今这一议题仍充满争议，值得注意的是从2000年开始，从全球范围来看全要素生产力再次回到下降的趋势，这个被称为索洛悖论的第二阶段或者“现代生产率悖论”（modern productivity paradox），那么我们国家是什么样的情况？伍晓鹰和余昌华老师在数字经济对于中国经济的增长关系的研究揭示了的一个非常有趣的现象，作为信息通信技术（information and communications technology，ICT）的生产部门，以及信息通信技术密集使用的制造业，它的全要素生产率是得到提升的。但是作为信息通信技术密集使用的第三产业，包括金融业，却是下降的。在所有下降的行业中幅度最大的是谁？其实是金融业，它年均下降了0.77%。其中的原因，也许与数字化成果的计量难度有关，尽管银行业已广泛采用分析、决策及流程优化模型，从而在服务效率、风险管理及业务领域拓展等方面取得了显著提升，但这些成果在经济学研究中却很难计量。如果我们能够对模型资产等数字化成果的价值进行可靠的计量，将有助于我们更准确地衡量信息通信技术集约化后银行生产率的提升效果。我们有理由相信，在不远的将来，模型资产的价值评估的成果或许能为我们解释中国版的索洛悖论提供新的视角。

回到我们今天的主题，金融强国与新质生产力，金融强国战略是大力发展我国金融业，提升我国在全球金融体系中的地位和影响力的重要战略。新质生产力在这一过程中起到了关键的推动作用。通过应用新的技术和方法，我们的金融业得以更高效、更安全地运作。微观层面金融科技与银行业，在其中有两点，第一点是促进金融科技发展，新质生产力的核心在于信息技术、大数据、人工智能等新兴科技的应用与发展。这些技术的进步和创新为金融行业提供了强大的支持，使得金融服务更加智能化、高效化，从而推动了金融强国战略的实施。第二点是优化金融服务与产品。随着新质生产力的引入，促使金融机构优化其服务模式和产品设计，比如通过大数据分析客户需求，提供更加个性化的金融服务，增强用户体验。同时，新技术也使得金融产品创新成为可能，为金融市场注入新的活力。

这两点是微观银行以及周边产业，新质生产力通过模型或者新技术的广泛应用给整个金融系统以及市场带来新的变化，这里主要谈三点变化，第一是能够提高金融系统的稳健性：新质生产力的应用，特别是区块链技术的引入，可以提高金融交易的透明度和安全性，降低欺诈风险，从而增加金融系统的稳健性。这对于建设金融强国，维护金融市场的稳定运行起到了很好的辅助作用。第二是推动金融的国际化，新质生产力促进了金融信息的全球流通和金融服务的跨境交付，帮助金融机构拓展国际市场，提升了我国在全球金融体系中的影响力和竞争力，这是实现金融强国战略的重要一环。第三是增强金融市场的包容性，利用新质生产力，尤其是移动支付和互联网金融等技术，可以有效地降低金融服务的门槛，将更多未被传统金融服务覆盖的人群纳入金融体系，提高金融服务的普及率和包容性。

在银行业中新质生产力的体现是利用模型进行管理。一个商业银行利用模型管理的全景图，包括中后台的风险管理，内控审计、管理决策、监管报送以及前台的营销模型等。那么什么是商业银行的模型？美联储于 2011 年在监管文件 SR11 - 7 中率先给出了来自国家监管机构的官方定义：模型是应用统计、经济、金融或数学理论、技术假设将输入数据转化为定量估计的量化方法、系统和途径，这是一个比较宽泛的概念，出于监管的考虑，文件希望将尽量多的模型纳入监管范围之内。作为政策的执行机构金融机构的风险管理部门有两个原则需要注意，首先是全面覆盖原则（comprehensive）应当把所有涉及数据、算法、场景三要素的模型都纳入监控和管理范围之内。那么将这些多种多样的模型都列入纳管范围之后如何进行管理？这里需要用到第二个原则，分层治理（structured）通过分级分层的方式进行差异化管理，后面在措施部分会详细说明。

在以上三个点的基础之上，我们接下来谈一谈，商业银行模型管理如何在推动新质生产力的过程中发挥关键作用。首先是商业银行的模型管理在金融强国中的作用，模型管理在帮助金融机构降低风险和增强稳定性方面起到了至关重要的作用，这主要体现在以下八个方面：（1）精准的风险量化：通过模型管理，金融机构能够对不同类型的风险进行量化，如市场风险、信用风险和操作风险等。模型可以帮助银行计算风险敞口和潜在损失，使风险量化更加精准。（2）风险敞口监测：实时监测和管理风险敞口是提高金融稳定性的关键。金融模型可以帮助机构监控和预测市场变动，从而及时调整策略以降低潜在的损失。（3）风险预警系统：建立基于模型的风险预警系统，可以帮助金融机构提前识别风险并采取预防措施。这类系统通常结合历史数据和现实情况，通过预测分析来警示未来可能出现的风险点。（4）资产和负债管理：模型管理有助于金融机构进行更有效的资产和负债管理（ALM），确保资产负债的期限结构和流动性风险得到妥善控制，以应对市场波动。（5）信用评估优化：信用风险评估模型可以帮助金融机构评估借款人的信用等级，预测违约概率，从而在贷款批准过程中作出更明智的决策。（6）合规性报告：模型管理可以确保金融机构的报告和业务操作符合监管要求，及时应对监管变化，并减少因不合规而带来的法律风险。（7）资本充足性：内部评级基础方法（IRB）和其他经济资本模型帮助银行评估所需的资本水平，以抵御风险事件，从而保持其资本充足性。（8）压力测试和情景分析：金融机构可以使用模型进行压力测试和情景分析，评估在不同的宏观经济情景下金融机构的脆弱性。这有助于机构提前准备和制定应对策略。这八个方面只是模型在银行应用的缩影，总体上来说，模型管理的广泛应用使得我们银行业能够更好地理解和控制风险，提高整体的系统韧性。

我们作为新质生产力的应用端，对新质生产力的推动主要体现在（1）技术创新：商业银行在模型管理中应用的前沿技术（如人工智能、机器学习、大数据分析）本身就是新质生产力的重要组成部分。这些技术的运用不但推动了金融产品和服务的创新，还促进了整个信息技术行业的发展和进步。（2）业务流程优化：模型管理通过自动化和智能化工具提高了银行业务流程的效率和质量，从而改善生产力。例如，信贷审批流程通过模型可以实现快速准确的风险评估，提高决策速度和准确性。（3）决策支持系统：模型管理提供的数据驱动的决策支持系统可以协助银行在复杂的市场环境中作出更有效的业务决策，这种能力是提升新质生产力的关键。（4）风险管理：在金融领域，模型管理强化了银行的风险预测、评估和控制能力。通过减少不确定性和潜在的损失，银行能够将更多资源投入创新和发展中，从而推动新质生产力的增长。（5）客户服务创新：模型管理帮助银行通过分析客户行为和需求模式来创新服务方式，如为不同客户群体提供定制化的金融产品和服务，这也是新质生产力发展的体现。（6）促进跨行业合作：银行模型管理的进步促进了与其他行业（如云计算、电子商务、智能硬件制造商等）的合作，这种跨行业整合本身也是新质生产力的发展方向。

在上一部分我们已经看到了，运用模型进行管理不仅能够提高银行自身的生产率，同时也能够带动周边产业生产率的提升，但是我们只涉及了生产要素的创新配置，或者说是高科技这一点，但是高效能和高质量的问题还没谈到。我认为高效能体现在对于模型的价值管理，高质量体现在对于模型风险的控制。下面将逐个介绍。

对于模型的价值管理，从经济学的视角出发，我们始终关注资源的合理配置与高效利用。现在大家已经意识到，模型对于电力的消耗是巨大的。这些巨大的能源消耗不仅会对环境产生影响，而且最终会以费用的形式转嫁到人工智能的消费端，如金融行业等。这只是金融科技支出在引擎调用方面的部分开销，更不用说在整体建设上的巨额投入了。因此，对模型价值的准确衡量显得尤为重要。这不仅对银行自身的经营决策具有指导意义，更有助于整个社会资源的合理分配和高效利用。我们需要找到一种平衡，即在推动人工智能发展的同时，也要关注其所以涉及的资源消耗与分配问题，以实现可持续的发展目标。

那么，如何对模型资产进行估值呢？这是一个复杂的系统工程，涉及价值链的梳理、指标体系的建设以及相关业务系统数据的采集。在方法上，我们可以借鉴传统的资产估值方法，如成本法、收益法和市场法。但具体维度上需要根据资产的特性进行调整。市场法是针对相对成熟的，流通度相对高的市场上来说，可以利用可比案例的加权平均来对模型资产进行估值，这个可能在现阶段的模型交易市场所不具备的。

现阶段我们可以实施用的方法主要是成本法和收益法，这里给出的是咨询公司 Gartner 和 PWC 对于模型资产或者数据资产估值方法的总结，分为两个部分，左边的是资源视角，包括成本价值和内在价值，右边是效益视角，包括价值、业务价值、收益价值，首先是收益法，它主要涉及两大场景下模型资产的估值。首先是直接经济利益流入的场景，其中两个典型场景是营销拓客和风险管理。对于营销拓客，我们可以通过类似互联网漏斗分析的方式来计算其价值。从客户转化、信贷获批、额度启用，到信贷放款，每个阶段的概率累乘即可得到拓客模型的价值。另一个典型场景是风险管理。对于准入模型而言，其直接效果就是降低逾期和坏账率。通过计算违约概率（PD）、违约损失率（LGD）以及违约风险暴露（EAD），我们可以得出风险成本的节约，即预期信用损失的节约。此外，模型还能实现更精准的客户风险排序，从而根据资本管理办法计算监管要求的风险加权资产（RWA）和资本充足率。这将体现监管资本要求的节省和净资本收益率（RoE）的改善。我们可以通过对银行整体 ROE 的贡献来估算经济价值输入。在监管资本计算方面，如采用标准法，可以通过估算客户风险排序的增加来计算资本节省效果；如采用内部评级法，则可直接使用 PD、LGD 来计算资本节省效果。对于不是直接经济利益流入的场景，例如高管驾驶舱和监管报送等的价值衡量是比较困难的。一种方式是采用综合指标的方式来进行评估其业务价值，例如报送数据的完整、准确性、要求一致性，漏报率，报错率等。

接下来是从资源的管理角度，我们使用成本法。成本法主要是衡量形成模型资产的历史价值，它包括直接成本和间接成本两大类别，涵盖基础建设、开发、管理和运维等各个方面。从数据采集（如埋点等）、数据仓库和数据湖的建设，到数据中台的搭建，再到项目建设的完成，这一过程涉及范围广泛。为了更精确地分摊成本，我们使用可以使用血缘分析（包括数据以及模型）以及追溯方法来实现成本的归集和分摊。

上一个部分模型的价值管理体现了高效能的特点，接下来的模型风险管理则体现了高质量。英国统计学家乔治·博克斯曾经说过所有的模型都是错误的，有一些是有用的。模型本身来源于对现实世界的抽象。从模型诞生的那一刻开始它具有缺陷。下面给出了商业银行模型风险的定义，这个定义同样是基于之前提到的 SR11－7，基于错误的或者不当使用模型的结果和报告所产生的潜在的负面后果。只要使用模型，就不可避免会有模型风险。这与乔治的观点一致，“在将数学应用于物理或统计学等学科时，我们会对现实世界做出初步假设。虽然我们知道这些假设不正确，但它们仍然可能有用。并且，除非我们使用这些技术，不然我们永远不会知道它们会不会有用……这就是有用性的危险测试”那么如何对于模型风险进行有效地管控，从源头出发，模型风险的两个来源，模型风险首先来源于自身缺陷（fundamental errors）：模型存在根本性错误可能产生与违背设计初衷和原本商业用途的错误的输出。以及不当使用

(incorrectly or inappropriately usage)：未满足使用条件下使用，例如使用时模型假设已不存在，或者错误使用，例如将针对 X 产品的开发的模型使用在产品 Y 上。

解决这个问题的关键在于建立模型风险三道防线。第一道是模型的开发和使用部门，职责为：模型的开发、实施、使用，并配合模型的验证和监控。他们负责模型全生命周期的管理。第二道是模型的独立验证部门，这通常是上级风险管理部门，主要负责模型治理架构的设计以及不同级别的模型验证计划。第三道是内部审计部门，职责为：审查和评估模型风险管理是否完整、严谨、有效。

三道防线在实施以及控制点管理的抓手是模型评级，以下给出模型评级的一个示意方案，借鉴评级机构的方法论，从两个维度对模型进行评级，首先是模型价值，模型价值是前面模型估值的结果，风险重要性参考是两个来源，自身风险（inherent risk）：敏感性分析，回测，与可替代模型的对比，对于行业标准的对比等等，通常指标有 PSI，KS，AUC 等。使用风险（operational risk）：模型实施过中的风险以及影响，业务影响、下游使用等内部影响，以及监管、声誉、审计等外部影响。对每个模型的归属部门，给出一个特异性因子，其他考量因素下形成基线评级，之后需要结合管控水平，来最终确定模型等级。管控水平是判定一个管控的评级（例如不有效，相对有效，高度有效）在模型基准等级结果公布之后，银行方应采取多种管控手段对于模型风险进行缓释。例如模型实施管控，输入数据和交互管控，权限体系和授权管控，模型使用管控等。接着根据不同的等级进行差异化管理。

最后部分是未来的展望，模型价值管理和风险管理的场景属性，决定了现阶段的研究是个聚焦的研究。

我今天就和大家分享这么多，后面有一些非常具体的措施以及怎么实施的内容，大家有兴趣欢迎之后跟我交流，谢谢！

绿色金融是金融强国的底色：“金融 +”

骆兴国[*]

今天很荣幸有这个机会跟大家交流，围绕本次会议主题，我想从“绿色金融：金融强国的底色”这一视角出发，结合金融与交叉学科的广泛联系，与各位分享。金融强国离不开金融市场，其包括股市、债市、汇率和大宗商品等，从我研究比较多的衍生品市场的波动率指数来看，这个指数主要反映了市场参与者对未来一个月内金融市场风险程度的预期。对于关注股市的人来说，了解未来市场的变化是至关重要的。这个指数在美国已有较长的历史，它基于标普 500 等市场基准的波动情况，为投资者提供了一个对未来一个月投资可能面临的波动风险的参考。回顾历史数据，我们可以发现，在 2008 年金融危机期间，该指数达到了非常高的水平，如 80 以上，同样地，在 2020 年疫情暴发时，该指数也显著上升。然而，到了 2024 年，该指数仅维持在十几的水平，这可能会让投资者感觉股市

---

* 骆兴国：浙江大学经济学院金融系副系主任，浙江大学金融研究院研究员以及衍生品与风险管理研究中心执行主任。他在香港大学获得金融学博士学位，目前已在 *Journal of Financial Markets*，*Journal of Futures Markets*，*Pacific – Basin Finance Journal* 等国际知名期刊发表 SSCI 论文 10 余篇，其中 5 篇为封面首篇。曾担任第一届和第二届能源金融国际会议（ICEF，2016，2017）和第八届期货和衍生品国际会议（ICFOD，2019）的联席主席，获得过芝加哥商品交易所（CME，2012）和国家自然科学基金（2013，2017，2021）的研究资助，担任中国系统工程学会金融系统工程专业委员会委员，国家自然科学基金通讯评审和 Journal of Futures Markets（SSCI）编委。

的风险相对较低。但值得注意的是，如果我们与更早的时期相比，例如，2000 年左右互联网泡沫破裂前或金融危机爆发前，那时该指数也处于非常低的水平。这种对比不禁让人思考，当前的低波动率是否也预示着某种潜在的平静下的风险。这是投资者在利用该指数进行决策时应当关注的一个点。

今天讲的分三大块，第一个是绿色金融跟新质生产力，第二个是绿色金融与金融强国，第三个结合我自己的研究或者关注的点。中央经济工作会议去年提出了金融的五篇大文章，其中绿色金融是第二篇，省里面非常重视，其中绿色金融这块是我在负责。

首先，关于绿色金融与新质生产力，可能大家之前在新闻媒体上看到过，新质生产力本身就具有绿色属性。保护环境就是保护生产力，改善环境就是发展生产力，这清晰地阐明了二者之间的关系。通过发展绿色金融渠道，自然可以改善绿色金融的供给或推动绿色技术的创新。从绿色技术的创新来看，绿色金融能够提供一些资金支持。第一，绿色金融通过金融供给侧的改革，为新质生产力提供了可持续的资金支持。它引导社会资本流向符合新质生产力要求的新能源、新材料等领域。第二，绿色金融的信息披露机制，包括 ESG 信息披露，[①] 也为新质生产力发展构建了有效的风险防范体系。第三，碳金融与产业链的结合，尤其是在创新绿色产业链或供应链的角度。昨天我们刚接到了国家级有关部门的约稿，关于欧洲上个月发布的可持续发展指令。这项指令要求中国的产品或企业在

① ESG 信息披露是指企业参照一定的标准和指标体系，向外界披露其在环境（Environment）、社会责任（Social）和公司治理（Governance）三个方面的实施情况。这是一种新兴的评价体系，旨在衡量企业的可持续发展能力。

出口欧洲时，必须符合其关于碳排放和可持续发展的要求，这无疑增加了中国企业的压力。从这个角度来看，绿色金融可以提供创新支持。第四，绿色金融为新质生产力提供价格发现机制。这一点可以从金融三大功能之一的价格发现去理解，绿色金融提供了一个判断新质生产力的独特视角。第五，我简单提一下转型金融。从去年开始中国人民银行在重点推进转型金融，它的核心在于支持从高碳高污染向低碳低污染的转型，绿色金融国家级试点的湖州和衢州做得非常好。然而，我们会发现，在六七年的实践中，绿色相关活动只占所有经济活动的百分之十几。在“双碳”目标下，百分之八九十的企业无法通过绿色金融获得支持。国家提出转型金融概念，正是为了应对这些企业的转型需求。

其次，绿色金融与金融强国的关系。去年首次提出了加快建设金融强国的目标，主题是推进金融高质量发展，主线是深化金融供给侧结构性改革，重点是防范风险。这些年来，防范风险一直是中央经济工作会议的重点。从不同金融市场的角度来看，全球大宗商品市场上，我们的交易量虽然很大，但在国际上的定价权仍然非常弱，人民币汇率风险也十分明显。绿色金融市场的建设也是实现金融强国目标的重要一环。党的二十大报告中特别提到，绿水青山就是金山银山，这与绿色金融密切相关。在回顾绿色金融时，我们需要扩大其定义的范围，有些人也使用“可持续金融”这个概念。以我在浙江绿色金融大文章中的实践为例，衢州市的碳金融做得非常好，丽水也在气候投融资方面有着出色的表现。

最后，我想简单介绍一下浙江的相关实践。2022 年，我承担了中国人民银行浙江省分行的课题，我们编制了浙江绿色金融发展指数。我们在全省范围内发放了200多份专家问卷，覆盖了11个地市，每个地市又发放了200份以上的问卷，广泛收集了各地对绿色金融政策的感知。湖州作为国家级绿色金融试点的第一批城市，典型案例是“绿贷通”平台，这一在线信贷超市将银行与企业对接，并整合了全市的大数据，实现了精准贷款。此外，衢州也是第一批国家级绿色金融试点，他们的碳账户体系为个人和企业提供了系统化的碳排放管理。台州的“微绿达”项目则利用信息化和数字技术手段，帮助银行识别项目的绿色属性，解决了小微企业绿色评价难的问题。另外，我还想介绍一下“两山合作社”，这是一个由浙江省开创并由省发改委主导的平台，旨在生态产品价值实现，这是一个绿色金融和普惠金融有机结合的、具有推广价值的创新实践。

我的报告到此结束，谢谢大家！

加快新质生产力：资本市场赋能

胡海峰*

这次会议的主题是新质生产力和中国式现代化，自从2023年9月习近平总书记提出新质生产力的话题以后，我们也在研究。我是一直从事资本市场的研究，想从资本市场几个方面来做一些自己的体会，给大家做一个交流。

首先看新质生产力的内涵和发展条件，习近平总书记2023年9月在黑龙江视察的时候，提出新质生产力，当时他说我们要培育新能源、新材料、先进制造、电子信息等战略性新兴产业，培育未来产业，加快形成新质生产力，主要增加新的发展动能。① 2024年1月包括2023年12月中央经济工作会议也再次明确要以颠覆性技术和前沿技术催生新产业、新模式、新动能，发展新质生产力。② 2024年1月中央政治局集体学习，习近平总书记对新质生产力的重要概念和基本内涵，并对如何推动新质生产力加快发展，提出了明确的指引，回答了什么是新质生产力，为什么要发展新质生产力，

* 胡海峰：现任北京师范大学经济与工商管理学院金融系主任，博士生导师，担任教育部金融学类专业教学指导委员会委员，国家社科基金重大项目首席专家。在《管理世界》《世界经济》《统计研究》《数量经济技术经济研究》《国际金融研究》《经济学动态》《财贸经济》等学术期刊发表论文多篇，出版专著、教材多部。

① 习近平总书记强调的“新质生产力”［N］. 中国共产党新闻网，2024－03－18.

② 习近平在中共中央政府局第十一次集体学习时强调　加快发展新质生产力　扎实推进高质量发展［N］. 2024－02－01.

以及怎样发展新质生产力这些重大的问题。①

今年政府工作报告也提出了加快推进现代产业体系，加快发展新质生产力，习近平总书记在两会上说加快新质生产力各地要因地制宜，必须实事求是，因为传统产业和新质生产力不是对立的，关键要用新技术改造传统产业。新质生产力这个重要的概念和基本内涵，即新质生产力主要是创新起主导作用，具有高科技、高效能、高质量的特征，是以劳动者、劳动资料、劳改对象进行优化组合的跃升为基本内涵，新质生产力有快速的跃升，根本目的和主要标志是提高全要素生产力。所以说特点是创新，关键是质优，这种新质生产力本质上是一种先进的生产力，不同于传统的生产力。

今后的政府工作报告针对怎么样发展新质生产力出台一系列的政策举措，围绕着高科技、高效能、高质量三个特点，围绕着核心标志，它的特点、它的关键、它的本质，围绕着劳动者，两会就提出了从三个方面促进新质生产力发展。

首先是推动产业链、供应链的优化升级，包括制造业的升级改造，培育壮大先进制造业集群，创新信息工业化示范区，包括对传统产业的高端化、智能化、绿色化转型，包括发展现代型服务业，包括促进中小企业专精特新发展，包括更多地打造有影响力的国际制造的品牌、中国制造品牌，这是第一个大的产业链、供应链的优化升级。

其次积极培育新兴产业和未来产业，主要是新能源、新型的材料、新药，包括生物制造、商业航天，低空经济，开辟量子技术、

① 习近平在中共中央政府局第十一次集体学习时强调　加快发展新质生产力　扎实推进高质量发展［N］. 2024－02－01.

生命科学新赛道，创建一批未来的产业先导区。

最后是在数字经济时代推动数字经济创新发展，也是实现新质生产力的关键。一是推动数字产业化和产业数字化；二是数字技术和实体经济数实融合；三是开展人工智能+行动，深化大数据、人工智能的研发应用；四是打造具有国际竞争力的数字产业集群；五是全面实施制造业的数字化转型；六是加快工业互联网模型化的应用；七是推进服务业数字化；八是智能城市数字乡村；九是超前建设的数字基础设施，形成全国的一体化算力，人工智能核心一个是算法，一个是算力。

发展新质生产力是高质量发展的客观要求和内在需求，实际上来讲有利的条件：第一体现是有强大的政治保证，社会主义集中力量办大事的制度优势，使我们能够更好地发挥政府市场两只手的作用，能够打通束缚约束新质生产力的堵点和卡点，能够积极调动各方面力量和积极性，让各种先进的生产要素向新质生产力顺畅地流动，这是我们制度优势。第二体现是有强劲的动力源泉，就是科技发展，科技成果，体现在一个方面改造自然能力的提升。我们知道国家的成果向宏观、微观、极端条件下，像深海、深空和深地两级发展成果非常明显，这些大家都可以从新闻报道中能看到。劳动对象形态的丰富，可以从各种各样的人工智能、信息技术、生物科技等一系列来看，劳动力增长跟过去很不一样。再加上有新型的生产工具的实现，像5G、智能网联、无人工厂或者智慧港口等，以及绿色转型步伐也在加快，中国的绿色在全世界是最靠前的。

我们同时有持续改善的科技基础条件，有日益完备的科技创新体系和产业制造的部门，包括科技创新体系、科技型企业、工业制造体系，这些都是我们的有利条件。还有物质技术，研发投入和技术研究能力，以及科技基础设施和创新基地都是遥遥领先的。这些数据表明我们在发展新质生产力的科技创新的基础是比较雄厚的。

从消化承载空间看，我们有国内超大规模的市场，而且这个结构是多元的。随着社会经济发展水平的不断提升和人民财富积累的持续增加，规模效应和集聚效应将进一步增强，这种市场巨大潜力将加速释放多层次、宽领域的市场需求，为各种科技创新提供不断尝试和完善的空间，促进产品的迭代升级，为创新提供从低端到高端攀升的更好的机会。还有在智力支持和人才保证方面，我们现在是人才红利进入加速释放期，高等教育规模、新增劳动力的平均年限、研发人员的规模、科技人才的特征等这些都是我们的有利条件。这是我讲的从理解上做了一些对国家的现实条件，我们国家的基础保证，做一个认识。

从经济学的原理上来看，马克思主义认为生产力是社会生活的物质前提，还是推动社会进步的最活跃、最革命的因素，所以生产力标准是衡量社会发展带有根本性的标准。马克思和恩格斯曾指出人类达到生产力综合决定着社会状况，马克思关于生产力和生产关系的论述构成了生产方式，但是生产关系一定要适应生产力的发展，生产关系和生产力两个要素之间是一个矛盾，不断地涌现，不断解决的无穷过程就是推动生产方式不断更新的一种发展过程。

我认为新质生产力最关键的是生产力的自我革命、自我革新，从劳动者、劳动资料、劳动对象来看都有新的内涵，不能狭义地理解新质生产力。目前存在的误区，第一个是单纯地谋求颠覆性的创新技术，我们说的创新是核心，但绝对不能忽视放弃传统产业，而是要提高传统产业技术含量附加值。第二个先破后立，有所不为，先进产业出现是一个逐渐替代的过程。第三个是明确无形之手和有形之手的边界，当传统产业注入创新力量也会老树发新芽，也会形成新的活力。第四个是要因地制宜发展，切勿大刀阔斧地一刀切，现在提出新质生产力，每个省（区、市）都在响应，每个部门在响应，千万要记住要因地制宜，根据本地的资源禀赋、产业基础和科研条件，去推动新产业、新动能的发展，紧扣创新，这是从经济学的角度。

从活跃资本市场来讲，刚才董青马老师讲的金融强国指数，最关键的是强大的资本市场，这个是最核心的，我们的金融指数之所以没有进入第一梯队，就是在资本市场方面，在资本市场的活跃程度，在资本市场的定价功能，在资本市场的定价权方面，我们跟国际的差距，尤其是与美国有巨大差别。从金融的角度来讲，金融、生产力和政策之间的关系有一个基本的图，OECD 做过金融和生产率之间关系的图。从企业的进入、R&D 的投入和资本、劳动、企业退出，这几个角度来形成产品的投入和技术，促进生产力的提高，从政策的角度来讲，生产关系如何推动企业进入，对 R&D 的政策，如何对资本的投入激励，如何对人力资本的激励，企业的整体营商环境的激励，这些就是我们研究 FTP、研究金融与生产力关系最基本的一个核心框架。

从资本来市场来讲，目前关键是资本市场如何促进科技自立自强，如何推进产业链现代化和关键技术的核心研发。我们目前整体产业链还处在中低端水平，大而不强，宽而不深，所以在细分的行业上，我们存在着缺项和短板，我们受制于人，我们产业链存在断点和堵点，与发达国家相成熟的创新科技体系来比有很大的差距，“卡脖子”现象非常严重，这也是我们国家要走自立自强道路的一个关键。核心技术是买不来的，是受制于人的，所以在关键技术的关键材料、核心零部件、元器件、先进工业技术，包括高端精密设备方面，我们的创新能力是严重不足的。

发展新质生产力对金融体系和金融结构提出了新要求。我们现在是金融大国，资本规模大，但还不是金融强国，就是因为我们不是金融强国，才提出了来加快建设金融强国的建设目标。培育新质生产力，金融是最重要核心环节，因为资本市场是具有牵一发而动全身的功能，资本是整个金融体系的核心枢纽，新质生产力离不开资本市场的稳定和活跃。资本市场发展最重要的是，资本市场要稳定，要繁荣，要活跃，我们过去主要是从融资人的角度考虑，现在要多从投资人考虑问题。大家都知道美国的纳斯达克，美国的标普500，他们的上涨主要是靠七巨头，微软、苹果、谷歌、亚马逊、Meta、英伟达、特斯拉，他们占美国的资本市场的1/3，所有的指数上涨都是这七家来推动的。

创新是很关键的，但是资本市场稳定和活跃是基础，为新质生产力要提供一个好的技术环境，刚才说货币环境，实际上是融资环境，货币金融环境非常重要。从发达国家来讲，直接融资占主导的市场性结构，特别是股权融资所具有的风险共担、利益共享的独特机制，对创新的形成和发展有很大的作用。

从我们国家来讲，我们的间接融资体系长期没有改变，提高直接融资比重在我们国家提了多少年，根本的没有改变。银行更加注重对传统产业企业的融资，科技创新企业，由于轻资产、高风险、高回报，对资本市场直接融资来讲更加比较合适。我国庞大的间接融资体系，相对制约了新质生产力的发展。从美国的案例来讲，20 世纪 80 年代美国直接融资助力科技创新的案例比比皆是。从 1980～2000 年，股权融资在美国非金融企业融资结构中的占比为 35%～55%，1980～2000 年科技企业 IPO 的数量达 37.6%，1987～2000 年信息技术产业占 GDP 的增加值从 3.4% 到 6.2%，而制造业增加值占 GDP 的比例从 80 年代的 20% 下降到 2000 年的 15.1%，美国来讲尽管讨论全球生产力下降的趋势，实际上全球生产力对经济增长的贡献率是明显提高的，在 2001～2005 年提高了 64%。从前面这些内容可以看到美国资本市场对科技、新质生产力的发展以及全球生产力都有很大的支持，起了关键性的作用。

反观我们国家一个很好的契机是去年全面实行了注册制，我们在主板、科创板、创业板和北交所都实行了注册制，注册制是中国资本市场真正走向市场化改革一个重大里程碑。对注册制来讲，核心是信息披露，需要从多个方面来完善。注册制实施一年来讲，大家觉得注册制改革造成一个很大的问题，就是注册制变成了“注水制”。主要问题是上市公司利润造假，违法融资上市在注册制下反而更加多了。像科创板的两家企业，紫晶存储和泽达易盛，由于重大违法被强制退市，成为创业板首批欺诈发行强制退市的公司。像“三无两负”的企业智翔金泰，无产品、无主营收入、无利润，净资产为负、现金流为负的，上市成功了。科创板的上市标准让不少不够科创的企业，利用科创的名义，打擦边球，扣响了 A 股上市的大门。

所以进一步深化注册制改革很关键。2024 年 4 月 4 日国务院出台了《加强监管防范风险推动资本市场高质量发展的若干意见》，提出了一系列新的监管和发展资本市场的政策。当月 23 日，国务院又以深化资本市场改革，促进资本市场平稳健康发展进行集体学习，提出加快建设安全、规范、透明、开放、有活力、有韧性的资本市场。资本市场的目标，现在又增加了一个安全，就促进资本市场发展来讲，防止资本市场巨幅的波动很关键，发挥资本市场的功能，促进强国建设，服务中国式现代化，必须要保持资本市场平稳健康发展，这既是经济发展和治理能力现代化的重要体现，又是促进加快发展新质生产力最重要的一种途径。

加快资本市场高质量发展，主线非常多，第一是深化资本市场供给侧结构性改革为主线，把注册制走深走实，加强投资端的供给。第二是扎实提高上市公司的质量。第三是培育一流投资银行和投资机构，使我们形成规模化、专业化、国际化的航母级券商，服务国家战略，适应经济高质量发展的需求。第四是要培养耐心资本，引导国内外各种长期资金入市。培养耐心资本很关键，是资本市场持续活跃和平稳健康发展的必要条件。第五是统筹开放发展和安全，要以高水平开放为方向，但是要兼顾安全。这是几个主要的想法，谢谢大家！

金融强国建设的指数构建与实现路径

董青马*

今天主要向各位汇报一下我们最近做的关于金融强国建设的一个指数构建，以及它的实现路径。为什么会想做这件事情呢？我们在中央经济工作会议开了之后，大家都在提一个问题，到底金融强国建设的标准是什么，什么是强？什么是不强？尽管我们提出了六大要素，有一个非常明确的标准来进行判断，比如经常有人问一个问题，现在中国的银行无论从规模上来讲还是从利润上来讲，应该在全世界都排在前列，我们现在算不算一个很强大的金融结构，这些问题我们都会受到很多的争议，大家会有很多的想法，尤其是最近在国内国际很多地方都在讨论一个问题，我们跟俄罗斯做交易做多了之后，会不会让我们银行遭到制裁？遭到制裁背后的逻辑是什么，我们就要去思考做金融强国建设的标准到底在哪里？这是第一。

---

* 董青马：现任西南财经大学中国金融研究院副院长、四川省天府金融菁英、中国（四川）自由贸易试验区成都区域专家咨询委员会专家委员、中国金融学会理事。目前已经在金融研究、*Finance Research Letters*、*Applied Economics*、*Emerging Markets Finance and Trade* 等国内外期刊发表论文 20 余篇，主持国家社科基金重大项目子课题、国家社会科学基金项目、国家自然科学基金项目、教育部哲学社科研究重大攻关项目、教育部人文社会科学研究项目等项目多项。获 2009 年教育部高等学校科学研究优秀成果奖（人文社会科学）二等奖、2014 年四川省第十六次哲学社会科学优秀成果奖一等奖（省部级）、2018 年四川省第十八次哲学社会科学优秀成果奖一等奖（省部级）、2021 年四川省教育教学成果奖二等奖等。

第二希望通过标准的制定，寻找到底金融强国建设的长板和弱势在哪里？我们怎么发挥我们的优势，来弥补我们的缺点。

第三个也是我们过去研究的一个延续，过去一直在做金融安全指数，从 2014 年开始，做到现在已经 10 年的时间，我们在做的过程中，发现安全背后就是发展，发展和安全是一翼两体，我们一直以来就有这个希望，能够做一个发展指数，正好这一次就给了这样一个契机，这是我们整个研究团队在王老师的带领下共同完成。

首先看一下整个指数的构建，从历史上看可以看到在公认的中心有三个，第一个也是最早的一个是在荷兰的金融强国，可以看到当时凭借它的航海技术和全球网络中心，在这个领域发明了现代的金融工具，同时，成立了全世界的第一个股票交易所。第二个中心大家比较公认的是来自伦敦，建立了伦敦全球金融中心的地位，也会看到英格兰银行成立了，这也标志着现代中央银行的成立。第三个中心来自美国，美国也是来自整个美元中心的地位，同时美国成为全球的金融稳定和金融发展的一个重要的助推器。从这个逻辑可以看到，金融强国的核心是来自影响力、控制力和引领，可以看到无论每一个中心都有一个特点，会引领全世界的金融发展潮流，同时对全球金融的发展具有致命的影响力和控制力，这种三力背后的基石在哪里？我们就去分析我们的要素，要素背后的底层就是来自货币，货币就来自机构和市场，再进一步是来自整个基础设施和标准体系。我们如果要成为一个强国，必然要为全世界的金融发展提供一个类似于公共品的东西，我们要成为全世界金融发展的稳定器和助推器。

做这个之后，我们也比较了现在编写的一系列报告，最著名的报告就是来自全球的金融中心指数，它是以城市作为评价单位，在全国各个地方也包含了我们的天府金融指数和中国科技指数，以及绿色发展指数等。最后总结这些指数，我们也在思考，包括今天跟陈校长请教的时候，我们这个指标会面临三个问题，第一个问题是现有的包括很多评价体系都是来自西方，这种西方的评价标准体系到底是不是一个通用的标准体系？中国或者全世界有没有一些更为普世的规律蕴含其中，这是第一个。第二个问题是西方的评价标准又是非常重要，我们不能做一套标准只有中国一家适用，要具有全世界普世的规律。第三个问题是会发现过去对于金融指数的编制更多仅限于城市，很少到国家，我们希望从金融大国走向强国的一个历史的脉络，去寻找金融强国建设的一个底层。

首先在这个基础上，也结合中国经济工作会议，提出了整个金融强国的内涵，这个内涵我们没有做太大的创造，就是来自我们的强大的经济基础，强大的货币，中央银行金融机构、国际金融中心、金融监管和强大的金融人才队伍，我们讲的“6 + 1 七个强大”，赋予它一个新的标准，一个通用的内涵。在这个指数编制过程中，我们希望解决刚才遇到的一些困惑，因为体现了几个特点。

第一个特点体现了明确的关键问题的导向，要聚焦于关键的金融要素，知道我们在这个里面在强国建设之中的比较优势和明显短板，进而能够找到发展的路径。

第二个特点是在这个过程中要体现整个金融的国际影响力和控制力，在这个里面可以看到在所有的指数标准体系的职责里面，加入了控制力和影响力指标和辐射力指标。

第三特点体现了金融发展的人民性，最早写的是社会性，人民性在全世界其他国家接不接受，后来我们认识了很多西方的学者，他说西方同过去股东的利益最大化，也走向利益的相关主体，包括特朗普上台也讲人民性，也讲为人民服务，为他的选民服务，人民性也是一个通用的标准。人民性如果从经济学的逻辑上说，刚才俞超讲得很好，就是效率与公平，这是经济学永恒的话题，也是我们分配的问题。在这个里面要强调金融发展中最终的成果，为人民的贡献。

第四个特点体现了大国金融的特征，我们经常开玩笑，如果中国不是大国，我们遇到的很多问题都可以不用怎么考虑，不能复制国外甚至是美国的标准，在这过程中，我们就需要体现大国金融的自主性、引领性，成为一个强国必然也是一个大国，必然需要有自己的自主性和引领性，因此把这两个指标也体现在我们指标体系里面。

第五个特点体现了统筹发展和安全，这当然是我们的一体两翼，这就不用赘述了，因此在整个的评价框架里面，最重要的是要强调我们的理念，第一个要强调它的三个维度，来自它的政治维度、经济维度和社会维度。政治维度强调强国战略金融的话语权和自主权，在社会属性里面要强调公平性和普惠性。在经济的角度强调它的效率以及竞争力。从视角上面，从发展和安全两个维度来思考强国建设，同时也构建了从经济基础到货币基础，到整个金融体系的整体框架，在方法论上面我们希望找到一个动态和静态的结合，既是要看现在整体静态的水平，也要看动态发展的能力，这是整个的框架，一个通用的原则。

可以看到在整个指数的体系里面，在二级指标设计里面，强调了刚才讲的希望体现的和融合的一系列关于强国指数的特色，比如在整个货币里面强调币值稳定以及国际影响力，同时也强调发展方向和素质能力，在央行里面可以看到，除了传统的指标以外，还非常强调货币的自主权以及基础设施的提供，以及国际协调、国际金融事务的治理能力，在国际金融中心里面会看到在最近的上海或者香港的金融中心规划里面，非常强调是两个维度。一个维度是提高金融中心的能级，另一个维度是强调对外的辐射力，因此在这个里面体现了资源的聚集能力、辐射能力以及在金融产品的定价权问题，大家看到这些问题恰好是现在中国金融对外的交往过程中面临的关键性障碍问题。

第四个来自金融监管，从微观到宏观，以及流动性机构、外部监管和消费者保护，金融机构除了竞争力以外，也体现了国际影响力和对外的辐射力。

第五个跟大家息息相关，来自金融人才的培养，整体的构建方法应该来说跟传统的方法比较类似，我们的方法也是来自专家赋权法，主观和客观的结合，最后用层次分析法得出的指标权重。最重要的是数据的来源，这是一个非常痛苦的事情，如果只做中美的，可以把我的指标再扩出 10 倍都没问题，因为我们加了其他的国家，很多数据的质量，很多数据的维度就非常受到限制。最终我们选择的样本国家，当时是想把“一带一路”国家全部找出来，实际上“一带一路”国家中许多的数据质量太糟糕了，我们根本就没办法做。最后，我们把 OECD 国家，G20 国家和金砖国家纳入研究范围，最终确定为 36 个国家，因为我们在做的时候，从 3 月份启动这个项目，那个时候 2023 年的年报还没出来，我们只能把这个数据做到 2022 年。

样本国家就不再介绍了，整个金融强国的指数总体情况在整体的得分里面，跟大家想象中比较类似，应该属于一超多强的格局，中国排名第二，从得分来说是略微有所下降，大家很有意思的是三个国家——加拿大、新加坡和墨西哥都略有所上升，这三个国家为什么会上升？跟全球的经济金融格局也有很大的关系，正好这三个也是非常受益于整个贸易摩擦和科技战里面受益的经济体。按整体来说，美国实力最强，中国排名第二，处于第二梯队。尽管我们排在第二，但是属于两个梯队。

整体来说，金融强国建设呈现出一超多强的格局，中国处于第二梯队，在所有国家的排名里面，只有美国的指数排名分数超过了90分，是唯一的一个国家，同时可以看到中国在多强的格局之中处于领先地位。中国得分是86.32，位居第二，英国、德国、法国等欧洲的经济体相对得分较为接近，同时超过了日本、韩国、新加坡亚洲发达的经济体，我们在这个体系里面，除了考虑传统意义上的收益之外，也考虑到关于规模、控制力等指标，体现了我们在强国里面的特征。整体可以看到中国的金融强国指数整体呈现维度上升的态势，排名处于世界的前列。

整体从优势方面来看，在经济基础和金融机构两个维度都处于第二梯队的领头羊的位置，金融机构的竞争力表现非常良好。从短板来看我们有缺陷，第一是货币的国际影响力和控制力较为有限，特别是国际金融中心的短板非常明显，没有形成核心的竞争力，最后跟在座的各位有很大关系，金融人才的排名还是相对不佳，在国际中心里面会看到辐射力以及大宗商品定价权相对较弱，在人才队伍里面排名处于中游水平，整体来说与前五的国家之中都有较为明显的差距，由于时间关系全国指数的具体就不再赘述了。

做一个总结，最后对金融强国建设做一个路径的展望，整体来说，建设呈现一超多强的格局，相关国家可划分为三个梯队，中国位于第二梯队。我们在几个维度里面，在经济基础和金融机构方面相对具有比较优势，实际上可以看到中国在货币以及国际金融中心，以及金融人才的队伍建设方面，短板相对较为明显。对于未来来说，针对这些短板也提出了新的战略的展望。

第一，从货币维度，希望进一步提高人民币在国际贸易中的计价角色，增加与贸易伙伴的货币分化协议，提升主权货币的国际化程度，在央行维度，需要进一步提升货币政策的自主权和有效性，更重要的一个问题是在国际基础设施的建设方面，比如国际事务的话语权，比如在国际的结算体系方面的缺陷非常明显。因此我们需要进一步加强关键基础设施，增强基础设施的底层技术研发的自主性，同时增强在国际规则与话语权的构建，这个很明显，比如在前不久三大评级公司轮番对中国的评级提出负面的展望，这是我们需要做的一件事情。

第二，在机构维度，我们希望引导国有大银行承担战略性的国际竞争业务，要推动企业和金融机构走出去，提升我们金融业务的普惠性和包容性，在市场维度核心是强化市场的辐射力和科技资源的配置力和定价权，这个问题核心是要引入更多的金融机构和更多的企业到中国进行上市融资，同时也鼓励我们的企业到国外进行上市，这样我们中心的地位才能进一步体现。在监管维度要进一步提高跨市场、跨机构和跨区域的监管能力，在人才维度上要优化人才环境，加强人才队伍的纯洁性、专业性和战斗力，加强一流金融高校建设，我的汇报就到此结束，谢谢各位！

分论坛四：新质生产力与评价监测①

① 分论坛四报告文字整理人：浙江财经大学数据科学学院教师安婧。

分论坛四：新质生产力与评价监测

经济测度拓展需要注意的问题

邱　东*

我的报告题目是“经济测度拓展需要注意的问题”，主要围绕以下三句话展开。

第一句话：经济测度是搞“度量”问题。

大家都觉得我们是搞定量分析的，但是真正深挖的话，质、量、度，经济测度是搞“度”的，定量分析一定要和定性研究结合起来，这就涉及度的问题。如果太强调搞定量，就走偏了。我们现在要搞一种新的测度，明确这一点很重要。

碰到一个测度问题，首先要思考，你要研究的对象，其可测度性如何？对可测度性怎么理解？可测度性不完全是客观的东西。举一个例子，国民经济核算的核心指标 GDP，大家都知道它并不是现实存在的一个事物，不是通过物理测量来获得，我们是将它做了一个约定。另外，很多人说经济统计是搞描述统计的，数理统计才是搞推断的，实际上描述和推断是不可分的，对 GDP 的测度也用到推

---

* 邱东：江西财经大学讲席教授，博士生导师。曾任第十届全国人大代表、中国统计学会副会长、世界银行第 8 轮 ICP 技术咨询组成员，国家统计局咨询委员会委员，中国国民经济核算研究会副会长、中国国情研究会副会长、中国市场调查业协会副会长等。

断，最典型的折旧就是推出来的。两个参数：一个是机器的寿命；另一个是单位时间的消耗率。你设定好后，推出来这期折旧是多少，并算在增加值里。所以可测度性并非要求测度对象完全客观，而是要能根据测度的目标“我为啥要搞这个测度?”而做出一个明确的约定，这就涉及我原来强调一个观点：我们为啥要搞测度？是要减少不确定性。

一说到不确定性，大家马上想到的是随机不确定性，但是忽略了什么？忽略了模糊不确定性，而且随着测度的发展，测度越深入、越拓展，模糊不确定性越重要。因为人都是先易后难，先挑容易测度的来测。比方说算 GDP，之前只需要测货物增长量，因为有物的寄托，比较容易测，但是如今还要考虑服务增长量时，就不大容易测了。我在“批判系列三”当中讲国际比较的时候提到，产品没有纯实物，实物里一定有服务。那么，没有实物寄托的纯服务有没有呢？这是值得画问号的。社会现象很复杂，很难分得那么清。哈耶克讲分化和无机，认为有机的东西复杂，无机的东西简单，所以他说生物学比物理学还要复杂。其实，社会现象和生物比，更加复杂。经常讲理科是硬的，文科是软的，这是中国人习惯的分法，认为理科难，文科容易，看你怎么去界定它。要意识到“模糊不确定性”是我们面临的主要问题，脑子里要有这根弦。

我们搞一个新的测度，这种拓展精神是好的，但是大家一定要知道，测度是有边界的。经济本身的概念是不断拓展的，拓展过程和经济测度、国民核算紧密联系在一起。一开始测度都是比较唯物的，后来把服务加进去，越加越多，现在加到数据。比方说数据资产核算，我们上次开会，李宝瑜教授做了一个相关报告，讲一个企业的数据资产，整个方法是比较规范的，但是算出来真不少，一个企业的数据资产如果那么多的话，中国的数据资产得多少？我碰到一个搞会计的，他说他们估计中国资产负债、国有企业的声誉，说测算出来这是非常大一块内容，他说总觉得心里有点不那么踏实，会质疑到底有没有那么多？本身声誉这个概念的弹性就很大。

模糊不确定性怎么来面对它？这是经济测度拓展时需要注意的问题，不能说测度是万能，啥都能测，抱有这个假设前提是不行的。

第二句话，测度拓展的时候，新的测度要关照已有的测度。

现在搞新质生产力，原来的生产力是咋测度的？新的和旧的在测度的时候有何区别？有的时候搞测度得给自己留有余地。比方说编幸福指数，一开始编出来很高的话，形势一片大好，上级领导看来很满意，但是在老百姓心中形成落差，这也不行。同时，领导到这个地方来就任，要求任职期间幸福指数必须提高，那么一开始就搞得很高，后面把自己就难住了，你没有调整的空间了，再往上编也编不上去了。包括他们编写平衡指数，我第一条提议：先别那么平衡，给自己留点余地。不然我们做出来的测度结果或目标，老百姓也不认，领导也不认。所以，要对原有测度进行关照，然后再琢磨新的测度怎么做。这是第二句话，所谓系统观。

第三句话，是过程观。

我们一般会以理论为指导开展新的测度，这是把经济测度中理论与实践的关系弄成单面的了。实际上不是那么回事，我认为应该反过来，大家看一下经济学新的领域著作，其实，测度是首要内容。

洪兴建老师研究收入分配成果颇丰，而收入分配方面的书，首先是测度问题。这个问题解决了之后再往下开展，和宏观经济学一样。而且，越是新的领域，测度内容讲得越多。测度是给理论提供服务的，这不假；同时，测度应以理论为指导，这也不假。但是再反过来说，测度对理论有制约作用。理论的发展，不能天马行空，得落地，落地靠什么？靠测度，就是刚才讲的可测度性。你弹性很大的话，有必要没可能，那是放空炮。所以测度是理论的基础，往往正因为它的基础性，它才具有颠覆性。你说得再好，理论天花乱坠，最后落不了地，测不了、测不准，往下怎么走？所以我们现在说要有口号，要有想法，还得有办法。我曾经在《中国统计》发过一篇文章，说："办法支撑想法，立地才能顶天，不然的话它是脱节的，这是不行的。"要明白这个关系，我们不能迷信理论，包括一些基本概念，实际上很多都需要推敲、值得琢磨，琢磨之后，从思想解放角度还真能有点新质生产力。

大家老讲经济要拉动内需，我觉得这个词有点问题，为什么是拉动内需？在冬天的时候，南方游客"攻占"哈尔滨，我说为什么会出现这个情况？不是拉动的，是促动的，所以应该是促动内需，不是拉动内需，拉动是外在的，促动是内在的。我给你提供你想要的东西，他觉得这个东西对我是好的，我能够提升幸福，我愿意花这个钱，这是真正属于我的内需。如果拉动的话，总有外在的。现在经济形势不好，这个钱在兜里对国家发展不利，爱国就应多花钱，那是一种外在的东西。

我们要让老百姓为了自己的幸福去花这个钱。现在中央也比较重视旅游业发展。旅游发展要求得提供老百姓喜闻乐见的产品，不仅到此一游，关键是到此一住。因为中国人多，我们旅游都是蜻蜓点水式的，作为提供者，不太考虑提高质量。你一锤子买卖不要紧，还有人往里进。但是，你要是住游，到这个地方一住十天，很多问题是不能应付的。旅游业如果考虑怎么把客人留住十多天、怎么触动客人，别一住就跑了，那得花工夫，质量也就上去了。所以中国现在旅游业发展到了新的关口，怎么把“走游”变成“住游”，我不知道这属不属于新质生产力。

很多人说东北搞经济不行。但是经济要一分为二，东北人搞市场不行，但他们消费可以。东北人在冬天跑海南去了，暖气费很贵，几千块钱，我到海南县城租个房子，连住带吃什么都够了。南方人搞经济很行但花钱不行，夏天在这儿开着空调，为啥不到北方去住几个月呢？疫情一出来之后，可以网上开会、网上办公，现在也可以呀。这边的夏令营为什么不能办到东北去？不一定东北，西北也行，包括南方一些山区。

新质生产力本身是什么？大家还在推敲过程中。我们在研究测度的时候得琢磨什么？得琢磨这个东西大概可测度性怎么样。我们不能仅提供定量的东西，要研究它的度，为了测度这个东西需要多大的投入？这是个涉及成本效益的问题。拓展是对的，但也需要注意，避免一哄而起，最后一哄而散，这不行。

我就说这些。

数据要素统计测度问题探讨

肖红叶*

刚才听了邱东老师的报告很受启发，关于经济测度的“度”的选择问题，从量谈到度，度是量和质的结合，还有新老测度的关系、经济测度和理论的关系，这个实际上挺重要的，特别是第三个问题。实际上测度是一种实践表达，从数据要素来说，理论大大滞后于实践的发展，因为经济学必然滞后于实践的发展，也只是对实践的理论解读，不能创造实践。

我们统计在什么位置上？严格说，统计应该是实践的一部分，而且是重要的表达，对实践的总结表达，是推进理论研究的重要一环。

我对数据要素的统计测度问题展开探讨，这个题目是洪老师传达李书记的要求，给我出了个大难题。拿到这个题目，这三周压力很大，但是对整个研究来讲推进了一大步。

其实列了不少内容。背景一下带过，关键是数据的测度、数据要素的测度、数据的生产力作用机制、数据要素新质生产力作用机制与统计测度问题，其中最后一项不展开，我主要讲一下前面三点。

背景不详细说了，大家一定要理解一点，今天说的数字不是统

---

* 肖红叶：国家教学名师，天津财经大学教授，河南大学特聘教授，博士研究生导师。曾任中国统计学会副会长，中国统计教育学会副会长。曾获国家教学成果一等奖、二等奖，教育部人文社科成果二等奖，天津市社科成果一等奖等奖励。2011 年入选中国杰出人文社会科学家，2022 年和 2023 年入选年度中国高贡献学者。

计，是二进制数字。数字技术是指二进制逻辑编码技术，必须得有这个概念，不然下面就没法听了。

数字化是20世纪末才提出来的，实际上是计算机革命对社会影响的高度概括。数字化活动指数字技术活动，我还加了数据要素化活动。数据一般指事物认知及改变创新的依据，这实际上是对数据意义的解读。按应用语境来说，数字系统大数据可以界定为行为主体按命题规则行为的充分测度记录信息；数据技术则是指从数据中发现获取解决具体问题（行为驱动）所需信息的工具与规则，是数据系统构建与运行的关键技术。

数字转换的本质，大家注意是能量传递过程的变革创新。传统工业革命实现物质和能量转换，但数字技术不能直接独立实现物质能量转换，只能提升原有相关产业能量转换的效率。首先能量转化为数字技术，进而各领域通过数字技术提升原有的技术效能，实现能量有效传递，这个过程仍然是遵从热力学第一定律——能量守恒。

刚才说的是“数据”的理论含义，现在回归到“数据”这个词，指可鉴别的记录符号，实际上是物理记录符号，不仅指数字，而且文字、字母都包括，只要带有信息含量的都包括。数字含义称为数据语义，用于表达数据内容，数据和数据解释是不可分的，这个和统计一样，一个具体的数字可以指成绩，也可以指体重，必须有内容。

数据有若干分类形式，加工后的数据成为信息。信息与数据有联系、有区别，数据是信息的表现形式或载体，信息是数据的意义内涵，两者是形与质的关系。数据本身没有意义，数据只有对行为主体行为产生影响时才能成为信息。具体而言，信息是架载于数据之上，对数据含义作出的解释。数据是物理性符号，信息是对数据进行逻辑性和观念性加工后取得的对角色产生影响的数据。

数据的信息量表达。数字技术，以“1”代表脉冲信号，“0”代表间隔的二进制数据，其中称每个0或1为一个bit（位），这是计算机当中数据处理的最小单位，比如二进制当中的0100就是4bit，8bit定义为一个字节。计算机当中，32位CPU指一般最多处理32位的数据。Bit是二进制位的缩写，谁提出来的？Tukey在1943年提出来的，这个人物是非常重要的，他是美国一个大统计学家，是《探索性数据》那本书的提出者，香农在《信息论》中采用，之后得到推广。现在这个词用在哪儿？用在数据生产规模的信息量测度。比如国家数据局刘烈宏2024年2月16日发文称“我国数字化、网络化、智能化发展带来数据规模指数级增长，根据最新统计，截至2023年，我国数据生产总量超过32ZB，相当于十万亿Bit”。现实事物信息量度量意义，以图形模拟信号为例，你的比特数越大图越清晰。

数据的信息量表达历史怎么来的？哈特莱1928年在《数据传输》那本书里第一次提出“信息”概念，并提出信息定量化设想。他把信息数的对数定义为信息量，比如若信源有m种消息，每个消息等可能性产生，则这个信息表示为I = Iogm。1946年香农的《信息论》给出信息量的系统研究。他提出信源输出的消息是随机的，即接收者在未收到信息之前，不能肯定信息源到底是发送什么样的信息，而通信的目的是接收者收到消息之后，解除接收者对信息源所存在的不确定性的质疑，这个被解除的不确定性就是通信所要传送的信息量。信息量是这么表达的：

$$H(U) = -\sum_{i=1}^{n} p_i \log_2 p_i$$

其中，p_i 表示信源不同种类符号的概率。

例如，若一个连续信息源被概率量化为 4 层，即 4 种符号，这个信源每个符号所给出的信息量为 2bit，这个是与哈特莱计算公式一致的，所以哈特莱公式是等概率时香农公式的特例。

信息量的统计表达。给一个理论表达，它是指从 N 个相等可能事件中选出一个事件所需要的信息度量或者含量，也就是辨识 N 个事件中特定一个事件过程中所需要提问的“是或否”的最少次数。香农应用概率来描述不确定性。信息是用于不确定性的量度（熵）定义的。一个消息可能性越小，其信息量越大；而这个消息的可能性越大，则其信息量越少。

信息的统计表达来自将香农将热力学的熵概念与熵增原理引入信息理论的结果。克劳修斯提出熵概念，定义熵等于热量/温度，并从希腊文中造出一个暗含温度“火”意义的词，称为熵。熵增是热力学第二定律，怎么表达？一个孤立系统，任何变化都不可能导致熵的总值减少，即一阶导数大于等于 0。如变化过程是可逆的，变化是 0；如果变化过程是不可逆，则变化一定是大于 0。显然系统的熵是状态量，熵增是过程量。

香农怎么把它用到信息中？香农把一个信息系统视为由“具体信源和信宿范围（发送和接收）”构成的孤立系统，信息量是系统决定的，而不是信源和信宿单独行为的决定。给定系统中发生的信息传播是不可逆的。因此，按熵增原理要求，可将具体信源和具体信宿范围决定的信息量，视为描述信息潜在可能流动性价值的统计量。实现信息度量的逻辑是指信息量不依赖于具体传播行为，不针对已经实现的信号流动，而是对“具体信源和具体信宿”某种潜在可能性流动价值的评价，所以数据是有实物量指标的。

设想一下，是否可尝试构建 GDP/Bit 指标，用于测度表达数据与经济的关系？或者是绿色、碳排放，两个指标都可以和 GDP 比一比，或者和某一个比一比，投入也好，资本也好。后面再解释比的含义可能是什么，这是粗略的表达。

关于信息要素的测度。要构建以数据为关键要素的数字经济。将数据作为生产要素，这是重大理论创新。我们先看生产要素的语义。要素是指事物构成的必然因素，生产要素是一个经济学基本范畴，指构成生产经营活动的必要因素，包括人、物及其结合因素。经济学的生产要素一般表述为进行社会生产经营活动所需要的各种社会资源，是维系国民经济运行及市场主体生产经营过程所必须具备的基本因素。这是教科书的说法。

《中共中央　国务院关于构建更加完善的要素市场化配置体制的意见》将生产要素规定为“土地、劳动力、资本、技术、数据”五种，所以数据单独提出来了。

数据怎么就变成要素了呢？最早是信息技术学（通信领域）解释的，数据传达信息、信息传达知识，用这个认知逻辑解释数据的要素属性。但是知识是开放的，怎么与生产要素对应？知识可以和任何行为对应，不一定直接和生产对应，生产当然包括在内。而且当前的信息—知识概念也不能清晰表达，数据产生的信息如何具体体现在生产要素，这个逻辑并没有建立起来。特别是信息量能否直接作为要素的测度？

信息量作为数据生产测度的实物指标，是否可以表达数据生产设计的生产能力及其利用？如果采用GDP比照信息量产出，是否可以表达数据生产投入对经济的作用能力？我没试过，也没算过。我的学生王莉开始收集数据，我说你模拟一下试试。

在经济管理学科来说，经济学没有人没有做过这个验证，实际上管理学科很多人把数据作为技术生产力的解释。数据作为技术的一部分，很容易理解，但是现在需要解释数据为什么拿出来单独作为生产要素？

数据技术要素与一般技术要区分。一是能源转换方式产生创新。实际上整个生产过程都是能源转换过程。传统劳动采用生物能量直接转换。工业革命通过技术实现了物质能量转换。数字数据技术不能独立实现物质能量转换，只能变革提升人和产业原有能量转化方式的效率。所以，能源转换为数字数据技术，进而再通过融合提升效率，而且这一转换过程满足热力学第一定律能量守恒要求。二是数据技术具有高度普适性和社会价值外溢性。大数据出现加快脱离了领域专属，成为独立的普适性技术，形成新的社会分工。所以，这种新的社会分工领域专属性非常强，可能引发形成新的生产运行方式的变革，甚至形成新的生产关系。但是，在生产要素过程中遇到一些问题：那就是数据具有非竞争性和非排他性、边际投入与规模报酬非递减性、产权无法界定（共享性）、高时效性，高时效性到什么程度？高时效性到90%的程度，这个数据90%过了时效以后就没有效了。数据的这些特征使其无法纳入传统市场配置机制。现在数据要素市场处在初级阶段，怎么做这个事？我认为这个认识是基于技术议定的，通过数据技术制度创新与技术剥离是可以改变的。

我把“数据20条”这个事拿来，这20条是非常重要的。长期存在一个认识，产权共享、非竞争、报酬递增属性限制数据进入要素市场配置，影响经济学的分析。但实际上这个认知是早期将原生数据视为生产要素的认知误判，就是刚才说的原生要素。特定领域数据产生域外的应用价值，令技术界产生外溢价值无成本的认知错觉。但是，随着应用场景深入及其应用机制规范化，大数据实现领域外应用，开始分摊原领域系统的构建成本，还要增加相应应用开发投入，才能生成应用场景数据，比如数据集。

显然，就应用数据集生成而言，竞争性、边际投入与报酬递减性是必然存在的，进而通过财政收入可以破解产权共性问题，这就是20条非常重要的制度创新。“数据20条”基于经济配置要求提出的数据概念，为数据要素提供了进入市场配置时所需要的“产权”分立性、竞争性和边际报酬递减性的制度设计。第一，它建立了数据资源持有权、数据加工使用权和数据产品经营权等分置的产权运行机制，把产权分置为持有、加工使用与产品经营权三部分。分置机制后，采用财政税收实现民众数据产权收益落实。第二，基于“原始数据不出域、数据可用不可见”要求，以模型、核验等产品和服务等形式向社会提供制度设计。什么叫原始数据不出域？原始数据不能出硬件体系，域是指硬件不是软件。数据可用不可见，什么叫可用不可见？只能以模型、核验等产品和服务形式享受，实际上提出了数据四种形态：原始形态、资源形态、产品形态、资产形态。原来的数据含糊就是一个原始形态，现在有资源形态、产品形态、资产形态。第三，提出了数据流通准入标准规则，包括数据分类分级授权使用规范、质量标准等，探索定价模型和价格形成机制。国有企业公共数据要按政府指定的定价有偿使用（财政收入落实民众数据的产权收益），企业和个人数据可以市场自主定价。怎么定价？第四，就是构建多层次市场交易体系，数据交易场所及功能分离的数据商。大家注意，这种体制下，埃奇沃斯叫价模型就可以回归了。

这样的话，数据的要素就可以界定了。

基于数据技术系统的数据原始形态。原数据，即在经营场景生成的数据资源形态，其生产量测度可以转成应用数据集的使用量测度，使用主体的权益可以用实物量做指标。

基于数据安全的数据产品形态。数据标准产品的经营量测度，对经营主体要体现其权益，因此要使用价值量指标。同时，用于配置交易的资产形态，其数据资产量测度需要首先看成资本定价交易，要进入要素配置市场，然后转换成一个公共市场的价值量指标。到后面这两项，实际上完全可以对应现在的价格形成机制，所以我觉得这两个方面能够破解了。

数据要素的生产力作用机制，我同意邱东老师的观点，先说生产要素在原有的生产力机制中发挥什么作用？讲完这个故事以后再说新质生产力。即“技术性突破、生产要素的创新配置、产业升级”，然后是“劳动者、劳动资料、劳动对象优化组合，生产力大幅提升，先进生产力”。从这些地方来讲怎么设指标。

我觉得我的贡献是什么？我认为可以用将实物量指标与价值量指标相结合来测度数据要素的生产和作用机制。

后面的内容还比较多，我就不再展开了。谢谢大家！

关于新质生产力统计测度的思考

何　强*

刚才邱东老师与肖红叶老师讲了很多比较抽象和深奥的知识，让我们受益匪浅。接下来，我主要从两个方面谈谈自己对新质生产力测度的一些思考，内容上会更贴近实证分析。第一，正所谓“在其位、谋其政”，因为在政府统计部门工作，所以我会从政府统计的视角谈一谈如何测度新质生产力。第二，因为企业是新质生产力的落脚点，我会以人工智能为例，分享一项我们做的关于新质生产力如何影响企业生产效率的学术研究。

首先，从政府统计视角聊一聊新质生产力的统计框架。第一部分内容是关于新质生产力统计测度的供需框架分析，主要回答了为什么要测的问题。从需求侧来看，一是新质生产力是对马克思主义政治经济学关于生产力理论的创新发展，既然有了发展，就有测度需求；二是新质生产力代表了社会经济发展的行动方向，它是行动

---

* 何强：北京大学应用经济学博士后，现为国家统计局统计科学研究所首席统计师，党委委员，研究员，正高级统计师，统计理论研究室主要负责人。曾在《管理世界》《统计研究》等中文核心期刊以及 *International Journal of Environmental Science and Technology* 等 SCI 期刊发表学术论文 50 余篇；在经济科学出版社出版《利用大数据预测季度 GDP 走势的方法体系研究》《现代经济学视域中的幸福理论范式及应用研究》等学术专著 2 部，合著《大数据：政府统计的新机遇》等 10 部；主持国家社会科学基金项目等省部级以上课题 11 项；获评国家统计局优秀青年、国家统计局优秀党务工作者、国家统计局青年理论学习标兵等荣誉称号；获得全国统计科研优秀成果奖等省部级以上科研奖励 13 项。

发展理念最好的方向，或者说是最有代表性的发展方向，其本身有监测的需求；三是现在的国际环境比较恶劣，在这个环境下，我们怎么样通过对新质生产力的测度需求，来满足开展国际竞争的需要。从供给侧来看，一是在中国式现代化的建设中，我们政府统计部门要有所作为；二是从技术方法上，无论是关于国民经济核算，还是关于抽样技术，统计部门在测度新质生产力方面的技术与资料还是比较丰富的。

第二部分内容是关于如何构建新质生产力统计测度框架。现在很多研究都只找一个统计指数，但我们认为测度新质生产力应该需要构建一个完整的框架。我们不仅要做核算，还要逐步建指数，更要进一步分析它对高质量发展、对全要素生产的影响等。因此，新质生产力的测度是一个体系，不应该停留在指标上，这是我们基本的判断。如果我们要测新质生产力，必然要找到它的理论基础。我们认为这个概念虽然很新，但它还是原来内容的一种整合，比如关于生产力三要素的组合、关于三高、关于科技创新，都没有超出我们对这个领域的认知范围，只是做了一个整合而已。目前关于这个领域的渊源有哪些，我做了一次梳理，可以说大家讨论这个问题的时候，基本上都没有跳出以下这些内容：马克思主义政治经济学、经济增长理论、发展经济学、高质量发展理论和比较优势理论。但目前有一个不太好的现象，在总书记提出新质生产力这个概念后这么短的时间内，全国人民一哄而上。我认为这个问题本来可以静下心来好好思考，但好像成为了一个口号，这个现象不是很好。

在梳理完基础理论之后，需要思考如何破解的问题。我们认为需要分长期目标和短期目标。从长期目标看，要先把新质生产力的技术属性和社会经济属性区分出来，然后再融合在一起。目前关于这个领域的讨论还不够清晰，还很模糊，所以短期一定要有一个目标。就找目标而言，解铃还需系铃人，我们还是从总书记的讲话中去找。如果大家认可这个思路的话，我们进一步来分析怎么去做的问题。因为这个领域所有的数据资料全部在政府统计部门，所以这个工作如果我们不来做，其他部门没法做；如果我们不做好，也会被社会所诟病。关于怎么做，我们也做过一个思考。总书记在提新质生产力的时候，一直强调两个产业：战略性新兴产业和未来产业。如果搞核算，这两个领域应该是当前语境下新质生产力的主要内容。当然具体做的时候，可能需要对这些产业做一些区分，不是所有的东西都是新质生产力，所以这两个产业怎么界定十分重要。战略性新兴产业本身是一个统计术语，内涵还是比较固定的，不是说想象中什么产业都是战略性新兴产业。我们梳理了一下，有九大产业能够在当前语境下被称为“战略性新兴产业”，包括新一代信息技术产业、高端装备制造、新材料、新能源汽车、新能源产业等。这些领域相关的数据还是比较齐全的，我们对这部分领域的核算还是比较有信心的。另一个是未来产业，关于它的说法有很多，最权威的是《中华人民共和国国民经济和社会发展第十四个五年规划和2035年远景目标纲要》中对它的定义，包括类脑智能、量子信息、基因技术、未来网络、深海空天、氢能和储能。总体而言，未来产业的界定是一个动态过程，会随着社会经济的发展做调整。因此，对它的分类、核算以及分劈是很难的一件事情，如何统计还是一个很大的问题。但好在我们有个方向，知道从哪些产业去入手。

做完核算之后，我们还想搞一个相关指数，这是大家目前能想到的，而且能够做出来的东西。理论基础还是要从总书记的讲话中去寻找，我们对此提炼了一些关键词：高科技、高效能、高质量以及生产力三要素的组合。因此我们可以从这两个角度来测，看看是否可行。事实上，在目前已有的文献里，大部分学者都是沿着这些思路去做的。我找了两个代表性的研究，第一个是学界的韩文龙，他测度了一个生产力三要素：新劳动者、新劳动资料、新劳动对象，并加了一部分关于新质生产力如何渗透的内容，包括从技术、组织、要素等方面。但是我们觉得存在些问题：一是研究范围太狭窄了，只局限于要素本身的测算，没有考虑到新质生产力如何通过牵引效应、结构效应、乘数效应、增长效应赋能经济发展；二是结果上还是有很多值得商榷的地方，比如说数据要素在指数里的分量太重了。我们也有测算过数据资产的情况，测算结果是数据要素目前对我们国家 GDP 的贡献绝对超不过 5%。前不久，我们在深圳做了一次全民普查，即使是深圳做得最好的南山区，他们的数据要素产值占 GDP 的含量最高也就 3.8%。即便加上 R&D，也就是 5.4% 左右。所以，虽然数据要素这个事很重要，但目前量级没有那么大。我也找了一些业界代表，看看企业里的人怎么看待这个问题，比如刘陈杰。他从科技生产力、绿色生产力、数字生产力三个角度来测算新质生产力，每个子项下还有一些指标。坦白说，他的路子比较“野”，不知道从哪儿找来的理论基础，但好在结果大致与大家预期的差不多。我们政府部门的指标体系主要还是从三高的角度出发，即高科技、高效能、高质量三个方面。其中，高科技主要从 R&D 高新技术企业的视角切入，高效能主要从全要素生产率和一些治理效果方面展开，高质量则从居民的生活水平和企业的高质量发展角度入手。

在对新质生产力的统计测度框架有了整体把握后，我们要想一下新质生产力究竟对社会经济发展产生了怎样的影响？因为新质生产力的落脚点主要是在企业，所以我们以企业的人工智能数据为例做了一次测算。人工智能是新质生产力的重要组成部分，测度它的效果可以为衡量整个新质生产力的社会经济效应提供重要的参考价值。这项研究主要以人工智能创新试验点为例，做了一次数据资产试验，考察人工智能对企业资产配置效率的影响机制。研究的样本是上市公司企业，大约有 15 000 个。为了衡量企业的人工智能水平，我们利用上市公司的年报数据和人工智能的专利数据，构建了多个指标。在此基础上，我们分析了国家新一轮人工智能试点政策的效果，做了一次因果效应的识别。

根据测算结果，人工智能可以非常有效地改进企业的资本利用率，促进企业发展提质增效。这个结论通过了包括安慰剂检验、平行趋势检验在内的大量检验，所以我们对人工智能可以改善企业配置效率还是比较有信心的。进一步做了异质性分析，发现人工智能对企业的影响是存在一些差异的：在一些竞争程度较低的领域和融资约束较高的领域，人工智能的效果会更大一些。说白了，这个市场竞争力越低，人工智能起的作用越高一些。我们还发现，人工智能可以有效促进企业创新水平的提升，但主要是在突破式创新领域，而不是渐进式创新领域。目前来讲，人工智能在渐进式创新领域的作用是比较弱的，根本没有通过统计检验，而在突破性创新领域的发展会更好一些，这也是未来人工智能的重要发展方向。此外，人工智能可以缓解企业的信息不对称问题，可以有效提升企业

ESG 表现，但对企业内部控制水平的作用效果不大。也就是说，人工智能可以提高企业在社会环境、ESG 的表现，但是它对控制企业内部风险的效果没有那么显著。我们还发现在信息化基础比较好的这些领域，人工智能对知识产生的作用更大一些。如果说这个地方知识产权保护比较弱、信息化基础建设水平比较低，那么人工智能对企业发展的促进作用是不大的，在模型里根本没有通过统计检验。

最后，我再来做一下总结和展望。第一点，我们认为从新质生产力要素测度的角度来讲，新质生产力的融合测算是一个难点，也是未来需要突破的点，因为很难去测新质生产力和产业的融合情况。第二点，对新质生产力的研究不应该停留在一个指数或者增加值指标层面，应该尽快形成一套体系，甚至是一套核算账户，这样才能对新质生产力有一个完整的了解。第三点，对于政府统计部门来讲，需要将新质生产力的统计测度上升到政治高度来对待。第四点，在社会经济学领域有一个坎贝尔定律，即如果大家对一个指标越关注，这个指标的数据会越来越不准。所以说做新质生产力测度的时候，不要把指数抬得太高，尤其是不要和地方政府的绩效关联起来。一旦关联起来，这个指数的数据质量会越来越低。所以，有时候我们做监测分析，一定要考虑到监测本身的反作用。这也是一种思考，供大家参考。

我就讲这么多，谢谢！

新质生产力的理论思考及其统计测度

宋　辉*

非常感谢李金昌书记和洪兴建院长给我这次汇报的机会，我今天汇报的题目是个思考框架，看看这种思考正确与否，请各位老师和同学批评指正。

下面从四个方面汇报思路：首先是新质生产力的理论思考及分析框架构建。其次是从数据因素进行考虑，从根本上探讨软硬投入组合带来的实际效果。我特别同意刚才三位专家说的，新质生产力与传统生产力有什么关系？联系是什么？再次是列举几个度量标准。最后是分享个人的观点。

首先，新质生产力理论思考及分析框架。

从分析框架来讲，它是一个生产力的延续，党的二十大提出，高质量发展是全面建设社会主义现代化国家的首要任务，强调要坚持以推动高质量发展为主题，着力提高全要素生产率。这两句话指明了新时期经济发展的方向，即推动实现质的有效提升和量的合理

---

* 宋辉：管理学博士，二级研究员，博士生导师，河北省统计科学研究所原所长，河北省投入产出与大数据研究院院长、英国谢菲尔德大学荣誉教授。中国数量经济学杰出学者、河北省有突出贡献的中青年专家等称号。兼任中国数量经济学会副会长、中国投入产出学会副理事长、中国数量经济学会投入产出与大数据研究会会长等。主持国际合作、国内课题33项；出版《投入产出技术及大数据分析》等专著4部；发表论文120余篇，研究内容获国家科学技术进步奖三等奖、河北省科技进步一等奖、河北省企业现代化管理成果一等奖等省部级以上奖励22项。

增长。从统计测度视角，质的有效提升肯定是提高全要素生产率。具体到投入组合，即软投入组合的增长效应提高。何为量的合理增长？结合投入组合理论实际上是硬投入问题。综合来看，质的有效提升和量的合理增长本质上可归结为硬投入组合增长的问题，这其实就是一个长期存在的问题，只需进一步探讨如何将其与新质生产力关联。

新质生产力的基本内涵是生产力的三要素——劳动者、劳动资料、劳动对象及其优化组合的跃升。特征是高科技、高效能、高质量，特点是创新，本质是先进生产力。那么，先进生产力与过去的生产力之间存在何种联系？这是我们需要考虑的问题。我们认为它的表现形式是数字生产力，现在也有人提出是绿色生产力。数字生产力必然决定物质产出的数量和质量。影响新质生产力投入组合的关键在于其软硬投入的质量问题，这就构成了研究的整体思路框架。

第二个需要考虑的是马克思再生产理论，这个不能脱离。看到CVM 价值构成首先想到投入组合，另外西方经济学中增加值、生产函数也是不可或缺的部分，这三个基础要素形成国民经济的缩影，这就是投入产出模型。10 年内，我国共发布 4 个表，逢 2、7 编制投入产出表，逢 0、5 编制延长表。其中，投入产出表编制年份包括100 多个细分部门，延长表编制年份则涵盖 42 部门。因此，投入产出表本质上是个数据库，从大数据来讲投入产出模型属于大模型。

投入产出表反映的是经济运行现状，十年有四个表，到现在正在进行第五次经济普查。第五次经济普查创新地将之前的投入产出调查和五经普合并。那么，我们在看五经普调查目的的时候，在关注第二、第三产业的同时，还要分析各产业部门之间的技术经济联系。为什么要用投入产出模型？因为它是经济运行的缩影，我们要监测它，无论是高质量发展或是新质生产力，都是一个动态过程，如果不计算报告期和基期的全要素生产率并进行对比，就无法实时监控。但是现在的投入产出表只是某一年的静态表，达不到动态监测目的，这就要求我们把投入产出表补成时间序列，再转换为可比价进行对比。

当然原先用的不是增量，现在我们要用增量，为什么用增量？现在国家统计局、各省政府部门公布的统计数据都是增量。增长率、贡献率，增量是多少？包括康义局长今年年初说2024年我们的GDP增量将会达到多少，都是增量，包括商务部也好，都会用增量贡献率。正因如此，要用增量去看模型，因为增量投入产出模型可以计算国民经济各个部门的变动率、增长率、弹性系数、贡献率，有了贡献率就可以计算拉动力，从而形成一套完整的分析体系。

目前我国投入产出表仅包括153个部门，而日本和美国有四五百个部门，如果把国民经济各个部门划分为500个部门，那么第一象限可以容纳500×500的数据，数学上它是个包括25万数据的方阵。如果是1 000个部门就是100万个数据，所以整个投入产出表是个数据库，投入产出模型是个大模型。编制增量投入产出模型，要注意模型中只有增量才能分解，才能分解成软投入和硬投入，和质的有效提升、量的合理增长对应起来。

翻遍现有文献，新质生产力一般通过直接计算指标去对应，但是指标关联度我认为并不是太密切。现在我们有了专业数据库，根据数据库直接计算投入组合，投入组合以后贡献到哪儿？转给谁了？通过投入产出表一目了然，所以我们以增量投入产出表分解模型为数据库，延伸到新质生产力的组合要素分析，通过组合要素分析构成一个经济系统，经济系统就是投入产出表，也就是国民经济的缩影。增量投入产出表就对比缩影，可以做到比较长时间段的静态分析，对比现在投入产出表是一年内的静态分析，上升了一个台阶。

因为数字是一个核心生产力，这样就以数字经济部门作为一个部门分类，国家统计局2021年将数字经济部门划分为五大类，前面四大类是数字核心产业，我们把数字核心产业四个大类单列出来。其他学者做数字经济投入产出模型的研究不少，他们称除数字核心产业以外的产业为非数字部门。非数字部门怎么定义？经讨论我们干脆叫数字经济融合部门。既然数字经济和每个部门都联系，只能从融合和核心产业两个角度来考虑，因为数字经济包括五大类，四个在核心产业里面，其他的融合在其他部门。当然，也可以分成新兴产业、其他产业，只不过这是个思路，这个分类可能更便于说明问题。再往下是软硬投入组合要素的转化贡献原理，这样从理论上进行一个探索。

下面进入实证部分，编制中国2010～2025年数字经济增量的序列表。基于10年内4个投入产出表，根据学者郑海涛提出来的MTT方法把4个表拓展为每一年的表，并用矩阵转换方法预测2022年和2025年的表。因为表和表之间要相减、对比，那么如何让大家站在同一起跑线上？这就要求我们计算价格指数，将表中数据变成可比价以后才能相减。我们以2010年为基期对2010～2025年数字经济增量的序列表进行了试编。

第一，我们首先按照国家统计分类进行部门拆分，拆分比例怎么选？结合五年一次的普查和投入产出表，利用营业收入，每个部门除以总额得到比重，即为拆分比例。现在是 2023 表，再往前是 2018 年，再往前推是 2013 年，再往前推是 2007 年，结合国家统计分类进行部门拆分，得到拆分系数后就可以编制现价表，最后利用价格指数得到 2011～2025 年连续年度的增量表。国家发展改革委要编“十四五”“十五五”规划，可以用 2025 减去 2020。为什么减 2020？因为 2025 减去 2020 才是五年，包括“十五五”也是这样进行差分，这项很关键。得到连续年度增量表后可以进行统计测度，即新质生产力及其效果的统计测度。从习近平总书记讲话得到关键的两点，第一个标志是全要素生产率大幅提升，第二个是构建现代化产业体系。

通过这关键两点先看，第一，投入组合的数字核心部门和融合部门成本节约量是怎么转化的？C1、C2 节约了多少？可变资本节约多少？节约以后怎么转化？怎么转化到 M？经济效益是多少？从定量来看，就是要解决成本转化量问题。第二，转化以后可以算软投入组合贡献率，也可以计算硬投入组合贡献率，投入产出和其他方法不同在哪儿？其他方法一般只能计算直接消耗，而投入产出能计算完全消耗，完全消耗就是直接消耗加上全部的间接消耗。当然最后还要计算全要素生产率，核心不是看标志吗？全要素生产率是不是提升了？既然定义是大幅度提升，我们测算看看是不是大幅度提升。最后，我们再看看新质生产力组合因素的贡献，政策能占多少？制度占多少？劳动者积极性占多少？

数据作为新型生产要素是形成新质生产力的优质生产要素，它可以复制，以数据为纽带的人才技术、资本、管理等创新要素的价值链联动，使创新资源实现最优配置，关键在于软投入和硬投入是怎么组合的。

另外劳动资料非常关键，马克思在《资本论》早就提出，各种经济时代的区别不在于生产什么，而在于怎样生产、用什么样的劳动资料生产。还离不开不变资本 C_1、C_2，V 是可变资本，投入组合是不变资本 + 可变资本，即 $C_1 + C_2 + V$，经济效益等于纯收入，即 m。在增加值里什么是经济效益？不就是生产税净额和盈余吗？但是这些都是过去的生产要素，现在生产要素构成发生变化，我们要引入数据要素。除劳动者、劳动资料和劳动对象等要素之外，还要将制度、科技、管理及人文经济等融入，这部分融入属于软投入，与全要素生产率并不矛盾，它是个余值。当然，余值包括范围很宽泛，这其中确有争议，但大部分都属于余值，这样就可归结为一个问题：优质的生产要素如何向新质生产力畅通流动，简而言之还是生产力和生产关系如何融洽的问题，也就是怎么样更好地利用硬投入。

新质生产力是先进生产力质态由技术革命性突破、要素重新配置转型而催生的，动因是投入组合质量提高，还是软硬投入质量的提高。我们看看怎么测度？什么叫软投入？具备物质形态的是硬投入，不具备的政策、制度、劳动者积极性、素质提高、技能都是软投入。只有物质投入才有产出，但是软投入要素的质量提高决定硬投入的质量。

软投入可再区分为非科技型和科技型投入，非科技型投入包括政策、管理、劳动者积极性等因素，科技型投入包括科技投入强度，科技经费投入、教育经费、文化投入，两者共同组成了软投入。如果软投入组合贡献值为正值，表示经济效益良好，如果是负值，则代表经济效益低。

硬投入弹性系数代表总产出每增长一个百分点，所需要增加硬投入多少个百分点，系数越高代表投入资源浪费，因而硬投入弹性系数越低越好。使用增量投入产出模型可以计算各部门的变动率、增长率、贡献率和弹性系数。贡献率不就是增量除以基期吗？弹性系数不就是两个增长率之比吗？进而将整个统计框架串联起来。

现在测算工具做成增量投入产出比是一种比较静态分析。怎么测算？我们看看是不是C和V？中间的投入增量是C_1，折旧是C_2，劳动报酬是V，纯收入是M，整个是价值形成的过程。怎么转化的？一经分析软投入增量、硬投入增量便可以直接刻画，那么刻画出来以后为什么可以分解？我们看这个公式，分解以后就变成ΔA_{ij}乘以报告期的产出，这就是软投入增量。至于硬投入增量，基期不变，A_{ij}系数在基期乘以增量的产出就是硬投入。它们怎么转化？我们可以看看C、V、M的公式，上半部分是纯收入，下半部分是节约量，节约量是C和V，正好等于-1，成本节约量为正表示多消耗的硬投入，如为负则代表节约了硬投入。报告期的直消耗系数减去基期的，如果为负证明节约了，消耗少了。由于软投入作用，j部门产出增长x_j的成本减少，软投入作用引起的减少量全部转化到纯收入，通过这个公式可以看出来。

看看实证的情况，首先是拆分系数，拆分系数以后是转化过程，我们都进行了测算，每一个收录的产品制造业、服务业是怎么形成、怎么转化都能看出来。当然根据增量投入产出表软投入、硬投入、全要素生产率、完全贡献率、直接贡献率都可以测算，并据此可以看出中国2010～2025年数字经济核心产业和其他部门的发展趋势。

这里面有个什么问题？大家注意数据是关键，数据如果不准，结果肯定是不准的，但投入产出表是国家统一公布的数据，是比较靠谱的。硬投入融合产业的弹性系数结果确实降低了。这样的话，把产出变化分解，技术进步贡献率和全要素生产率基本等同，但实际上算出来确有差异，比原来的公约数稍微大一些。这是因为投入产出测算不光包括直接消耗，还包括间接消耗。

技术进步贡献了多少，最终产生结果变化贡献多少？这是全要素生产率，再分解成单位组合产能乘以单位释放程度进而计算整组数据。数据结果说明开始的15年全要素生产率略有提高，但幅度不大。通过层次分析方法再分析影响因素哪个重要，政策占18%，体制占27%，管理占12%，积极性占7%，其他是科技、教育、文化。根据测度结果可以进一步分析每个部门的拉动点、供应率、感应度。核心部门对经济GDP的拉动是多少，对总产出和GDP的增量拉动是多少。

（一）数字是形成新质生产力的优质生产要素，关键是决定投入组合的质量，此后应该重视政策、管理、劳动者积极性和科教文化的投入，使生产力和生产关系结合起来。

（二）投入产出模型研究新质生产力投入组合具有优势，利用不同年度可比价表和形成体系，能够提高测度效果。

（三）测度结果取决于投入产出模型编制数据质量。国家统一提供数据，经过拆分、计算价格指数，再平衡得到序列表，可能有计算误差会影响测度的可靠性，需进一步进行探讨。

（四）新质生产力的培育和发展是长期的过程。

模式识别、因素分析、政策评估，还有定性和定量结合起来才是度。所以我们的研究只是粗浅的，包括建设现代产业体系还未进行深入探讨，使用方法仍需完善，希望各位老师同学们批评指正。

谢谢大家！

新质生产力评价方法的思考

洪兴建*

汇报之前，我先谈一下前面的学习体会。前面邱东老师说我们的经济并不是都可以测度的，不可以测我们也要测，一定要测，肖红叶老师告诉我们数据是最显著的，在新质生产力里一定要有数据，没有数据肯定不是新质生产力，这是我的体会。刚才宋会长告诉我们，按照实证的角度来讲好像数据经济就是新质生产力，这是我的大概学习体会。

报告仅是理论思考，也没有做实证分析。主要讲三个方面：

第一个，新质生产力到底是什么？

对于新质生产力，首先还是回顾一下科技革命或者产业革命变迁的历史，从人类社会以来，大概经历了五个阶段，在工业时代前是农业经济时期，大概 1 万多年，主要是农耕技术。从 18 世纪上半叶开始出现以蒸汽机为代表的技术，从一开始的发明到初步的运

---

* 洪兴建：二级教授，博士生导师，现任浙江财经大学数据科学学院院长。荣获浙江省优秀共产党员，现担任中国统计教育学会副会长、中国统计学会常务理事、中国数量经济学会常务理事、浙江省统计学会副会长、中国商业统计学会数据科学与商业智能分会副会长、《统计研究》编委会委员、浙江省哲学社会科学规划“十四五”学科组专家等学术或社会兼职。主持国家社会科学基金重大项目、重点项目等 6 项国家级项目，主持国家统计局重大项目、浙江省自然科学基金等 10 余项省部级项目。在《经济研究》《统计研究》《数量经济技术经济研究》等发表论文 50 余篇，出版高水平专著 2 本，学术成果荣获 10 余项省部级奖励。

用，直到大范围地运用，最后产生综合生产力，大致经过了将近100年，我们把它叫人类进入的工业社会，当然这是工业社会的第一阶段，主要以机器生产代替了人类的生产，现代的工厂代替了手工的作坊。第二个阶段大概是19世纪的上半叶，经过100年之后，以电池学、电力的产品，包括电报、电话等出现或使用，人类进入了电气化时代，当然电气化时代历时很长，从电池学到大规模的电力生产也是经过了四五十年才产生效率。当然现在随着发电、输电和配电技术的不断成熟，电力已经渗透了生产生活的方方面面，包括我们坐在这个地方，如果没有电，可能就是另外一番景象。到第三个阶段，也就是20世纪的前半叶，有几个显著事件，一个是1939年第一台晶体管计算机的诞生，后面计算机经过了四代，一直到1971年才出现大规模集成电路的计算机，这是计算机技术。当然也包括太空，包括原子能的使用，所以我们称这一时期为ICT时代。当然也有信息经济时代，全球化的生产代替了大规模的生产，跨国企业代替了现代化大企业。从21世纪或者20世纪末，互联网尤其是移动互联网、数字技术取得了突飞猛进，现在所认为的数字技术一般是以ABCD为代表的，因此现在我们称人类进入了数字经济或者数字技术的时代，也有叫作工业1.0、工业2.0、工业3.0、工业4.0。整体看来，每个时代都有每个时代的生产力及其对应的生产关系，好像每个时代都有每个时代的追求，每一代人都有每一代人的担当。

我们现在讲新质生产力一定是什么？一定是对应着数字技术时代的生产力是什么，如果要问新质生产力是什么，就回到这个时代，最显著的、最有特色的生产力到底是什么情况，接下来从三个方面进行解读。

从词组构成，新质生产力大概是三个：新 + 质 + 生产力。“新”网上有很多解读，新技术、新要素、新的产业，“质”主要是高质量或者高质效，再加上原有的生产力。换言之，新质生产力是在原来生产力的基础上加了“新”和“质”。如果从生产力三要素来讲，现在这三个要素都是新型的，新的劳动者、新的劳动资料或者新型劳动对象。当然在分析新质生产力的时候，除了按照生产力三要素理论，更多可能是从作用机制的角度来看。现在讨论作用机制一般认为科技创新是核心的引擎，前面的技术和产业变革路线图就是两条线，一个是技术、科技，科技肯定是新质生产力核心的引擎。产业变革是新质生产力的重要载体，要想让它落地需要依靠产业变革。当然有一些要注意，比如创新除了科技，自主创新也很重要，这是软实力，是重要的保证。技术创新若是不可持续的，技术也无法转化为现实的生产力。

产业变革前面嘉宾也说了，新兴产业和未来产业当然是策源或者发动机，但是要注意传统产业转型升级是我们的底盘，也就是现在的新兴产业和未来产业所占的比重，如果按照数字经济，其比重全国不到 10%，它是龙头、动力源，但是整个经济要形成一个新质生产力，还是要把传统产业带动起来。

第二个，新质生产力为什么是评价而不是测度?

前面很多专家讲到了，测度是将数字赋值给特定对象的属性或者特征，就是给它的属性特征赋予一个数值。从应用上来看，就是通过使用一种或者多种工具来分配可以量化的数据，评价是根据标准或者证据做出价值判断，Evaluation 中 value 是个价值，它可能基于测度的结果，也可能不是基于测度的结果，主观评价一下也行。

在统计里概念和统计指标是有区别的，不是所有的概念都是指标，指标是可以直接测度量化的，当然也可以找一些指标进行替代。综合性和复杂性的概念不可能用单指标测度，只能是多指标评价。我们看新质生产力，这些话网上都有，基本上就是领导人的说话。技术革命性突破、生产要素创新性配置、产业深度转型升级催生了新质生产力，同时它具有三高特征，特点是创新，关键是质优，本质是先进生产力，核心指标是全要素生产力大幅提升。实质上我们关心的是生产力三个方面的跃升，更高素质的劳动者、更高技术含量的劳动资料，更广范围的劳动对象。此外，还提到教育、科技、人才三个要素的良性循环，创新是第一动力，人才是第一资源。

可以看出，新质生产力是一个综合型的复杂概念，不可能测度，只能通过多指标综合评价。当然如果编数字经济的投入产出表，把数字经济作为新质生产力也是一个角度。如果真正评价新质生产力，应该根据新质生产力的构成以及产生的影响来进行。

第三个，关于新质生产力评价方法的一点思考。

新质生产力到底是个什么力？今年有很多关于新质生产力指标体系的，而且来自很多学科，好像还没有统计学科。这是来自马克思主义学院的指标体系，它是从科技生产力、绿色生产力、数字生产力三个维度进行构建。这个则从信息、绿色、创新三个维度进行测度，缺乏具体逻辑。这个则是严格按照三要素，劳动者、劳动对象和劳动资料进行测算，当然三要素评价指标应该都是新型的。现有指标体系基本上是从这三要素来组织二级指标或者三级指标，有些还包括新质产业、战略性新兴产业、未来产业等，或是绿色维度，也就是高质量发展的底色。这是韩文龙这篇，他是从实体性和融合性两个角度出发，实体性维度还是三要素：劳动者、劳动资料、劳动对象。融合型维度则包括新技术、新生产组织和数据要素。刚才也强调，新质生产力必须包括新要素。刚才何强主任说这块比重比较大，我大致看了一下，主要是由于二级指标都是数据的量或者数据的投入，没有数据的实际产出。二级指标包括大数据的生成、交易量、数据交易所的数量。不管有没有用，数据的产出越多，好像新质生产力就越大。例如数据交易所成立越多，可能由于政策导向，政府大量推了关于很多数据交易所的东西。

以技术革命性突破、生产要素创新性配置、产业深度转型升级而催生，以劳动者、劳动资料、劳动对象及其优化组合的跃升为基本内涵，以全要素生产率大幅度提升为核心标志。这个学者据此发展为生产力的所谓三个时代：

（1）传统的时代没有技术，把劳动力+劳动工具+劳动对象三个要素相加。

（2）第二个时代引进技术，技术在这个基础上成了1.0时代的测度。

（3）第三个时代如科学技术革命性突破用指数测度，生产要素用了创新性配置做示范，再加上产业深度转型升级，把它作为一个幂函数，然后再乘以原来的三个要素，最后加上优化组合的示范进行测度。

当然从理论上好像并不存在什么问题，但你会发现里面的参数都无法测算，什么叫革命性突破？什么叫创新性配置？这个框架只是停留在概念上的表达式，从可操作性角度来讲比较困难。

现在的词越来越多，第十一次中央政治局集体学习时发的新闻稿，题目就是“习近平强调加快发展新质生产力扎实推进高质量发展”。现在的新质生产力，包括以前的高质量发展，还有中国式现代化，当然还有共同富裕，共同富裕作为中国式现代化的特征之一，也可以不提了。这三者之间是什么关系？我大致理了一下，新质生产力支撑高质量发展，加快发展新质生产力，扎实推进高质量发展。高质量发展的目标是实现中国式现代化，也就是中国式现代化是阶段性的目标，怎么实现这个目标？我们要通过高质量发展路径。打个比方，中国式现代化比如说是西湖的楼外楼宾馆，问题是怎么去楼外楼宾馆？给你一个路径，那就叫高质量发展。但你怎么去？路线我告诉你了，你是走过去还是骑车过去还是开车过去？这就是新质生产力，它是一个支撑、保障。

我还有一个想法，目标有时提得比较高远，因为目标主要是用来实现的，有些目标不是用来实现的，当目标定得比较高的时候，可能达不到，这时往往设置一个路径，朝这个路径去走即可，最终会实现的。理想是彼岸，现实是此岸，一步步朝这个目标前进。这是高质量发展的路径，这个路径没有问题，朝这个方向走。但是你走的过程中要有一些装备，这个装备我理解就是新质生产力，所以这是我对三个概念的理解。

评价新质生产力就要紧紧围绕新质生产力是什么，所以又回到第一个讲的内容，新质生产力本质上应该是一个经济范畴，也就是不要把新质生产力当作一个筐，什么都装进去，就是一个经济范畴，而且是从供给侧出发的概念，应该厘清边界，不应该泛化。

新质生产力不宜简单罗列一些维度和特征，包括前面很多都是这样的，罗列一些维度、指标。要突出什么？要突出这些维度或者指标之间的优化和协调，优化一般是结构优化内部，协调可能是不同组成要素之间的协调，要体现更高的全要素生产率，也就是最终还是要通过全要素增长率或者全要素生产率的提高来反映。

现在提出的新质生产力是不是原来的供给侧结构性改革的迭代？对于原来供给侧结构性改革，国家发展改革委2021年对供给侧结构性改革的解读，发现和现在讲的新质生产力，至少从最终目的来讲高度契合。供给侧结构性改革的重点是进一步解放和发展社会生产力，用改革的办法推进结构调整，减少无效和低端供给，扩大有效和中高端供给，增强供给结构对需求变化的适应性和灵活性，着力提高全要素生产力。原先的供给侧结构性改革的最终目的也是提高全要素生产力。我个人理解，是不是原来供给侧的升级版？现在叫新质生产力。

从这个角度来讲，新质生产力词组的构成和三要素是一致的，只不过用了“新型”的词。当然是不是能够达到优化、协调？还要结合作用机制进行讨论。所以实质的指标体系应该从新质生产力的三要素着手，然后结合作用机制以及最终全要素生产率提升目标来考虑。

最后三句话：

第一，要以生产力三要素为基础，结合作用机制设置指标体系。

第二，生产力指标本质上是投入指标，因为它是一个供给侧的，当然也可以包括一些直接的产出指标。

第三，应该包括最终的核心指标，叫全要素增长率。全要素增长率就是全要素生产率的增长率，因为全要素生产率是相对的指标，而且测度的方法很多种，不同的测度方法结果又不一样。

现在我感觉全要素生产率的简单测算方法就是用于产出的增长率减去要素投入的增长率，当然这个要素不是说什么都包括，主要就是劳动、资本，不包括技术，不包括组织、管理，这些不被包括的要素都在全要素生产率里。如果你要简单去测，就用产出的增长率减去常规投入的增长率，那就是全要素生产率，包括科技，包括结构的优化，这些都可以包括进去。

这是我的学习体会，仅供大家参考。谢谢！

分论坛总结

李金昌

非常感谢五位专家的报告，还有罗良清教授精彩的主持。

今天下午的分论坛“新质生产力与评价监测”专题告一段落了，我想对于在座各位一定会有启发。新质生产力这个主题，大家可以考虑和研究的问题绝不仅是“新质生产力”这五个字，它的内涵是很丰富的，所涉及的面是很广的。比如刚才洪兴建老师讲的新质生产力是支撑，高质量发展是路径，最终要实现中国式现代化，这是一个逻辑概念。

刚才也讲到了一些指标体系，新质生产力怎么来测度？这些指标大家在阅读文献上千万要注意独立思考，这些指标体系当中的指标对不对？我们在指标体系构造当中，总觉得很重要的问题是因果关系，不要把过程指标、原因指标作为结果来评价。比如说刚才好几位都讲到绿色生产力，什么是绿色生产力？绿色生产力哪里来？绿色生产力和新质生产力是什么关系？现在把绿色生产力的排污、能源使用、消耗都作为评价指标，对不对？我觉得可以思考，这到底是新质生产力发展的结果，还是他们去推动新质生产力的发展？只要新质生产力发展的技术水平提高了，能耗才会降低，污染才会减少，现在的因果关系我觉得搞反了。

还有洪兴建老师认为新质生产力是个供给侧指标，这也值得商権，生产力是中间指标，是连接供给侧、需求侧的指标，不能定性为供给侧。新质生产力哪里来？本身是一个结果，投入是什么？甚至是很难量化、很难说的制度变革，还有整个社会人的整体素养提高，这一系列的东西最后才会促进技术创新、产业结构变革、各种生产要素重新组合，才会产生新质生产力。然后由新质生产力带来的一系列的产出来满足需求侧的消费需求，我觉得是这样的逻辑，不一定定义为投入，恰恰新质生产力是连接供给侧、需求侧的中间的指标。

所以我们考虑问题，前因后果一定要理解透彻，这个方面我觉得从统计视角，不能只会建模，简单带入数据得出什么结果再阐释一下，这都不对，一定要先把前面的理论原理搞清楚，然后解读的时候才会说这个结果、这个定量数据到底能说明什么问题？我们一定要定量定性相结合，而且是定性在前，定量是过程，最后还是回到定性上。

希望通过下午的讨论，大家可以发散性思维，多阅读文献，读文献的时候一定要独立思考，这样我们才会不断地聚焦研究问题，最后理清思路，以后不管是写大文章、小文章也好，在座的博士、硕士都要遵循这样的一种路径。这也是个人观点，你们可以反驳，我觉得是这样的思路。

分论坛五：新质生产力与数智创新创业①

① 分论坛五报告文字整理人：浙江财经大学管理学院教师郑瑜琦。

分论坛五：新质生产力与数智创新创业

新质生产力与现代化产业体系

刘志迎*

新质生产力是理论界研究的重要主题，也是社会各界热烈讨论的重要话题。习近平总书记提出新质生产力概念，近半年多时间多个场合反复强调要发展新质生产力。

一、新质生产力概念定义

我认为，新质生产力是一个辩证唯物主义观点的“概念”，每一次科技革命和产业变革都会催生生产力发生一次飞跃。在两次产业革命之间仅仅是生产力的“量”的变化，而每一次科学革命催生技术革命，引爆产业革命使旧质生产力向新质生产力的“质”的飞

---

* 刘志迎：中国科学技术大学教授（二级），博士生导师，国家社科重大项目首席专家，省级研究生教学名师，多项基金委自然基金面上项目负责人，多项国家社科基金项目和各类省部级软科学项目负责人，安徽科技创新综合智库负责人，中国创新学派主要代表人物之一，中国创新 50 人笔谈组织者，现任中国科学技术大学 EMBA 中心主任，省部级重点研究基地中国科大创新研究中心主任；国家发展改革委中宏观察家（中国宏观经济观察家）。国内外重要学术期刊发表关于技术创新的学术论文 300 余篇，包括发表在 *Technovation*、*Journal of Business Research*、*R&D Management*、*Management Decision*、*European Journal of Operational Research*、*Technology Analysis & Strategic Management*、《科学学研究》、《科研管理》、《研究与发展管理》、《中国软科学》等国内外主流期刊。出版著作包括《产业链视角的中国自主创新道路研究》《众创空间：从“奇思妙想”到“极致产品”》《中国创新 50 人笔谈》《供给侧改革——宏观经济管理创新》等 10 余部，出版教材 10 余部。

跃，形成新质生产力。科技史研究表明，科学革命引发技术革命，技术革命引发产业革命。第一次技术革命引爆产业革命，英国从农业时代旧质生产力跃迁到代表当时新质生产力的蒸汽时代，使其成为“日不落帝国”，直至今天还是世界强国之一；第二次技术革命引爆产业革命，美国和德国从蒸汽时代的旧质生产力跃迁到代表当时全球新质生产力的电气化时代，成就了美国和德国梦想，使其在全球迅速崛起，至今仍然是世界强国；第三次技术革命引爆产业革命，美国率先从电气时代的旧质生产力跃迁到代表全球新质生产力的信息化时代，崛起为全球第一强国。当前正在发生新一轮技术革命，大量的突破性技术、颠覆性技术和原创性技术涌现，正在引爆新一轮产业革命，正在促成生产力的又一次“质”的飞跃，形成新质生产力。人类可能会从信息时代的旧质生产力跃迁到代表我们所处新质生产力的智能时代。历史表明，哪个国家能够把握住技术革命引爆的产业革命机遇，这个国家就能够在全球崛起。

第一次和第二次产业革命解决的是人类“体力”延伸问题，在当时形成了以大批量、规模化生产为代表的“新质生产力”；第三次产业革命解决了人类的“脑力”延伸问题，形成了那个时代以计算机和信息化为代表的“新质生产力”；当今，我们面临的这次产业革命将解决人类的“智力”和“寿命”延伸问题，将形成以人工智能和基因技术等为代表的“新质生产力”。所以，我将此次新质生产力定义为：以人工智能和基因技术等多群组技术催生出的、目的在于解决人类的“智力”和“寿命”延伸问题的、新一轮技术革命引发产业革命而形成新产业实现经济高质量发展的能力。

二、新质生产力要素组合

在农业时代，劳动者主体是农民，生产资料主要是自然力简单利用的机械（如水车、风车）和手工工具，劳动对象主要是土地和其他自然物。到了蒸汽时代，劳动者主体是工人，劳动资料已经转变为利用蒸汽动力和机械工具，劳动对象从狭义的土地转为广义土地即自然资源（狭义土地 + 矿物质）。再到电气时代，劳动者主体是工人（工人的技术水平进一步提高），劳动资料进一步转变为利用电力和自动化工具逐步形成了规模化、自动化生产体系（统称为福特主义生产模式），劳动对象范围进一步扩展了自然资源范围。到了信息时代，劳动者主体还是工人（包括机器旁的工人和计算机旁的工人），劳动资料进而转变为核动力 + 电动力 + 信息化工具，劳动对象已经不再仅仅是自然资源，还有信息化的数字劳动对象（如软件工程师的劳动对象就是计算机里的数字或数据）。

科技创新是发展新质生产力的核心要素，即科技在生产力劳动者、劳动工具和劳动对象三要素中发挥乘数效应。相较前几次产业革命，在此轮新质生产力的形成中，科技发挥的作用更大。科技作用于劳动者要素，使其成为“高科技”劳动者；科技作用于劳动工具要素，形成“智能化”劳动工具；科技作用于劳动对象，使其范围更广阔。创新在新质生产力形成中起主导作用，这是一个将从来没有过的生产要素和生产条件的“新组合”引入生产体系，形成新的生产力的过程。

三、新质生产力的全要素生产率标志

西方经济学生产力理论重点聚焦于“经济增长”理论或者“生产率”理论，也可以说是边际生产力理论。马歇尔新古典经济学采取边际分析方法，按照边际生产力理论厂商在追求利润最大化的生产过程中，生产要素的报酬等于它的边际生产力。早在 20 世纪初，

创新经济学创始人熊彼特在吸收了马克思基本思想的基础上，将“创新”概念引入了经济学分析。他认为，要素投入的增加，只能够带来经济增长，不会带来经济发展，只有创新才能够实现经济发展。他最早将“经济增长”与“经济发展”区分开来。凯恩斯创立的宏观经济学，强调消费、投资和出口“三驾马车”拉动经济增长，是一个短期的刺激经济的理论，缺乏对长期生产力发展的指导意义，正如凯恩斯自己所言“从长期来看，我们都死了”。

萨伊提出的生产三要素，即土地、资本和劳动，被西方经济学接受和继承，这与马克思主义理论家提出的生产力三要素是不同的。柯布—道格拉斯生产函数强调资本和劳动投入，将技术看成是外生的，忽视了生产力发展的技术这一核心力量。新古典增长理论认为，经济增长是劳动和资本的函数，把土地合并到资本要素之中，代表人物索洛将经济增长中凡是不能够被劳动和资本解释的部分（即索洛余值），定义为全要素生产率，即不可观测的、外生的、希克斯中性的技术进步所带来的产出增长率，也即技术进步的贡献率。

经济增长的主要影响因素包括要素投入增加、技术效率提升、规模效率提升和技术进步效率提升。对中国经济而言，长期依靠要素投入增加和规模经济，导致生产过剩，价格低廉，虽然有价格竞争优势，但是资源耗费、劳动者“内卷”，不利于经济有效增长，必须提高技术效率，特别需要依靠技术进步效率提升，也就是当前所提出的要大力发展新质生产力。

四、技术群组性爆发与现代化产业体系

新技术群正在生成一场新的技术革命，将引发生产力质的飞跃。

一是新技术涌现的群组性。新一轮技术革命不是少数技术创新突破，而是包括量子技术、基因技术、数字技术、新材料技术、新能源技术等多个群组技术持续涌现。二是新技术应用的颠覆性。量子计算和核聚变技术将会颠覆引发第三次技术革命的计算机技术和核裂变技术；基因技术不仅颠覆了传统医学技术、传统农业生产技术，而且颠覆性产生了生物制造技术；数字技术以工业软件为代表，正在颠覆传统制造业技术，等等，使生产和生活全面产生颠覆性变化。三是新技术影响的全面性。新技术群涌现不仅仅发生在工业领域，对农业和服务业也产生深入影响，对人类生产和生活方式具有全面渗透、跨界融合改造，影响之深之广前所未有。四是新技术扩散的快速性。不仅在科学—技术—创新—产业的演化周期上大大缩短，而且在国与国之间的扩散传播十分迅速，几乎不同国家和地区之间、不同领域之间同步发生一场技术变革，跨界扩散和跨国扩散十分迅速，而且技术源头的多元性和去中心化十分明显。

围绕着产业链部署创新链，主要是解决既有产业关键核心技术被“卡脖子”或者有被“卡脖子”风险，保住现有的生产力。围绕着创新链布局产业链，主要是带有原创性的技术创新，是形成新质生产力的主要技术来源，由于技术路径不清晰，有很大的难度，需要加强基础科学研究，才具有突破性技术创新。欧盟委员会（European Commission）2021 年曾经发布了《面向未来的 100 项重大创新突破》（100 radical innovation breakthroughs for the future），包括人工智能和机器人、人机交互和仿生、电子与计算机、生物交叉学科、生物医学、印刷与材料、突破资源边界的技术、能源和社会领域的重大创新突破等九类。美国国家科学技术委员会发布《关键和新兴技术清单2024》（critical and emerging technologies，CETs）共18类关键和新兴技术，包括先进计算、先进工程材料、先进的燃气涡轮发动机技术、先进的网络化传感和签名管理、先进制造、人工智能、生物技术、清洁能源生产和储存、数据隐私、数据安全和网络安全技术、定向能、高度自动化、自主和非循环系统（AxS）和机器人技术、人机界面、高超音速技术、集成通信和网络技术、定位、导航与授时（PNT）技术、量子信息和赋能技术、半导体和微电子、空间技术和系统等。

此轮技术革命表现为新技术涌现的群组性、新技术应用的颠覆性、新技术影响的全面性、新技术扩散的快速性、新技术源头的多元性和去中心化等特征，技术革命性突破推进生产要素创新重组，进而强力推动产业深度转型升级，对传统产业的颠覆性改造是革命性的，也能够推进新兴产业持续涌现。量子技术、基因技术、数字技术、新材料技术、新能源技术等多个群组技术的持续涌现，将催生一批未来产业，未来制造业、未来信息产业、未来能源产业、未来材料产业、未来生物产业、未来空间产业和未来健康产业等，这是实现中国式现代化的产业保障，是我国实现高质量发展的高质量产业支撑。

面向高质量发展，面向形成新质生产力，着力点一是在于打好关键核心技术攻坚战，既要解决传统产业关键核心技术受制于人问题，从而实现自主可控、安全可靠；又要解决传统产业附加价值低、能耗和原材料消耗高的难题，实现高端化和绿色化发展；二是在于新的技术成果实现商业化，形成新兴产业和未来产业，在产业结构中增加新生产业力量。

大模型、数据要素与产业互联网

戎　珂*

今天主要想讲一下，为什么人工智能产业发展了那么多轮，并不是想象中的一帆风顺，我认为是在人工智能（artificial intelligence，AI）生产力、数据要素及生产关系产业互联网方面会有所体现。所以，大概从这三个方面来看看，到底这一阶段的人工智能产业如何可持续发展。

AI 的发展历程。经历多个阶段，20 世纪 50 年代在美国提出，缺算法算力，没多大进展，后来缺算据。大家知道，像海康威视等，一般以图像识别为主，到科大讯飞的语音识别，再到之后的语义识别，以及最后的情感识别等这一系列。你会发现，实际上，AI 的业务场景没那么成熟，而现在到了大模型这里，出现了新的竞争赛道。因为前三轮 AI 发展其实都有点失败，没有跨过那个死亡问题，但是这一轮大家感觉好像又有了很大的希望，但是这一轮的问

* 戎珂：清华大学长聘教授、博导，剑桥大学博士。社科学院经济所副所长，Elsevier 中国高被引学者，*Journal of Digital Economy* 创刊主编，2020 年入选国家级青年人才计划。在 UTD24、《中国社会科学》、《管理世界》等期刊发表论文 70 余篇，出版《数字经济学》《数据要素论》《持续共赢：商业生态构建方法论》和 *Business Ecosystems* 等专著及教材。兼任国际知名期刊 *Journal of International Business Studies*、*Journal of International Business Policy*、*Long Range Planning* 和 *Management Organization* 等编委，清华大学国家高端智库研究员和清华大学全球产业研究院副院长，专报多次获中央领导批示，同时为华为、中国电子、字节跳动等企业提供数字生态和数据要素等理论和战略支持。获北京市和浙江省哲学社会科学优秀成果奖一等奖以及中国信息经济学会创新成果奖。

题在哪呢？那么这个问题其实还有很多的算法、伦理以及人才的培育等一系列问题没有解决。

AI 对劳动力替代/增强能力。AI 替代的主要是重复性的脑力劳动，体力劳动替代不了，创造性劳动也很难替代，而且智能也很高很高，情感智能比一般智能，目前的算法还不能解决。关于物理劳动，具身智能（Embodied AI）的难度很大。相当于柴油车都还没弄清楚，要做混动难度很大，这就相当于混动。在混动中，你既要有机械的能力，又要有 AI 的能力才能解决这个问题。所以，AI 现在能解决的主要还是帮助改个文字、写个书或者是编程这些，能做的还是有限的。因此 AI 商业化存在困难。原来的企业资源计划（enterprise resource planning，ERP）时代、信息化时代。数字化转型，最早是 ERP，后来转型到上云，又上数据云，最后到大模型到智能世界，其实这里面有“7 个算”，参见文章《“i7 算”赋能 AI 产业生态可持续发展》。因此，要让一个 AI 真正商业化，需要一些全面的考虑，包括算法、算力、算据、算知、算景、算者和算理，算法算力基础设施，算知算景属于对产业的了解，另外，人才根本理论。这 7 个方面如何与真正的场景结合起来？目前真正的 AI 商业化成功，其实还只是人脸识别、语音识别（科大讯飞）都还成功、语义大模式也还可以，最后还有情感的各方面，这些需要不同的阶段去做。目前这七个算，我们国家还是缺一些东西，特别是在大模型训练中，中文的语料也不是很多，相当于喂多少数据给它，它有多少聪明。所以，算力还有一定挑战。

关于生产力、生产要素、生产关系这三个方面，今天会议的主题是“新质生产力”，其实我们做的一直是新质生产力的事情，我们一直在研究 AI 基础模型、生产要素以及产业互联网的生产关系。后面这个可能大家更陌生一点，叫产业互联网。浙江最牛的是消费互联网阿里巴巴，但是你会发现阿里巴巴有那么多算力之后，它算力除了“双 11”比较忙以外，其他时候好像还空着，所以他们考虑去赋能当地的生活系统，这就是产业互联网。但产业互联网的问题在哪？就是能耗的问题，烟草行业和制造业、金融业可能不太一样，所需要赋能的场景也不太一样。

数据要素。相关学术研究著作——《数据要素论》，这本书获得了北京哲社一等奖。上篇是比较早期的一个数据要素相关的文章，主要写的是数据要素怎么来的，怎么从技术、资本、劳动力等变成了第五大要素。中篇主要讲数据市场的三级市场：数据的授权，数据的交易、数据的服务。下篇主要是数据的战略，中美欧这几个大经济体在数据上如何较量。

生产要素的历史演进：农业经济时代、工业经济时代和数字经济时代，最重要的要素在改变，从土地到资本到数据，谁掌握这个时代的生产要素，就将引领这个时代。在农业时代我们国家引领了将近 2000 年，但在工业革命我们落后了几百年，再到最后的数据要素。我们在中国社会科学写了一篇文章《数据资本估算及对中国经济增长的贡献——基于数据价值链的视角》，主要是看一下我们中国到底有多少家底，家底厚不厚，足不足以支撑大模型的预算以及生产业的发展。我们用增值法从数据采集、数据清洗、存储以及数据加工，再加上 AI 生产力的贡献，比如说 100G 的数据，十年前可能只值 1 万块钱，但放在现在可能值 10 万块钱，因为现在有生产力可以去开展，所以叫增值法。那么，我们算了一个数据，到 2020 年

(也就是几年前)，数据资本存量（累计的存量）占了当年GDP的27%左右，在十七八万亿，所以这个量非常大，它对于经济的拉动仅次于资本，这个时候我们应该怎么做？我们怎么能让它流动起来是最重要的，怎么建立交易市场，怎么定价，怎么入表等都是需要考虑的，但入表现在还很不成熟，不建议现在入表。因此，我们国家的家底还是可以的，只不过我们怎么去开展起来，这就是我们生产力还不够好的问题。

因此，我们要把数据更标准化，建立好的市场。我们见过三级市场：数据的第一级，授权，从0到1；第二级从1到n；第三级从n到+∞，也就是数据场景的使用是什么？现在真正使用的场景非常多，比如微信，比如腾讯给麦当劳选址，这个只是一个基于它的场景去做选址，在哪里开店，比如说能不能在浙财门口开一家麦当劳，我相信应该是可以的，因为门口流量很大。像类似这样的数据定位的服务，其实是微信用数据做的，它是数据密集型产业，所以这三级市场是要有一定的区分。那么，我的建议是一级市场做广，一定要鼓励大家数据共享、数据分享，但当然是一定的价格机制去分享。目前的分享模式可能你觉得不太公平，淘宝把你这个数据拿走，它不一定给你收益，它最多给你服务就没了，剩下的跟你没什么关系。未来会不会形成“my data”这样的公司？“my data”其实很多国家已经形成了，只不过我们国家不允许个人数据买卖。第二级市场是到交易所交易，交易所如火如荼地来开展，但可能里面的交易量不多，什么原因？我觉得还是因为巧妇难为无米之炊，因为不是有很多公司愿意把数据交给你，淘宝不太愿意吱声。那这个地方能不能做得更多样化一点，上游或者下游能不能把这二级市场的双边网络效应做起来。第三个市场是做深，一定要根据场景来做，怎么能到更多的场景。像刚才举的这个例子，给麦当劳选址这种很简单的一个服务，但是挣了 2.3 亿元人民币，这非常重要。所以，我觉得这三级市场如果能互动起来，这数据要盘活，我们的家底还是很厚的。

其实，数据在全球范围内有非常严重的挑战，包括美国、欧洲，他们形成了非常强的小圈子，数据是不能流动到你国内的，包括 TikTok 快要被美国逼迫给卖掉。美国以前是不强调数据主权的，因为它有谷歌（Google）、亚马逊（Amazon）、脸书（Facebook）、苹果公司（Apple）“四大金刚”——GAFA 帮美国在全世界范围内收集数据，再流动到美国，现在因为 Tik Tok 太厉害了，它也开始说我们的数据得享有主权了。现在大家基本都是以安全与发展为主，讲这个内容主要是想说明，整个数据市场它并不很流通，数据市场机制还没有形成。我在发改网写了篇文章《掌握数字文明时代第一要素，迈向社会主义现代化强国》，还是强调：谁掌握数字文明第一要素——数据要素，谁将引领这个时代。

产业互联网。我们在发表的成果《中国产业互联网生态发展报告》“Research agenda for the digital economy”中就强调产业互联网。在一个产业互联网上，一条供应链里面，咱们最熟悉的其实是网络效应，那真正造出这个产品的这个产业，其实是真正的新质生产力，我觉得应该要赋能的地方。产业互联网是什么？在一条供应链里，我们最熟悉的其实是终端的 demand 反应。淘宝就是网络效应，卖家要做，买家要做，这就是网络创新。但真正造出产品的产业端，其实是真正的新质生产力，我觉得应该要奋斗的地方，也就是平台化。之前我们和张瑞敏先生聊过一个事情，关于海尔的下一个海尔，目前海尔大概2 000 亿元，做到头大概5 000 亿元，未来再挂一个牌，其实就是它的产业互联网，因为它的优势是在制造和物流这些方面，那能不能去赋能更多的产业，形成一个产业的连接，这个是一个产业互联网的雏形，到目前为止世界范围内其实都没有特别成熟的产业互联网的样子。海尔从制造开始发力，腾讯可能是终端应用，树根互联可能是在运维管理之后，浙江新昌模式可能是在轴承的制造，这些方面其实都是产业互联网的雏形，它都是在某一领域某一块做得很好。我这里总结了一下产业互联网长什么样，它应该是多能力的一个集合，是产业平台的通用能力和生态伙伴专有能力这么一个级别，形成这样的商业模式，我把它叫作生态建设模式，刚好跟 AI 大模型的生态模式完美地融合起来，因为以前我感觉为什么产业互联网那么难落地，很大一个原因就是无法把它的能力标准化或者能力分成一个盒子一样把它做起来。

AI 生态型商业模式。在文章《大模型赋能万行万业：生态型商业模式》中，我们觉得大模型是分级的，最下面的基础设施算力，然后通用大模型，但我觉得应该会有三层之上，行业大模型和场景大模型。真正的大模型中国可能也就几个，盘古、文心一言，大多数都是行业模型，甚至是场景模型。传统行业，比如会计，它也可以做一个模型，所以大多数通过大模型进行微调，然后融入当地产业，这不就是跟产业互联网几乎一样的结构，产业互联网无法把它的能力给塑封起来，但大模型慢慢地能把这些能力给塑封起来。所以，我觉得未来的大模型也好，AI 的能力也好，我觉得是最大的共享经济。因为未来的产业互联网应该是随时随地接入的这么一个模型，这样会让我们生产端变得更加具有灵活性，更加有战斗力，能结合起来。举个例子，用 ChatGPT 如何做一个电影？它对整个链赋能，脚本有了之后，用 sora 生成一个视频，或者用咱们的剪映也行。整体上来说，它对于一个产业的赋能是方方面面的，AI 渗透到产业的（比如研发、制造、物流、最后的匹配）整条链上中下游，都有赋能的可能性，所以这个也是类似于产业互联网的一个样子。

未来因为有了这样看上去无所不能的 AI 和数据，更需要国家层面和政府层面去讨论，怎么去建立一个国与国之间的信任。因为数据本身已经不可能一家公司能搞定，现在很多公司，比如像 Tik Tok 它在美国就没有办法了。数据从美国或者欧洲运过来，欧洲圈就断了，欧洲有 GDPR 法案、数据法案，美国还有“长臂管辖”等都是对数据主权的一个践踏。这种情况下连原材料都没有，我们大模型训练的是我们自己的数据，他们训练的是全世界的数据，除了中国之外。所以说这就是未来数字经济时代的石油，我们还是有一些担心的，这个时候国家层面要有充分谈判，因为这是数字时代的 WTO，国家有责任去做这个事。除了国家层面，企业有责任去解决这些规则、数字基础设施，这是企业的责任。

在国家官网发布的文章《营造开放、健康、安全的数字生态》和著作《持续共赢——商业生态构建方法论》中，我认为一个技术最恐怖的就是只痴迷于技术，而忽视了它的生态。真正的成了生态，是有多少合作伙伴用你的技术，这是非常关键的。同样的技术可能有好几条路线，但哪条路线上的工作伙伴比较多，它即将成为整个行业的 dominant design 主导性的设计。未来是一个什么样的场景？我觉得是数字经济的整个生态体系（IBCDE）：数据基础设施

(I)，硬软云网；两个大的平台（B和C)：消费互联网和产业互联网；这两个市场形成大量的数据，并实现市场循环流通（D)；真正赋能各行各业场景（E)，这就是未来IBCDE的一个样子，可参见我创编期刊*Journal of Digital Economy*上的那篇文章。另外，有专门针对数字经济学新兴学科的教材《数字经济学》。

加快发展新质生产力：创新引领高质量发展的中国路径

尹西明*

如何把握人工智能时代的技术和产业发展范式变革，加快发展新质生产力，成为社会各界共同关注的战略性前沿性议题。这两年人工智能的发展，不管是ChatGPT的发布，还是GPT－4o的发布都是人工智能时代创新的里程碑事件。《加快发展新质生产力：创新引领高质量发展的中国路径》这本书和我们最近研究的关注点，不再停留于什么是新质生产力，因为从国家领导人到各大媒体和杂志的解读都已经汗牛充栋了，我们关注的问题是怎么因地制宜地加快发展新质生产力，尤其是如何在微观层面进行，这是一个目前在理论界研究中难而正确的问题。

我们团队一直研究的是技术创新和数字创新管理两个方向，我们面向国家科技创新战略性场景下的战略性先导性和前沿性的理论

---

* 尹西明：北京理工大学副研究员、硕士生导师，清华大学经济学学士、管理学博士，曾赴康奈尔大学、新加坡国立大学访问学习，兼任教育部战略研究基地北京理工大学科技创新与教育发展研究基地副主任，北京市哲学社会科学融合发展基地副主任，清华大学技术创新研究中心副研究员，兼任中国技术经济学会技术管理专委会理事，中国计算机学会（CCF）数据治理与发展专委会执行委员，中国科学学与科技政策研究会数字创新与管理专委会委员等。先后主持国家、省部级课题或领军企业研究课题十余项。在国内外学术期刊和《光明日报》等中央媒体发表文章百余篇。《国家创新蓝皮书：中国创新发展报告》副主编，著有《场景驱动创新：数字时代科技强国新范式》《产业数字化转型：打造中国式现代化新引擎》《场景驱动数据要素市场化》《国家战略科技力量》等。多篇研究报告获得肯定性批示并应用于重要科技决策或领军企业实践。

研究，最终聚焦点还是希望服务于国家战略视角下的一个企业创新管理与高质量发展。新质生产力的核心主体应该是企业，企业家要成为创新者，企业家精神可能是新质生产力最重要的要素，这是我们在研究的过程中一个基本判断。

从新质生产力的首次提出到全面论述，以及现在强调因地制宜加快发展新质生产力，非常强调科技工作者加强技术研究，和培育发展新质生产力的新动能，特别是加强基础理论研究。哲学社会科学的基础理论话语体系的建构就应该属于基础理论研究这个部分，不仅仅是工科的基础研究，这也是我们哲学社会科学的理论自信。

在这个大背景下，我们所处的一个大的历史背景是，中国如果这次不强调创新起主导作用，加快发展新质生产力，我们可能就会陷入中等技术陷阱，进而陷入中等收入陷阱。为什么说强调创新起主导作用？是因为原来我们的发展模式根本不是创新主导，而是需求引致，或者是靠扩大规模市场、人口要素等，但现在发现外循环受阻了，人口上我们也不是第一大国了，而且未富先老，现在老龄化的速度比我们想象的要快，在这种情况下，如果经济的动能没有完成转型，就有可能陷入中等技术陷阱和中等收入陷阱。所以说发展新质生产力就是强国博弈中我们超越追赶的一个关键点。为什么是关键？如果我们没有突破“追赶—落后—再追赶—再落后”的陷阱，我们接下来可能不但是经济的失速，可能社会经济都会面临很大的挑战。

在百年未有的大变局和新征程上，不管是科技强国还是数字中国还是高质量发展、新型工业化，以企业为主体、以创新为引领，加快发展新质生产力，可能是一个牛鼻子或者是着眼点。

从历史逻辑来看，农业时代是依靠人的体力蓄力，工业时代的动力是内燃机和电力，计算机时代是算力。将来改变人类社会博弈格局的，不仅仅是人工智能，还有人机交叉、人机整合，推动人从能力的提升，智力的提升，再到寿命的提升，最后可能到达一个新智人时代。

这时候人工智能就具有重要的意义，比如我们以往会认为残障人士创新能力或者竞争力不如一般人群，但是一旦他们现在接入了脑机接口芯片，接入大模型，那就可能比我们超前完成了智能化的升级，竞争力可能会比一般人更强，这时候认知和竞争范式都发生了重大变化，所以说新质生产力引领社会经济形态的变化。从生产力理论逻辑上来看，经典的生产力理论强调的是劳动者、劳动资料和劳动对象三要素，现在的生产力的创新发展特别强调的是技术和知识，数字和实体经济的结合，还有是绿色可持续发展。现在新一轮的科技革命和产业革命本身就是虚实深度融合的，现在全球性的领军企业全都是基于数字技术和智能技术的领军企业，单靠传统工业是不可能突破的。劳动者、劳动对象、劳动资料这劳动力的三要素有了革命性变化。例如，原来是人到现在是智能劳动者，尤其是高素质人加 AI。特别地，我们要意识到，人工智能事实上不仅仅是劳动工具了，可能 AI 本身是一个创新者，劳动者。例如在杭州，阿里巴巴的 001 号人工智能员工已经上岗了，它本身就意味着成为创新者而不再仅仅是辅助者。我们原来劳动对象是改造自然，与天斗与地斗其乐无穷，现在我们改造对象不仅是自然，更重要的改造虚拟空间和未知空间。人工智能时代我们的劳动对象从地面走向了深海深空，甚至是超越太阳系和地球的空间，未来产业都是改造未来的，甚至是未知空间的。这种创新的规律是需要我们面向无人区的创新去改造，不仅仅是改造自然。所以说智能时代科技赋能全面提质。

从发展逻辑来看，在这个时代，事实上我们已经被人工智能所左右和影响我们的决策了。每一个个体写文献，查文献，搜索都正在被 AI 影响。企业做决策最需要的什么？数据、情报和知识，最后作决策。当你的决策依赖的内容和情报都依赖人工智能生成的时候，你如何判断你这个决策确确实实基于真实世界的真实洞察呢？

比如说前两天 GPT-4o 发布会，虽然创始人奥特曼没出现，但他在推特上发了一个图，是一部科幻电影《她》的封面图替换成了奥特曼的个人照片，寓意是 AI 的发展已经到了人难以分辨的阶段了。GPT-4o 可以实时视频对话，实时同声交互传译，它本身就开始改造和影响社会生活了，不仅仅是参与帮助我们。百度 CEO 李彦宏说目前百度搜索 11% 的搜索结果都直接用 AI 生成的。也就是说，在今后大家用 AI 也好，包括用百度、用 Kimi 或者用现在的很多新的大模型的搜索工具，基本的内容都不再是人工生成了。这时候，我们的决策依据从哪里来？也就是说，我们传统的决策范式就发生了改变。

所以我想说一句判断是我们现在正处在工业文明和智能文明的历史性交汇碰撞。为什么百年前我们农耕文明跟工业文明碰撞时，传统中国从世界第一大国掉到世界末尾，那是农业文明或者农耕文明跟工业文明的对抗，历经一百多年我们才重新站起来和强起来了。兰德智库的最新报告显示，现在中美科技竞争本质上是智能的博弈，通用人工智能比核弹的影响力更大。

在这个背景下，管理学就需要发生变化了，商学院的教育和现在高端智库国家决策的体系都可能发生变化。我们原来依托的都是经济人、理性人，德鲁克时代的后现代管理讲的是知识人、知识管理，但是到现在当人的机体和意识都可以更新，寿命延长甚至再造的时候，我们就进入了一个叫新智人时代。这时候科技和哲学就变得是非常融合了，尤其是伦理，如果我们科技创新的过程中不再不关注伦理的话，有一天我们真的可能会被人工智能威胁到人类的生存。

简要概括一下，世界正处于百年未有之大变局，这一外部环境尤其体现在美国在颠覆性技术方面的快速发展。不仅仅在通用人工智能（AGI）方面，美国在可控核聚变和类脑智能等领域也取得了显著突破。这些突破可能会使我们基于原来深度学习路径和追赶策略所形成的竞争优势面临归零的风险。竞争对手的颠覆性技术突破可能带来的“归零优势”是指，像阿里巴巴和腾讯这样的企业经过十几年的发展才达到1 000亿元市值，但随着GPT等AGI技术的推出，英伟达等公司的市值却迅速翻倍，超过万亿元。甚至带来了虹吸效应，导致我们的头部企业市值大幅下跌。因此，我们必须加快发展新质生产力，这不仅是强国博弈中的关键胜负手，还是我们自身提质增效高质量发展的关键着眼点，为高质量发展提供强有力的动力和支撑。

然而，我们必须直面问题。我国在关键技术领域仍然存在“卡脖子”的问题。此外，我们不仅在技术上受限，还面临“卡脑子”和“卡嗓子”的困境。“卡脖子”指的是关键核心技术上的限制；在话语权和标准体系上存在“卡嗓子”的问题。而在通用大模型方面的落后则反映了“卡脑子”的风险。尤其值得关注的是，教育、人才和科技的良性循环尚未形成。一些领军企业虽然具备了领先优势，但缺乏应有的担当，许多国有企业或大型企业虽然自身实力强大，但没有带动整个产业链的发展，甚至产业链内部企业之间自己卡自己的问题也很严重。这就是目前国家为什么在推“人工智能+”行动，让央企和龙头企业先行动，开放场景，将算法、算据和算景结合进来，形成四链深度融合的创新生态。

进一步地，我们认为发展新质生产力不只是一个创新的议题，更是一个改革的议题。只有全面深化改革开放，才能为中国现代化注入强劲动力。生产关系必须与生产力发展相适应，所以，改革生产关系是下一步的重点，如果说上半年是新质生产力的解读，下半年就是新质生产力深化和真正落地，落地的抓手可能就是对生产关系的改造。简言之，就是以新提质，需要改革先行。

在这个大背景下为什么搞理论研究？必须有理论自信，因为我们基础理论研究某种程度上是破解“卡脖子”问题的重要工作，也即理论先导，实践深化。高质量发展需要新的生产力理论来指导，但与此同时新质生产力已经在实践中，包括北京、上海、江苏、浙江、大湾区等，都已经很多实践并展示为高质量发展的强劲动力。

在这个大背景下做了一些理论探索，在新华社《经济参考报》和《四川日报》等媒体和《科学学与科学技术管理》等杂志上发表或发起了新质生产力相关的文章或专栏征稿。

特别地，我们这本书《加快发展新质生产力：创新引领高质量发展的中国路径》，作为国内第一本从“做好创新这篇大文章　加快发展新质生产力”着眼而写的一本书，基于我们团队对中国创新驱动发展数十年的研究和前沿实践观察，系统整理解读如何做好创新这篇大文章，加快发展新质生产力，实现经济社会高质量发展。本书从理论逻辑、发展逻辑和实践逻辑视角，以科技创新、产业创新、科产融合、绿色转型、数智赋能、深化改革六位一体的体系逻辑展开。并基于北京、江苏、重庆、深圳等地和京东方、三峡集团、腾讯、阿里巴巴、深圳数据交易所等典型企业的新质生产力实践，系统解读以创新为主导、以科技创新为核心要素，加快发展新质生产力的理论逻辑、战略路径与实践探索，为政产学研各界读者提供理论和实践参考。

此外，我们和中国科技出版社联合发起了中国管理创新理论丛书，目前首发的三本书，包括《场景驱动创新：数字时代科技强国新范式》《产业数字化转型：打造中国式现代化新引擎》《场景驱动数据要素市场化：新要素、新生态、新动能》，则是聚焦新质生产力的重点议题，如科技创新，新型工业化和产业数字化转型、数据要素市场化配置等展开。

数字经济时代涌现的一个重要新兴创新范式就是场景驱动创新。在 2020 年就开始跟踪就发现，中国目前很多重大的创新，包括港珠澳大桥、载人航天等大国重器等，都不是原来单一技术的成果转化，都是因为国家战略需求场景把现有的技术集成、应用并转化了，同时在这个工程重大工程场景过程中发现有些科学空白，再反哺到大学里面做基础研究，做原创技术突破，这就是一个变化。

在数智时代创新引领加快发展新质生产力，需要重视数字时代涌现的场景驱动创新。京东方，腾讯，深数所，中国电子，三峡集团等企业都在做典型的探索。

比如国家数据局等 13 个部委出的数据要素 x 行动方案里面，把科技创新作为一个典型场景，就是因为科技场景是非常重要的。这里场景驱动创新的理论逻辑是以场景为载体，而不是以单点的技术和单点的需求为载体，以战略为引领，驱动技术、服务和数据等要素有机协同和多元化应用，还有就是迭代与创新跃迁。在场景应用的过程中，把技术快速应用迭代并实现创新跃迁，这也是人工智能时代的新型创新范式（详见《场景驱动创新：数字时代科技强国新范式》一书）。

还有一个非常重要的一点，现在很多人都只关注了场景驱动技术和数据要素应用的当下价值，没有关注到未来科学探索场景、深地深海开发场景，这种未来场景对驱动前沿颠覆性技术突破的重要价值。可能这类场景当前并没有形成，需要通过想象力和国家的能力去建构未来场景，面向未来场景培育未来产业，而且突破的是无人区的科学问题。

比如原来我们的科技创新管理大都是用质量管理的方式来管理的，追求确定性，还有审计，还有每个阶段都要考核，但是在面向无人区的研究，你都不知道科学问题是什么，怎么去定义这样的创新管理，这就需要基于未来场景去凝练科学问题，进而突破技术前沿，这是一个大的创新变革的趋势。

其实浙江和安徽做得特别好，例如安徽已经成立了场景创新新型研发机构，比原来的信息化机构更超前一步了，研究产业里面有哪些典型的场景可以拿出来去吸引做场景招商的。比如说把我的重大场景开放出来之后，很多 AI 企业都愿意进来，因为现在很多 AI 企业不缺钱不缺人也不缺楼，你给他一栋楼他不需要，因为只有二三十个创新人才，这时候你给他场景他就愿意进场，这就是一个非常重要的突破。场景驱动创新跟原来创新最大的一个区别就在于说场景驱动创新是面向用户真实需求场景，是在真实场景下开展共时性创新和共生性创新。不再是传统的模式下先研发后转化的历时性创新了。在这种情况下不存在科技成果转化“两张皮”的问题，因为科学问题的凝练就是跟领军企业合作推进的，所以我们研究的过程中跟京东方的陈董事长团队合作面向实体企业增长新空间的场景问题，批判性总结了场景驱动京东方从显示巨头向物联网创新领军者跃迁的过程，这样的研究成果也在后面得到了广泛的认可。

为什么场景驱动能让京东方崛起？京东方曾经用27年才完成了第一个千亿的营收，这是京东方突破关键核心技术的逻辑，就是基于技术研发和大规模投资，但是到2019年陈炎顺接任董事长之后，他提出了屏之物联的场景驱动创新转型战略。这一战略下，京东方不仅仅是卖屏和显示器，而是卖场景，让京东方的显示屏嵌入更多的场景，每一个重大场景都拥有千亿的市场，比如说车载显示，比如高铁的智能驾驶，未来产业的场景等。他用两年的时间，用场景驱动的逻辑再造一个京东方，突破了第二个千亿市值，而且现在在多个新的场景赛道上都是市场占有率第一。

我们开发的腾讯场景驱动数字技术创新与产业化的案例《面向新质生产力培育的科技成果转化：场景范式与实践进路》，背后的逻辑和我们浙江数字经济发展特色也有相似之处。在近期刚刚上线的《南开管理评论》首发的我们的案例文章《同题共答：创新联合体驱动关键核心技术持续突破的机制研究——以之江实验室为例》，我们研究了之江实验室为什么在成立短短四五年的时间内就能纳入到国家战略科技力量体系里面，并且实现了规模和影响力的指数型发展。这就是因为之江实验室面向的其实是通过基于智能计算的大科学基础设施，面向海量的场景，和场景里面的领军企业合作，比如说杭钢，在钢铁行业的场景跟杭钢合作，打造创新联合体。这就是一个国家实验室通过跟产业领军企业合作，把场景吃透的逻辑。刚好现在也是国资委关于未来产业布局的一个主导逻辑。

具体的实践路径，有三个重点路径。第一是以新质主体培育新质生产力。新质生产力如果没有新质主体就很难落地生根。新质主体最关键的是什么？快决策。唯快不破，才能促进人工智能快创新。这两年能感受到人工智能在按照传统的立项方式在写自然基金申请本子，再研究个四五年再搞个大模型，然后再转化落地，肯定要落后了。

现在这个模式就是怎么办？我们这里面放了一个北京智源人工智能研究院（BAAI）。微软的总裁布拉德·史密斯在他接受访谈和他的博客里面提到说，我们必须要警惕来自中国的竞争对手，他认为 BAAI 是跟微软的 Open AI 和谷歌的 DeepMind 并肩的全球第一梯队的。因为其中智源在 2020 年就做出了全球最大规模的大模型，但没有产业化，原因是当时还没有瞄准场景去突破，这两年开始瞄准场景做突破了。这也是为什么总理在 3 月 14 日到北京专门调研这家机构。他们也是第一个科技部人工智能创新发展试验区牵头单位，所以他们的经验其实对国家接下来布局第二批人工智能创新发展试验区非常具有参考价值。我们访谈智源人工智能研究院时得到一个基本判断，就是，AI 时代的创新没有论资排辈，唯快不破，所以才有了青年人才挑大梁。这也是这一轮人工智能创新发展的关键特征。智源的最大的特色就是快决策和负面清单制度。在这个基础上我们写了一篇文章，被《中国科技论坛》录用，题目就叫《场景驱动型人工智能创新生态系统：逻辑与进路》，我们提出了怎么打造国家级人工智能的创新生态系统。

我们进一步假设的是数据要素，就不再展开了，我们讲的是必须要新要素，数据要释放其放大叠加和倍增的乘数效应，重点就是数据要素融入国家创新体系，要重构国家创新体系。例如为什么创新链、产业链、资金链、人才链四链难以融合，是因为交易和合作成本太高了。大家线下开个会都需要花这么多钱，如果线上线下结合起来，数据一融通，四链融合是不是成了？数据要素最大的优势是边际成本几乎为零但边际效益为正。我们现在国家科技决策最大的问题是什么？是科技大数据没有融合，各个部门数据不融通，最后科技决策的效率怎么能提高呢？杭州的一个亮点就是杭州把城市大脑的数据融通了，所以决策才足够快。很多中小企业不需要提交一大堆材料再去申请个几千元钱的补贴，例如在疫情期间补贴券直接精准地发到企业了，这就是基于大数据的前瞻性和精准决策效应。

最后一个观点，就是要注重培育新型劳动者。培育新型劳动者和创新者，尤其是基于 AI 智能体系培育超级个体。大家都看到在智能时代超级个体对传统组织架构的颠覆，如果传统的管理者不能管理超级个体，组织架构可能就会失衡。

在这个时代创新管理的关键，首先是成为、其次是管理基于数字创新联合体和数字技术的超级个体。这也是 AGI 时代各类企业和组织得以高效推进创新活动，达成创新使命所依赖的关键。企业家如果不能跟超级创新者或超级个体结合起来，企业家一定会落后于新时代的创新。所以，我们在国家创新体系中增加了一个创新主体——超级个体，就是通用智能体和超级个体，都是已经成为事实上的国家创新体系的创新主体了。

可以说，AI时代人力乘以算力才决定能力，大家能不能用好大模型决定了你自己所在的系、学科、团队，甚至所在的组织的效率，所以现在管理者为什么都在考虑人工智能大模型的应用。

长期来看，还是需要形成一个新质生产力持续涌现的生态，也即政策链赋能四链融合，再加上数据，也就是六链融合。数据链赋能五链融合，以企业为主体，平台企业加百业万企，最后实现的是技术革命性突破，生产要素创新性配置和产业深度转型。只有这样，我们才有可能突破科技自立自强的瓶颈问题，为新质生产力培育新动能。所以说场景加速度、新质生产力、发展高质量。

最后想说，中国没有落后的产业，都是传统优势的产业，而且新质生产力的新兴产业和未来产业不是凭空而来的，是依赖老树生新芽。因地制宜发展新质生产力，就是要在自己原来的优势场景深挖下去，看看我这个场景有没有新的技术可以应用，或者我现有的技术能不能拓展应用场景。在这个过程中，一个企业从核心能力再到动态能力更新，将来如果你有AI智能去帮你决策了，你能够实现先导能力，你会比竞争对手先看见。有时候在智能时代你多看见了半步，那么竞争对手就会被你碾压了。这就是最后我想说的，我们提出一个场景驱动创新的战略，技术、场景、还有产业发展的新生态模型，尤其是通过人工智能怎么重构企业、产业乃至国家的能力体系，打造面向新质生产力的国家科技先导能力体系。因此，我们团队在核心能力、动态能力的基础上做了一个探索性的理论创新，提出了国家科技先导能力，这是一个最新的探索，希望未来能持续深化和应用。

人工智能创新网络结构韧性形成与演化机制

杨 伟*

今天我汇报的题目是“人工智能创新网络结构韧性形成与演化机制”，主要包括三个方面：研究的基本背景，研究主要内容，以及对未来研究的一些思考和启示。刚才赵主任在报告中已经非常详细、高屋建瓴地跟我们讲解了什么是新质生产力及其特点，这里再次引用一下：新质生产力代表先进生产力的演进方向，是由技术革命性突破、生产要素创新性配置、产业深度转型升级而催生的先进生产力质态。人工智能是发展新质生产力的重要引擎。不管是从技术的革命性突破，从生产要素的创新配置，还是从产业的转型等角度来看，人工智能对新质生产力发展都非常重要。

构建创新网络是人工智能产业发展的关键。很多公司不是自己强，是生态强，对人工智能产业生态而言，创新网络是核心。在这样一个大的逻辑下，人工智能创新网络的韧性是一个值得关注的话题。在我们现有的理论和实践中，大家总体上从单一视角看待创新

---

* 杨伟：杭州电子科技大学管理学院院长、教授、博士生导师，管理学博士。主持国家自然科学基金项目 3 项，国家自然科学基金重点项目子课题 2 项。在《管理世界》、*Technological Forecasting and Social Change* 等国内外重要刊物上发表论文 60 余篇，多篇文章获人大复印资料全文复印。十余份政策建议报告获得浙江省委省政府领导肯定性批示。指导学生获“互联网+”国际大学生创新创业大赛国家级银奖、“挑战杯”全国大学生课外学术竞赛国家级金奖级以及省级学科竞赛一、二等奖十余项。曾获得教育部高等学校科学研究优秀成果二等奖、浙江省科技进步二等奖、三等奖等奖励。

网络。实际上我们也要有辩证思维，要注意到创新网络也面临着非常明显的脆弱性。创新网络核心是互惠共生关系，创新网络往往是基于分工关系而构建的，创新主体会把很多被认为不属于核心竞争力的工作转移到其他的主体中，通过互补资产来实现互惠互利。但是可能因为一些不确定性事件的冲击，这种互惠共生关系破裂，让我们原来依赖于别人的互补性资产无法获取，进而可能导致整个系统的崩溃。对人工智能产业而言，我们的创新网络正在不断地受到的冲击。最近美国国会试图通过一个法案，主要目标管制 AI 大模型，在这之前美国已经对芯片进行制裁，对人工智能发展所需的算力构成了严重影响。

发展新质生产力毫无疑问需要实现高水平科技自立自强，而实现高水平科技自立自强又需要我们构建富有韧性的创新网络。我们构建的创新网络需要能够有效应对外部冲击，尤其是在面对当前西方的技术制裁的情况下。这是我们对创新网络韧性这样一个研究话题的基本出发点。

这里首先对韧性的理论背景做一个简要的梳理。韧性的研究在管理学领域有很长的历史，且这些年对这个话题的关注程度有明显提升。简单来说，韧性可以理解为一个系统从外部的冲击和压力中持续恢复和适应的能力。从韧性概念的演进来看，可以把它分为三个阶段。早期们强调工程韧性，也就是我们平时所说的“鲁棒性”，强调系统能不能够抵抗冲击的能力。后来产生了生态韧性的概念，强调新的均衡的形成。比如说外部冲击可能使得经济系统或者组织运行暂时受到影响，但是可以很快地形成新的均衡。之后，大家开始关注新的概念：演化韧性，强调经济或组织系统的非均衡演化特征及对冲击的适应。也即在系统遭受了持续冲击之后可能没办法形成原来的均衡，但会有新的状态。我们在社会系统的韧性研究中，主要还是使用演化韧性，强调我们的社会是一个具有适应能力的系统。

同时，在组织韧性的研究中，学者又形成了能力观、过程观和结果观。过程观的学者主要把韧性看作一个过程。持结果观的学者认为韧性是一种绩效结果。大多数学者还是从能力观的角度来看待组织韧性，认为韧性是一种组织能力。从能力的视角出发，可构建一个关于创新网络和创新生态韧性的概念模型。一个创新网络的韧性体现在个体和系统两个层面。个体层面，每一个构成创新网络的主体首先需要具有韧性，主要包含了预见能力、应变能力和适应能力。预见能力强调主体要能够识别危机事件，同时还要能够及早做出资源准备；应变能力强调在危机发生的时候能够有效地应对；适应能力强调我们能够不断地反思学习。但是，从系统的角度来看，只是单个个体具有较强的韧性并不能够保证整个系统或网络具有韧性，所以还需要在系统层面有一定的协同能力，表现为一致性和多样性的均衡。一致性强调有组织的创新主体，即在应对危机事件的时候可以有共同的认知、同步的行动；但是如果所有的主体都是一致的，那它是一个僵化的系统，所以还要有多样性，主体有差异，有不同的资源、不同的能力。一致性和多样性对于创新网络的韧性而言是一个动态均衡过程：过度强调一致性会让网络僵化，过度强调多样性会让网络解体，所以要在一致性和多样性之间形成松散耦合机制。

以上是关于创新网络韧性的理论背景。接下来，向大家汇报一个近期做的研究，关于人工智能创新网络结构韧性的演化和实证研究。

创新网络韧性可以进一步分为关系韧性和结构韧性两类。在复杂网络中，关系韧性关注的是节点和节点之间的关系，而结构韧性主要关注的是复杂网络的拓扑结构的稳定性。目前的复杂网络研究有三个指标用来测度结构韧性，包括层级性、匹配性和传输性。

这个研究使用了文本挖掘、命名主体识别、社会网络分析等技术方法。跟现有的创新网络研究相比，我们在数据收集方面做了一些新的工作。创新网络的现有研究主要集中于专利网络，通过联合申请专利数据识别主体间的合作关系，进而构建网络。但专利只是创新过程中的一个阶段，不能够代表创新的完整过程。而且专利网络中高校等机构权重会比较大，使得基于专利数据构建的创新网络具有比较明显的偏差。

我们通过从新闻文本中进行数据挖掘的方法来构建创新网络。基本的思路是：首先设定相应的词典，用词典在海量的新闻中去识别和人工智能创新相关的新闻；其次利用文本挖掘技术，主要是命名主体识别技术，在新闻文本中识别创新主体；最后根据主体共现关系构建创新网络。这个过程中，单纯依靠数据挖掘技术还要解决诸多难题，因此我们也做了大量的手工分析工作。随着大模型出现，未来我们很多工作可以由大模型来做。

构建创新网络之后，可以使用复杂网络的分析手段和方法研究其结构韧性，包括使用指数随机图模型等统计分析工具来研究不同的结构变量对创新网络结构韧性的影响。我们研究主要目前选择了包括内生性结构变量等复杂网络中的常用的指标，包括几何加权二元共享伙伴、几何加权度分布等，还识别了一些行动者属性因素变量。

在此基础上，我们对北京和上海两个城市的人工智能创新网络进行了深入研究，因为北京和上海是我们国家人工智能产业发展最具代表性的城市。从这两个城市的人工智能创新网络的拓扑结构来看，其发展的特征还是有很多的相似之处。大体上可以把这两个城市人工智能创新网络发展分为两个阶段：2015～2019年，人工智能创新网络都处于快速扩张期；2020～2022年，这两个城市的人工智能创新网络都处于相对稳定的阶段。同时两个城市的人工智能创新网络也有一些不一样的地方。总体来说，上海的人工智能的产业创新网络在发展的速度和规模方面要优于北京。

我们也对两个城市的人工智能创新网络的核心节点也做了分析。从这两张表格中，大家可以看出在北京和上海处于人工智能创新网络核心节点的企业是大体相同的，包括BAT、谷歌、微软等企业，也包括一些研发机构。这些核心的主体在人工智能发展方面并没有受到太多地域邻近性的限制，而且两个城市的人工智能创新网络都是企业为主，高校和科研院所为辅。

总体而言，到目前为止，北京和上海两市的人工智能创新网络都还属于同配核心网络阶段，还没有真正进入到韧性网络的水平，结构韧性都还有待进一步提升。但这两个城市的人工智能网络结构韧性演化也有一些不同之处。比如北京的核心主体对资源的协调性更强，也即核心主体在创新网络中占据的地位、发挥的作用更强；而非核心的节点对核心节点具有更强的依赖性。而上海的创新网络相对而言更开放，不像北京有那么多占主导性特别强的核心主体。

通过对两个城市人工智能创新网络结构韧性影响因素的对比，我们发现从内生性结构因素和行动者属性因素两个方面来看，有一些因素对两个城市创新网络结构性影响是相同的，但也有些因素的影响是不同的。总结来看，在内生性结构因素中，三星结构都呈正向影响。简单来说，三星结构是一种由中心节点向外扩张的扩张性结构。这种扩张会受到资源和成本均衡的影响，如果扩张的节点太多，那么维系网络的成本就很高；但是如果扩张的节点太少，获得的互补性资产会太少。所以三星结构是一个适中的扩张性结构，使得主体在获得相应的创新资源的时候不需要过多成本，在外界冲击下也会保持稳定。

而行动者属性中，我们发现主体的资源协调能力会正向地影响创新网络的结构韧性，主要是因为目前这两个城市的创新网络都还没有演化到韧性网络阶段，所以还是要依靠核心主体在中间进行资源协调。但是我们也发现了一些不同之处，比如说星型结构影响不同，二星和四星结构影响是不一样的。

同时，我们也发现行动者属性因素中主体的资源依赖对结构韧性的影响也是不同的，我们认为北京和上海在人工智能发展方面有不同的侧重点。北京以基础软硬件研究为主，而上海对人工智能应用场景的创新的研究更明显。这两种不同的发展路径使他们的资源依赖、应用程度等都不一样。

这个研究可能的理论贡献体现在两个方面。第一，目前我们还很少看到关于创新网络韧性和创新网络结构韧性相关的实证研究，但是从现实背景来看，创新网络韧性的研究无疑具有重要意义。

第二，现有研究主要是利用合作专利和论文数据来构建创新网络，但是这些只是创新活动的一部分内容，并不全面。而从新闻文本挖掘中数据研究创新网络已经有一些先例。我们在构建创新网络的时候，也跟专利和论文构建的创新网络进行了比较，发现大部分专利和论文的核心节点都包含在了我们用新闻的挖掘构建的创新网络中，所以我们认为这个方法还是比较稳健的。

接下来也跟各位汇报一下关于创新网络、创新生态系统未来研究的一些思考。第一，我认为随着数字技术的兴起，我们的研究范式会发生新突破。因为关于创业生态系统的研究本质上是基于社会学中的生态学隐喻，我们使用隐喻的方法，把我们社会系统比喻成一个生态系统。从达尔文主义开始，到演化经济学，到商业生态系统，到组织生态学，到创新生态系统，长期以来大家都是基于这一范式。但隐喻的方法很难精准地刻画生态系统，很难研究对象之间的复杂关系。而且，在生态学和复杂科学中，已经开发了大量可以用于复杂系统研究的工具和方法。如果在创新生态系统研究中还是用隐喻范式的话，一些先进的工具和方法就很难使用。现在随着数字技术的发展，我们有可能使用更加智能的手段来处理更大的数据，来揭示更加复杂的关系。如果我们未来使用多模态的数据，从新闻文本、专利，甚至音频、视频等数据中抽取信息，是有可能更加真实地去构建关于我们研究对象的数字孪生模型的。隐喻的方法是高度抽象的，而结合了多模态数据和新的方法后，我们可以更好地去平衡现实和抽象的关系，对创新生态系统的研究可以进入一个新的阶段。

第二，在人工智能飞速发展的时候，我们如何进一步理解创新生态系统？我认为随着人工智能快速的发展，人工智能不再是创新主体的辅助性工具，而正在成为一个重要的创新主体。其实近几年来国内外掀起了一股新的浪潮，叫“AI for science”，国家自然科学基金委专门部署了下一代人工智能的重大研究计划，其中就有专门关于“AI for science”的相关安排。在生物医药领域使用人工智能来进行科学研究已经成为一个共识。也有学者进一步地提出了“AI for technology”这样一个概念，强调人工智能在技术领域中的应用。当然在我们社会科学领域，现在也有“AI for social science”的概念。这些种种的迹象都表明人工智能正在更加深刻地融入我们的社会生态系统中，融入我们的创新生态系统中，这就产生了双刃剑效应。一方面它确实提升了我们创新活动的效率，强化了我们的创新生态系统和创新网络。但是因为它毕竟是机器，它有自身的安全性和脆弱性的问题，因此另一方面也进一步加剧了我们创新生态系统的复杂性。我们在关注创新生态系统韧性和创新网络韧性的时候，人工智能又成为一个重要的变量，把人—机和机—机之间的协同关系纳入我们关于创新生态系统和创新网络韧性的研究中。

分论坛六：新质生产力与治理现代化①

应急管理的理论与实践关系的复杂性分析	金太军
基于中国式现代化本质要求的我国医养结合服务发展问题思考	杨翠迎
新质生产力促进治理现代化的三重逻辑	杨雪锋
新质生产力与公益慈善事业高质量发展	周　俊
跨层级制度创新的结构与过程——基于保税燃料油混兑业务的个案分析	黄红华

① 分论坛六报告文字整理人：浙江财经大学公共管理学院教师闫密。

分论坛六：新质生产力与治理现代化

应急管理的理论与实践关系的复杂性分析

金太军*

这个选题不是非常贴合我们的研究生，年纪大一点的教师或者是政府部门听这个题目更好一些。我以后跟同学们会有很多交流，我是比较喜欢上课的，有的教授不喜欢说话，有的教授很喜欢写书，我认为教授首先是上好课，特别是上好研究生的课。研究生可以更多地互动和交流。

这个题目是大家普遍关注的但是很少研究的话题，我们中国的学术研究，特别是应用型社会科学的研究，面临着一个共性的问题，就是我们的研究成果怎么转化成实践。据我了解，西方国家和欧美国家在这方面转化是非常便捷的，有很多渠道，而我们缺乏转化的渠道。

应急管理是比较热点的问题，通过这个领域的研究印证这是比较普遍的，甚至说是比较严重的问题。

---

* 金太军：南京审计大学教授、博士生导师。主持国家社会科学基金重大项目等省部级以上课题二十余项。在《中国社会科学》《政治学研究》《战略与管理》《管理世界》《哲学研究》等专业权威性刊物或全国中文核心刊物上发表论文 100 余篇。曾获教育部、江苏省哲学社会科学优秀成果一等奖 5 项，二等奖 4 项，江苏省哲学社会科学优秀成果一等奖 2 项。

开头简单介绍理论和实践究竟是一种什么关系，这也是老生常谈的，一般我们讲理论来源于实践，指导实践，实践检验理论，修正理论。

应急管理是理论研究领域，否则我们这样的高校，我们老师们、同学们也不会学，现在应急管理在中国已经成为一个比较热门的二级学科，全国就十几家二级学科博士点，在这个基础上又出现一个新学科，叫应急管理学。这显然是一个是学科，一定有一批人做这个研究，有这么一个专业。同时又是一个越来越常态化的事件，应急管理是由一个个事件构成的，所以才专门设立了一个新的部门，叫应急管理部。从中央到地方都很重视，因为每天都有这个事情，今天我们可以从三个部分强化这个问题的认知。

首先我们面对的是一个百年未有之大变局，或者面临的是一个风险社会，充满了风险，这个不用说，大家很清楚。现在讲的国家安全包罗万象，国家安全涉及的领域，上至国计民生，下至老百姓的日常生活，可以说都密切相关，找不到一个国家安全所不能覆盖的领域。国家安全这些领域中，应急就是应对突发事件的简称。什么是急，就是紧急发生的事情，没告诉你，突然就发生了，我们怎么应对它，就是应急，就是怎么回应它的一个专业或者是学科。

我们再进一步切入社会性的应急事件，西方给它称呼为社会抗争，中国描述为群体性事件。我曾经写过一篇文章关于这个概念，我对这个概念进行质疑，当我们说什么是事件的时候，实际上很大程度上带有贬意，没有正面地称某事为事件。而群体性事件在中国不能简单用贬意来称呼，有的时候是一种正常的社会诉求，利益的诉求，是一种社会需求的释放。但是我们常常确定为一种贬意。

现在我国每年都要发生很多起群体性事件，每天可能都有，所以大大小小群体性事件在中国是司空见惯。因为这些突发事件所产生的社会稳定的问题，我们这有一个专门概念叫维稳，每年政府在维稳支付的成本很高。无论是哪个时代从来都不能没有维稳，我们政府面临两件事，一个是经济发展，就是GDP，还有一个很重要的是社会稳定。从中央到地方都是这两件事情，这个维稳直接和应急管理、群体性事件密切相关，我是以这样的思路讨论。

我们都知道做理论研究的主体是在座的各位，是以高校为主体的，也有党校、党政机关的理论部门。突发事件处理的主体肯定不在学界，而是在政界。这个领域中理论与实践的关系，主要表现或集中表现为政界和学界的关系，因为是两个主体，理论和实践的关系就转化为一种关系，由于这种特殊性——因为大量的应急事情发生，所以就决定了在这个领域更需要政界和学界的互动。有些领域做做就完了，政界不一定要参与。但是这个领域一定需要两个方面密切的互动，或者深度的合作，并不是所有的社会科学研究的领域都需要政界介入，但是这个研究领域一定需要两者的深度合作。

恰恰在这个领域中出现了应然和实然之间的高度契合，应该良性互动。我演讲的主题就是分析为什么会出现这么大反差，为什么政界和学界互动不够，为什么理论和实践是“两张皮”，我有一个结论性的东西，我先提出观点，因为两者关系很复杂。两者的关系不是一个简单的关系，不是我们上面讲的，理论来源于实践，理论指导实践，实践又印证或者是修正理论，这谁都会讲，但是在这个领域它表现要复杂得多，由于时间关系就简单作一个介绍。

我用一句话概括，抽象目标的一致性与具体目标的差异性。什么是一致性?无论是政界、学界，无论是理论和实践，都有一个共同目标，发现问题，或者是分析问题，然后解决问题。首先要找到问题，然后对它进行分析和解决。都是这样的，目标是一致的，但是它的具体操作过程中，两个领域运行过程中，就会出现两个很奇妙的，很微妙的不同，一个是求真，一个是务实。

求真在学界或者是政界，我们所追求的是求真，是从实然到应然，我展开成三个逻辑，或者是三个环节，第一个是事实判断，什么是事实判断，任何东西首先要了解它，这个事实要撇除各种各样的干扰不能抱着事先的看法，对任何一个事情的了解有先后之分。说这个是坏的，然后找各种理由证明它是坏的，这不是一个科学的研究。要尽可能了解或还原真相，实际上我们讲真相，经过我们的观察分析以后，百分之百还原很难，我们只能尽最大限度地还原真相，这个时候只能进行大量的调查研究，就是尽可能地还原真相。

其次，要探索所发现的现象或者问题的症结所在，有点像看病一样，现在身体发软，我告诉医生身体怎么不舒服的，医生通过一个判断分析，了解让我身体发软原因，有可能是昨天晚上没睡好，失眠了，还有这两天营养不良，还有可能得了新冠。首先要真实地反映，各种 CT、核磁共振，都是想尽可能还原真相，并找到这个问题的症结。过去的医生看病望闻问切，看经验，现在有各种现代的技术，目的都是一样的，都是要探索问题的症结，找到原因，同一个感冒有多种原因。我前几个月有不舒服，首先去医院验血，是正常感冒，不是新冠；而我夫人查则是新冠，这就是问题。社会现象比这个更复杂，背后有很多规律性的东西。

最后，在这个基础上提出解决方案，做出判断，这个判断很多是前瞻性的，前提是掌握规律。比如我看到一个车子是朝哪个方向开，经过长期观察，了解车子的动力系统、道路系统等，我自然就可以做出一个方案去解决它，怎么增速，怎么样改变交通，还能对未来做一个规划清单，这就是科学研究的价值。

在这个过程中有一些影响因素，这些因素总结为认知水平，也就是这个教授，这个研究者，这个团队认知水平怎么样，就跟医生看病一样，去看病时有的医生一眼就看出来你有问题，有的医生怎么都看不出来。第二个投入程度，有的教授平时娱乐项目比较多，还有职业道德水准，这个也很关键，例如有些个别经济学家很容易富裕起来，因为他被房地产商收买了，这就是职业道德水准。这个很关键，这是我们讲的三观的问题。

还有就是研究经费的来源，经费的来源是很关键的，谁给你钱，可能会影响你研究得出的结论，它能引导你，或者是迫使你做出某一个不科学的结论。

通过这样分析，告诉大家，不是说我们的学者都是求真，这个未必，最后真中有假，假中有真，造成了研究的复杂性。

我们用简单的案例说明一下，帮助大家理解我的逻辑是怎么样展开的。比如说研究一个群体性事件，我们以这个为例，第一要把握真相，究竟什么是群体性事件，做大量的调研，还有大数据要掌握，才能认识真相。第二要把握它为什么发生，这是规律性的。第三要提出如何化解，我要从根上找到它的症结，就像感冒，就要找到它原因才能治好，这就是源头。不是说失火了，把火扑灭了就走了，没找到源头，这次扑灭了，下次还有。这就是真相，这就是数据。为什么会发生大量群体性事件，为什么有那么多的社会矛盾，有一个事实就是我们的贫富差距，我们现在的贫富差距应该已经到了比较严重的地步。当然不是世界上最严重的。

我们对它进行因果分析，什么是因果分析，是什么原因造成冲突的，造成冲突以后产生什么后果。社会精英和大众财富分化过于严重，必然引发中下阶层对精英阶层的不满，一定这样，这是一个规律性的东西，甚至会产生一种本能的不信任。所以我们发现底层群众总是对精英阶层怀疑、嘲讽和诋毁，他获得一种快感，网上有大量的这样的表述。而权力和资本的结合，就会使得这种财富分割化两极分化更加严重。更严重的是什么，这种权钱的交易使得官商结合更加稳固，这个时候就出现一个源头，源头上可能会出现问题，就是公共政策，或者叫公共资源的配置和社会财富分配规则不公平。因为这些人既掌握了权力，又掌握了公共政策的资源。这“两个结合”就可能导致不公，影响公信力。我们找到源头以后，我们才知道需要改革，甚至到政治层面，体制层面的改革。比如说第三次分配，共同富裕，很多问题战略很对。

由于贫富差距过大，而且是中低收入人群在社会中占比过大，我们有一个数据，中国现在低收入人群有 7 亿，这个占了很大的基数。这个时候极易出现民粹主义，就会反精英，造成政策短期被民意控制。我们看到这样的社会的现象，一些政策在网络上公布以后，引起舆论，进而可能误导我们的政策。

民粹主义和民族主义结合一定会产生阴谋论，最近一些年，包括中美关系，包括敏感的国际问题、国内问题，背后总是有阴谋论的土壤，其实美国也一样，美国很多现象跟中国很相似。你们坐在出租车上问，我从2000年以后不坐其他的交通工具，我自己也不会开车，我最主要是坐出租车，这是我调研的一个非常好的方法。每次坐车我都会跟出租车司机聊天，接触过成千上万的出租车司机，我把社会敏感问题跟他们讲，我问他们的看法，他们认为这是美国搞的，很多人认为美国创造一种基因把中国灭绝，这显然是阴谋论。

同样美国也会妖魔化中国，最后的结果一定会出现社会的撕裂，我不是说分析一定对，我只是举例，现在喜欢做这样的分析。这是我们的逻辑。

我们再看政界，有些官员的逻辑是什么，是务实的逻辑，是反过来的，从应然到实然，而不是事实判断，而是价值判断，这个东西该不该碰，是不是涉及什么问题，上面的调子是怎么样的，他事前有一个很明确的东西，根据这样的东西进行判断，下面才一步一步做。影响的因素是行政科层制，也就是决定领导人的任期，或者说他的政治生命，来自上层，他有任期，一般来说现在的一个层级的主要领导干部一般不会超过5年，平均3年，县委书记和县长，他们的任期一般在3年左右，经常在一个岗位就一两年，这个任期影响他们的判断，如果只做2年，考虑问题容易短期行为、急功近利。我不会将小鸡从小慢慢养，养3年才生鸡蛋，那生的鸡蛋谁吃，跟我有什么关系，我恨不得今天养的明天就生下来，所以我们才会发现很多的短期行为。还有一票否决制，比如说环境、过去的计划生育，现在有各种各样的一票否决，当然还有个人差异等。

从前面讲的群体性事件的例子同样可以看到，按照这个逻辑，首先一定是一个维稳逻辑，搞定就是稳定，没事就是水平，没事就是本事。对个别政府官员来说，保障一方平安，实际上背后是乌纱帽、是压倒一切的，然后才是对事情的披露。这里有一套技巧，这叫维稳的技巧，它是按照这套逻辑展开的。

从政界和学界的关系来看，在应急管理领域有很多丰富经验，有很多血的教训很难在两界之间流通，因为它封闭了，不会流出来。对学者来说，他往往是雾里观花，因为掌握不到一手材料，而且学者为了某种考虑，也会避重就轻，很难涉及问题的本质，研究受到很多阻碍。

从源头治理、动态管理、应急处置，三者本身是一体化的过程，但是我们往往在源头治理问题上存在结构性的失衡，直接进行动态管理和应急处置，把问题解决掉，但是源头没有化解，这是严重短板。我们知道木桶效应，这就是原因。

现在我们中央有一个东西是很好的，就是强调国家安全，在这样的框架下可以很好改变这个情况。由于时间关系，就说这么多，谢谢大家。

基于中国式现代化本质要求的我国医养结合服务发展问题思考

杨翠迎*

各位专家和年轻的学者，大家好！

今天下午很荣幸能够参加第七届孙冶方经济学家发展论坛，特别是第六个论坛，新质生产力与治理现代化分论坛。

我本人长期以来从事社会保障问题研究的，我的主要兴趣点在养老服务领域，为了跟我们今天会议主题新质生产力和治理现代化相挂钩，在我的领域里就找了这么一个话题，医养结合。大家知道医养结合首先是养老服务范畴，今天我们浙财的学生接我的时候，他说杨老师我看你的文章讲医养首先是养老，然后才是医疗，那为什么是医养结合的医在前面，而养在后面，这就是我们政策上的矛盾，他观察到了这一点。医养结合，在中国是新创造出来的一个政

* 杨翠迎：上海财经大学公共经济与管理学院副院长，公共政策与治理研究院常务副院长，社会保障研究中心主任。中国社会保障学会第一届理事兼社会保障教学委员会委员，中国社会保险学会理事，中国社会学会社会保障专业委员会委员，上海市就业促进会理事，上海市劳动和社会保障学会会员，国家自然科学基金通讯评审专家，浙江省自然科学基金通讯评审专家，国家博士后基金通讯评审专家，主持国家社会科学基金项目，国家自然科学基金项目，浙江省哲学社会科学重点基金项目，浙江省哲学社会科学规划重大招标子课题等十余项项目。著有《中国农村社会保障制度研究》等著作，并在《中国农村经济》等国内外期刊上发表了几十篇学术论文。曾获中国劳动和社会保障部2007年中国社会保障论坛征文优秀奖，浙江省第十四届哲学社会科学优秀成果三等奖，浙江省第十三届哲学社会科学优秀成果二等奖，浙江省第四届社联青年社会科学优秀成果二等奖等多项荣誉奖励。

策，具有非常重要的时代意义。

这也契合了新质生产力的要害，新质生产力的核心就是创新，医养结合就是党的十八大以后党和国家在民生政策领域里的一大创新，所以跟它非常契合。

医养结合是一项新政策，在我们国家推了七八年，里面有很多的问题是需要治理的。所以我想从中国式现代化本质的要求这个角度，对这个话题来跟大家做一些探讨。

医养结合概念，在我们国家政策领域最早于 2013 年提出来，2016 年开始在国家层面进行试点，2022 年国家在试点的基础之上提出创建示范工程，2023 年国家卫健委正式发布试点已经结束。现在医养结合是一个什么样的阶段？是在创建示范项目和面向全国推广的一个阶段，由于医养结合这样的特殊政策，面对的是人口老龄化的议题，这样的政策绝不是权宜之计，一定是一个长远的制度，但是又是一个新的事物，里面必然会带来很多的问题需要我们思考。

我今天从以下几个角度给大家介绍：中国式现代化的本质要求，对医养结合的问题进行思考，中间简要介绍一下医养结合的大概的情况，最后再介绍医养结合发展的问题和思考。

中国式现代化，大家都很了解，从党的十九大到党的二十大，大家对这个议题有很多的思考。中国式现代化的本质特征和养老服务医养结合紧密相关的有两点，一个是高质量发展，另一个是共同富裕。这样一来，医养结合的发展必然要遵循中国式现代化的本质要求，要走高质量发展的路子；同样，医养结合发展的最终目标，一定要实现全体老年人的共同富裕。

对于高质量的认知，我觉得高质量不仅仅是服务本身的高质量，更重要的是医养结合政策在执行过程中的全过程的高质量，包括医养结合提供的模式、提供的方法、管理机制，以及服务质量，应该是一个全过程的高质量。

在养老服务领域里，高质量的特征主要表现为，医养结合的服务模式，应该和具有中国特色的社会主义市场经济体制相合拍；提供的服务内容也要符合老年人的需求预期；服务供给也要适应政府、社会以及居民家庭的支付能力；提供的服务，要让老人感到有获得感、幸福感和体验感。这也是对医养结合高质量发展的本质要求。

接下来简单回顾一下医养结合是一个什么样的政策，我们在场的、从事养老问题研究的一些老师，对这个很熟了，但如果不做养老服务研究的人，可能还不太了解。

2013 年我国大力落实和执行党的十八大提出的走内涵式发展道路精神的元年，在此精神的指导下，国务院在 2013 年提出在养老服务领域走内涵发展的路子，即要做到医疗服务资源和养老服务资源相结合，我们简称医和养的结合，也叫医养结合。

国务院当时给了三个探索方向，第一个是医疗服务资源进入养老服务体系，即进入养老机构、社区和居民家庭；第二个是希望医疗机构支持养老服务，或者医疗机构本身直接提供养老服务；第三个是探索医疗和养老之间合作模式，即通过签约服务以协议形式推行。这是 2013 年提出的三个政策方向路径。

2015 年国家卫健委提出对这项工作进行试点，所以才有了 2016 年国家在当年 6 月和 9 月，前后发布了两批的试点单位，同年我们的人社部、财政部、民政部又配套提出长期护理保险的试点和居家、社区养老服务改革的试点。长期护理保险试点是一项支付制度的试点，在医养结合里面，对护理服务的支付是通过长期护理保险支付的。居家和社区养老服务的改革试点主要在打造医养结合的供给平台，是一个平台建设的试点。这三个试点是紧密结合在一起的。

通过这7年多的试点，以医养结合为核心的试点取得了很大的成效，至少试点地区基本上做到了全覆盖，医养结合的服务架构也基本上搭建起来，也形成了基本的支付体系，即由长护险和基本医疗保险为主、以养老服务补贴等为辅的支付体系。

各个地方都在积极试点，在试点过程中形成了多种模式。以医疗资源嵌入养老服务体系为例，试点出来的基本模式有签约模式、嵌入模式、托管模式等。在这些基本模式的基础之上，很多运营机构根据功能或者资源进行组合，又形成了各种各样的提供模式。目前，医养结合实践模式很丰富，民营机构也提供，公办机构也会提供；有的只做单一的结合服务，有的是混合式的；有的只做基本服务，有的也做高端服务。总之，现在市场上的医养结合的服务是多样化的发展态势。

从高质量发展要求和共同富裕的目标来看，总体来说，我们的医养结合发展到今天，虽然取得了显著的成就，但是问题也很突出，第一是区域非均衡性，第二从老百姓的角度来讲是非常不公平的，这是一个非常严重的问题。这个问题是怎么形成的，从医养结合和长护险分析，从试点单位分布就能看出，区域上的非均衡问题。现在推行的三大试点，试点单位的选取都是民主化的过程，即让各个地方自己申报，能够进入国家试点单位的地方，有共同的特点，第一个经济条件很好，第二个管理能力很强，第三个地方政府有这个支持能力才敢于申报。在这样的体系下，试点单位基本上都是好的地方，我们课题组也有统计，试点地区40%是省会城市和单列市，也就是条件比较好的。这个自然而然把试点和非试点分割出来了。而在试点和非试点的框架下，非试点的地区老人是没有任何服务可以享受的，长护险享受不到，医养结合的服务也是不一样的。长达七年的试点，积累下来的不公平、不均衡，积重难返。我们目前要治理，亟须从公平的角度，从老年人的需求导向解决非均衡问题。

目前我们需要对现在的试点工作机制进行改革，另外也要提升服务提供的手段。现在的医养结合服务不是单纯的传统服务，基本上都是智慧化跟智能化结合在一起的。这在有些地方，既产生严重的信息壁垒、科技壁垒，还有老人的数字鸿沟等问题，非常影响老人对医养结合服务的可及性，这个需要下力气改善。

第二个问题，通过各地方的试点医养结合服务模式是非常多，为什么会出现这种情况？是因为各个地方根据自有的经济资源和经济能力探索，有一个摸索过程。

医养结合有多种，比如说医疗服务嵌入居家、社区及养老机构就有很多种，像养老院内设医务室、养老院内设护理站，养老院自己去办养护医院，养老院自己去签约，不同类型成本是不一样的，投入也是不一样的，提供服务的效果也是不一样的。有谁在这个地方核算过成本？到目前为止，每一家机构在推的时候，都是看他自己能不能投入，有没有过多的成本。这是试点地方算出来的，没有试点地方想学试点地方的模式，他要去做，首先得问自己能够投入多少，所以在这种情况下，出现了很多非试点地方的试水成本，他的尝试成本是非常高的，为什么？因为没有任何一个试点单位会告诉他，哪个模式是适合这个地方的，他应该选择哪种模式，到目前是没有相关指导的。

从试点到推广，推进成本是非常高的。现在要解决的问题是，建议对7年来这90多个地方，试点出来的模式，每一个要做一个评估，每一种模式适合什么样的经济发展水平，适合什么样的条件，可以给没有推广的地方有一个明确的指导，让他们不要走弯路，这是目前我们需要做的，但是还没有这样的工作。这是我提出来的一个问题。

第三个问题，大家都知道医养结合是非常复杂的一个系统，是医疗服务系统、养老服务系统、医保系统、长护险系统整合在一起，才能给老人提供服务。这几个系统会涉及不同的管理部门，比如说卫健委，我们国家赋予卫健委在医养结合方面是政策制定者，业务牵头的角色，但是没有赋予它行政管理的角色。民政部门负责医养结合机构的管理，特别是养老服务体系下的医养结合机构，虽然它不能管医，但它要管养老机构、管养老服务，也就是说，它只管养老这部分。对医疗机构办的养老机构，也就是常说的医办养，民政系统也只能管其中的养老机构，但是他管不了医疗机构，他们业务边界非常清晰的，各管各的。医保部门负责内设医疗机构的医保审核、系统上线，还负责长护险的支付。在这种模式下，医养结合虽然是一个整体，但是管理部门是分散的，目前缺乏一个权威的部门统一管起来。

从各个地方的试点来看，这几个部门之间进行协调的时候，成本也是非常高的，主要是沟通的成本非常高，必须是上级部门把大家叫在一起才能对话。所以目前在管理方面出现了严重的分割，利益分割，管理的统一性存在很大问题。这个方面不改进的话，医养结合要发挥综合效果是很难的。

第四个问题，我想从公共政策角度提出一些思考。现在的试点，包括示范项目的申报，首先是民主化的，自己申请，卫健委那边相关的部门进行筛选。示范项目是在试点地区的基础之上进行申报的，所有的试点都是有国家的政策支持，有经济上的支持，有项目支持、技术支持等，这样一来就会导致试点和非试点地区差距越来越大，进而出现非试点地区成了洼地。我们要推进全覆盖，医养结合全覆盖，我们的目标是要让所有的老人都能够享受这个服务，但是那些洼地的地方，如果没有国家公共政策的支持是做不起来的，那些地方的老人也是没有办法享受的。

我个人认为国家制定公共政策在支持医养结合发展的时候，应该要考虑地域发展的差异性，国家还要下点功夫，将现在的民主制和国家的行政干预结合起来，在平衡医养结合的均衡发展方面会起到更大的作用。

总之，医养结合是一个非常复杂的系统工程，要实现高质量发展，还有漫长的路要走。当前迫切需要完善工作机制，需要各个部门相互进行配合，把它想尽办法快速推向全国，才能实现人人享有养老服务的目标，进而实现老年人的共同富裕。

谢谢，不对的地方，请大家批评指正。

新质生产力促进治理现代化的三重逻辑

杨雪锋*

新质生产力促进治理现代化是一个宏大的时代命题，体现出历史必然、理论应然、逻辑因然与实践实然的统一。关于新质生产力研究，有深厚的马克思主义哲学和政治经济学理论基础，特别是对生产力与生产关系的论述有一套非常成熟的经典理论体系。

一、新质生产力与治理现代化之间的辩证关系

新质生产力与治理现代化，两者之间并不是简单地对应于生产力与生产关系，因为治理现代化不仅仅局限于生产关系范畴，对此需要两个方面展开分析，一是新质生产力与新生产关系之间的关系，二是新质生产力与治理现代化之间的关系。后者具有辩证关系，就新质生产力促进治理现代化而言，可以从三个层面进行讨论，即存在三重逻辑，在后面将分别从技术逻辑、实践逻辑、理论逻辑进行解释。

首先要搞清楚新质生产力和新型生产关系的关系。在外延上，治理作为国家管理活动和社会管理行为，属于上层建筑范畴；在内

* 杨雪锋：浙江财经大学公共管理学院教授、经济学博士、博士后、博士生导师。主持国家社会科学基金项目3项、国家社会科学基金重大项目子课题3项、教育部课题3项，完成杭州市城市管理“十三五”、“十四五”规划编制项目等地方政府咨询课题20余项。在《新华文摘》《中国工业经济》等权威刊物上发表论文40多篇，出版《循环经济运行机制研究》《环境邻避风险韧性治理研究》等专著、教材10部，获得省级及厅局级奖励4项。

涵上，治理包括治理体系和治理能力，治理体系包含制度、文化、体制机制等，作为上层建筑的重要组成部分，也关涉经济基础，因此既有生产力成分，也有生产关系成分。

发展新质生产力必须深化改革，形成新型生产关系。需要先破后立，破的是打破束缚新质生产力堵点、卡点，立的是要构建新型的经济社会生态关系。不管是从破还是立，都需要治理现代化，特别是“破”，重在补短板，更需要在治理上下功夫。因此，新质生产力既是发展命题，也是改革命题，更是治理的命题。

新质生产力和治理现代化辩证关系，是互为因果、相辅相成的关系，不是简单的对应关系，而是经由生产关系、社会关系的演变而发生逻辑联系和历史过程。新质生产力推动了社会生产关系的变革，塑造了新的社会结构，因而需要社会治理模式的调整，以适应社会结构的变化并提高治理以引导社会结构良性调整，进而适应生产关系变化，顺应生产力发展并能够推动新质生产力发展。因此，社会治理的改进也为新质生产力发展培育出更好的治理生态，两者是一个相辅相成的关系。

新质生产力的标志性元素是数字化、算力等这些信息技术的运用，特别是信息化的广泛运用深刻改变着社会关系和生产关系，社会关系又塑造新的社会结构，现在我们能够深切感受到，信息社会压缩了时间和空间，人与人之间的交往，人与人之间的关系跟传统社会不一样。这样的结构促使我们的治理发生转型，以适应这个结构。这是一种被动的适应。同时治理的转型营造了更好的治理生态，让新质生产力获得更好的发展，形成这样一个动态的辩证关系。当我们充分认识到新质生产力的深刻而广泛的作用时，特别是主动地将新质生产力注入治理活动之中时，不仅显著提升治理效能，而且形成对新质生产力的正反馈。

从内涵上看，新质生产力包含很多有关治理创新的元素。关于新质生产力的定义，主要有三点：一是生产要素创新性配置，二是新型的生产要素优化组合的质变，三是全要素生产率的提升，这三个方面都暗含着治理创新的意蕴，没有制度的创新、体制的创新、流程的创新、运营模式的创新，所谓的要素创新配置、新型要素优化组合和全要素生产率提升都很难实现，这些归根结底离不开治理创新。

特别是全要素生产率本身蕴含丰富的治理现代化思想，什么是全要素生产率？就是说，除了传统的生产要素之外，对经济增长有贡献的还有技术创新、组织创新、专业化生产创新、制度创新等，这些方面实际上都涉及治理层面，不完全是要素组合要素利用的问题，更多是深层次的治理问题。

二、新质生产力与治理现代化的逻辑契合

新质生产力和治理现代化有逻辑的契合性，为什么这样讲？对新质生产力的理解可以概括为三句话：第一句，关键是“新”，新产业、新要素、新动能、新模式，“四新”对治理创新提出了新要求，新产业孕育、新要素成长、新动能焕发、新模式萌发，都离不开创新生态的培育和营商环境的优化，这正是政府治理创新的关键所在。

第二句，重点在“质”，新质生产力是劳动者、劳动资料、劳动对象及其优化组合的跃升，新质生产力光有“新”还不够，要日日新，每天都有新变化，但是不是质变？新质生产力要求劳动者新

素质、劳动资料新介质、劳动对象新材质，均是要素的“质变”，这种“质变”为治理现代化提供新的行动主体和物质基础，也就是说我们管理者要具备现代化治理能力和科学素养，要能够掌握新型治理工具和治理技术。

第三句，目标在“力”：新质生产力的构成有多个维度，其中治理能力也是生产力的活跃要素。生产力发展最终要形成转化为现实的物质财富和社会进步的能力，由此可以看出，新质生产力应当包括政府治理能力，以前一提到生产力就讲经济发展、物质财富，虽然也包括精神文明（或精神力），但是很少把政府治理能力纳入生产力范畴。新质生产力的目标在“力”，特别是治理能力提升，在这个意义上，新质生产力和治理能力现代化具有内在一致性。

在基本厘清二者关系基础上，重点讨论新质生产力对治理现代化的促进作用。这种促进作用在学理上可以解释为三重逻辑。

三、新质生产力促进治理现代化的技术逻辑

新质生产力促进治理现代化的技术逻辑，包括宏观经济社会演进的技术逻辑和微观技术应用逻辑。宏观层面，新质生产力促进治理现代化遵循数智技术推动经济社会演进的逻辑，数据、算力、算法驱动新质生产力赋能各类应用场景，包括各类社会治理、经济运行、生产智能制造、经济交往活动的应用场景。多模态应用场景的深化拓展，促进生产方式、生活方式、交往方式、治理模式的变革。各领域的分布式演进塑造新型社会、经济形态、催生新型治理形态，这是宏观的逻辑。

经济社会演进表现为算力推动的突变效应，从早期的“互联网+”（融合效应），主要是叠加效应，到“数据要素×”（乘数效应），数学符号乘号表示倍增效应。现在提出算力革命，“算力幂”的效应，是指数型增长。未来，算力将是国家的核心竞争力，因为它具有深度融合、长期倍增的效应，其影响远超原来“互联网 +”和“数据要素 ×”。

算力运用社会治理层面驱动社会治理变革，特别是应用场景非常重要的，是促进现代化转型的关键环节。现在各个领域的数字化应用都是注重场景，曾经有学者指出，中国和美国在算力领域竞争，我们更多要发挥全球最大制造业能力和最大市场规模的优势，做好应用场景的拓展，在这个基础上优化算法。延伸开来，我们可以充分利用我们最大人口规模和庞大的公共治理、公共服务需求，拓展社会治理和公共服务场景应用，提高社会治理效能和公共服务质量。这是宏观层面数字技术促进经济社会演变的逻辑。

微观层面，就是数字化应用逻辑，可以用“数据—信息—知识—智慧”即 DIKW 模型来解释。从数据到信息到知识到智慧，这是人类思维活动的过程，数字化就是让机器也具备人的思维活动的模拟，拟人化的过程，即机器智能化，进而人机融合，让机器赋能人的活动，这就是数字化应用的底层逻辑。在这个过程中体现了从数据然后变成信息，再变成知识，最后变成智慧，在每一层意味着思维在进化，在指向最终的目标。

机器智能化和使能化具有治理上的意义，就是说，人作为行动主体或者管理者作为治理主体，要心中要有“数”，要循数行动、循数治理，传统的政府治理是通过“文件”治理，通过各种制度政策治理，现在要发挥数字化的作用，用数据说话、用数据决策、用数据治理。

技术上的逻辑，遵循 DIKW 模型，机器的拟人化是一个不断智能化过程，原来是信息化、数字化，现在是智能化，或者是数智化，体现在场景的应用，更多的是通过机器学习，改进算法，优化性能，深入再深度学习，不断迭代的逻辑。

这一点对思考复杂的治理问题和公共决策问题也是非常有帮助的，比如涉及横跨多个部门、纵贯多个层级，甚至覆盖多个区域的公共品供给难题，可以通过大模型，把它整合起来，实现多跨协同，假设有一个虚拟的中心，不一定需要成立一个实体机构组织，但是可以有一个虚拟的中心，通过大数据的分析，沙盘模拟、模型演算、反复训练，不断地学习和优化，可以实现科学决策，然后根据算法结果，形成决策，由一个虚拟的主体去进行统筹、整合。这个原理有些类似复杂的市场交易中存在一个中间报价人，最终形成一个均衡的市场价格。

这个当然需要在技术层面的支持，离不开构建一个数字生态、技术架构。在技术架构方面，就是一个机器的拟人化，这个就是数字化治理技术的核心。

技术逻辑的体现在治理层面就是技术治理的功能机制，包括支撑功能、驱动功能和促变功能。第一个功能是支撑功能，即数字化对治理现代化的支撑功能。人类社会技术变革主要在两个方面实现重大突破，一个是动力器，另一个是工具器。蒸汽机、电动机的发明，能源革命（煤炭、石油、核能等），等等，都属于动力器革命。汽车、轮船、飞机、互联网等工具的出现则是工具器革命。动力器的作用主要是在动能方面，工具器的作用主要是在效率方面，两者都是为经济社会发展赋能，前者赋予能量，后者赋予能力，共同体现为支撑功能。网络化、数字化、智能化支撑治理，就是给治理赋能，给政府赋能，或者对消费者、顾客、民众、企业赋能。

第二个功能是驱动功能。驱动功能就是数字技术对人类经济社会活动指挥控制。自进入信息社会以来，从先前的网络驱动到后来的数字驱动，一直到现在的算力驱动，算法在商业领域、经济领域的驱动机制作用比较突出。外卖小哥送一个外卖要花几分钟，一天最多可以跑多少单，这些全是算法控制。目前政府在这方面还没有像商业竞争应用得那么广泛深入，以后在如何提高服务效率、提高治理精准度方面也将有所应用，现在已经不少地方政府在回应老百姓的各种需求上要求“秒回”，这种要求不仅是工作态度和工作效率，而且也要有服务质量。“浙里办”对群众提出的很多诉求，马上就回应，给你满意的回复或解释。背后离不开有强大的算力支持，不是简单地说一个部门完成的。随着数字孪生技术的应用，数字孪生城市将是数据驱动治理、虚拟服务现实的重要载体。

第三个功能是促变功能，就是说数字化推动了治理流程、治理系统的变革，是协同演化的过程。治理技术演进跟制度建设是一致的，特别是现在国家层面推城市信息模型，整个城市物理状态的信息都能够在虚拟空间里面能够呈现，很多城市在搞城市大脑、数据驾驶舱，领导者坐在办公室里可以及时全面了解城市运行情况，进行会商决策、远程指挥、趋势研判等。城市信息模型作为新型智慧城市的核心内容，在实现城市治理结构扁平化、治理体制协同化方面发挥重要作用，由于它包含了宏观静态的城市地理信息、微观静态的城市建筑信息，还将纳入动态的社会感知信息，这将突破韦伯式科层治理模式，推动政府治理变革。

四、新质生产力促进治理现代化的实践逻辑

实践逻辑，宏观上可以从战略、行动、结构三个方面描述我们的新质生产力对治理现代化的推动。

战略方面，就是建设网络强国、数字中国，新质生产力促进治理现代化的战略落实，就是持续推进城市信息化建设，从数字城市——智慧城市——数字孪生城市——新型智慧城市，建设标准、发展水平、应用能力逐步升级，不断满足治理现代化的要求，为提升治理效能提供坚实的物质基础和技术保障。

行动方面，宏观上从数字化发展历程可以看出数字化在国家治理体系和治理能力现代化过程中发挥重要作用，数字化实践历程始于标准化，历经信息化、数字化、智能化，分别在更规范、更高效、更合理、更科学上推进治理现代化。微观上新质生产力促进治理现代化表现为三个导向的实践路径，即问题导向的技术治理、需求导向的技术治理、风险导向的技术治理。

结构方面，数字化实践推动了政府治理从单向赋能转向系统性的升维。早期的数字化应用是对政府的单向赋能，包括最初的信息管理系统即电子政务和后来的各种数字化平台；近些年实施的数字化改革（或数字化转型），现在是一个整体变革，是将整体性政府和数字治理两大理论相结合而进行的政府治理变革，是治理体系的系统性升维。从浙江的数字化实践路程可以看出来，2003 年开始提出打造“数字浙江”，2013 年提出“四张清单一张网”，2016 年提出新“多跑一次”，然后是“掌上办公”，现在 2020 年提出的“整体智治、唯实惟先”数字化改革，以及最近两年开展“高效办成一件事”改革和“政务服务增值化改革”等，这一持续深化实践过

程，最终实现市场有效、政府有为、企业有利，充分体现新质生产力促进治理现代化的实践逻辑。

五、新质生产力促进治理现代化的理论逻辑

理论逻辑可以用技术社会学的理论观点来表达，运用相关的观点分析技术和社会之间的关系，揭示新质生产力促进治理现代化的内在逻辑联系。

数字化不仅重构经济社会关系，形塑社会结构，而且在微观上也重构了人的时空观。在传统社会，人作为行动主体，主体身体和行动实践的统一性、时间和空间的不可分性是确定的，然而信息社会则不同，信息行动取代了社会行动，信息的流动性决定了行动主体和行动实践可以发生分离，时间和空间或者分离或者压缩，这对作为治理主体的政府以及作为治理对象的社会个体来说提出新的挑战。这是我们认识技术治理的前提。

分析新质生产力促进治理现代化的理论逻辑有三种视角，分别是技术赋能视角、制度建构视角、技术结构化视角，均是从不同角度探讨技术与社会的关系。目前，技术赋能讲得比较多，代表性的理论观点是技术接受理论，认为数字化很好，能够为治理赋能，让服务更便捷、治理更高效，这种观点本质上是一种技术决定论。

从制度建构视角来看，数字化运用是受制于社会结构和治理框架的。一定的社会结构和治理体制决定了数字化应用效果，好的制度结构能够发挥数字治理的功效，差的制度结构制约数字治理功效，后者会产生新的治理问题，如数字化形象工程、僵尸平台、数字悬浮、指尖形式主义等，不仅造成巨大的财政资金浪费，还造成新的治理难题。目前全国除港、澳、台的 31 个省（区、市）都有政务服务App，但是从“管用、实用、受用”来看，各省参差不齐，全国有几个做得比较好，特别是浙江省的“浙里办”备受称赞，这与该省数字经济发展水平、群众的数字化素养、地方政府的政务服务水平密切相关，反映了地方非正式制度是约束了这个技术的应用，浙江通过数字化改革重塑了整个治理体系，导致技术发挥更大的效能。

第三个视角是技术结构化，该理论认为，技术改造社会结构，使社会结构又进行了再生产，形成了新的社会结构，这就是技术的二重性。马克思主义历史唯物论提供了很好的解释，即技术和制度是互嵌和互构的。就数字化与治理的关系而言，技术和组织也存在互构关系。

关于治理现代化研究主要有三种范式，分别是技术主义、制度主义、人文主义。综合这三个范式，汲取了前述三个视角的思路，笔者提出初步的分析框架，即算力驱动城市治理模式迭代的“技术—制度—场域”三维分析框架，三维是指技术维、制度维和场域维。前面讲了技术、制度，笔者再增加一个维度：场域。因为，现实中不同省份、不同地区的治理模式差异很大，在新质生产力推动方面有很大的差异性。微观上，数字技术应用场景也不尽相同，对技术运用要求也各有千秋。算力支持治理模式的演进和叠加，需要增加了一个“场域”，场域不仅是区域空间上，还包括应用的领域和场景，表现为不同的治理形态。这将是一个富有前景的研究领域。“技术—制度—场域”三维框架为探究新质生产力促进治理现代化提供了一个解释框架，有待在学理上和实证上进一步论证。

新质生产力与公益慈善事业高质量发展

周　俊*

各位老师、同学好，我是来自浙江工商大学慈善学院的周俊。今天向大家汇报的主题是在新质生产力这样一个大背景下，慈善事业高质量发展可以做什么，关键路径是什么。

我主要讲三方面内容：一是新质生产力与金融创新、慈善创新；二是金融 + 慈善；三是慈善 + 金融。在教学研究过程中，我们通常将后两点合在一起叫作“慈善金融”。

先看新质生产力，这个概念整个大会都在讨论，概念提出来以后有很多的文章都出来了，它的核心是比较好把握的，主要是强调创新。创新当然是指各个方面、各个领域的创新，包含经济创新、科技创新，也包括金融创新。金融创新又包括方方面面，其中的一个重点是金融市场创新，指企业或者其他机构、个体，他们有资本，可以投到哪里去，这样的创新是我们比较关注的。

我们也在慈善领域中讲新质生产力。新质生产力概念提出来之

---

* 周俊：浙江工商大学英贤慈善学院副院长、教授、博士生导师。德国基尔大学、美国印第安纳大学访问学者。在《中国社会科学》《哲学研究》《政治学研究》等中英文期刊上发表论文多篇。出版《社会组织与慈善组织管理》《慈善文化与伦理》等著述多部。主持国家社科基金重大项目 1 项，国家自科基金和国家社科基金一般项目 3 项。研究成果获教育部科研优秀成果一等奖、民政部“中国社会组织建设与管理”理论研究成果一等奖等奖励。

后，我们这个领域的一些学者也发表文章讨论慈善领域应该怎么进行创新。理解慈善领域的创新需要了解慈善事业发展的历史进程，需要明确从过去到现在慈善领域的创新集中在哪些方面。

说到这个问题，大家可能会比较好奇慈善学院研究什么。一般认为，慈善就是把钱和物捐赠出去，是做好事，有精力的话还可以做一些志愿服务。事实上，慈善也是一个很大的产业，或者说是一个行业。除了刚才讲到的传统的方式之外，我们也要想办法使慈善资源的效率最大化。这个观点不是今天才有的，已经有上百年时间，在一百多年前一些有识之士就在探索怎么样像商业领域一样，让慈善的资源效率得到提升。

慈善事业发展进程中有一个非常关键的转折点，就是传统慈善向现代慈善的转型。这个转型在中国发生在清朝末期和民国阶段。因为特殊的原因，我国在 1949 ~ 1978 年，慈善事业发展是停滞的。所以传统慈善是清朝末期之前很长时间的慈善，现代慈善是从清朝末期开始，中间暂停了一段时间，到 1978 年后又重新启动进程的，总体发展时间不长。西方世界相对应的阶段划分差不多，19 世纪和 20 世纪之交，是西方慈善创新非常旺盛的阶段，也是现代慈善概念确立的阶段。

现代慈善的主要创新点通常用三个概念来描述：组织化、专业化、高效化。传统时期的慈善是分散的、个体的。现代慈善的产生以慈善基金会的产生为标志。世界上的第一批基金会产生于 20 世纪初的美国，卡耐基基金会成立于 1911 年，洛克菲勒基金会成立于 1913 年。今天大家比较了解的国际性大规模基金会基本上都是在这样一个时期产生的。基金会的出现实现了非常大的创新性，它使慈善的形态从个体化走向组织化。现在做慈善的基本模式是将钱捐给基金会，再由基金会去实施。为什么捐给基金会？因为基金会本身就是一种金融的形式，基金会能够将善款金融化，即在为捐赠人做慈善的同时实现善款的保值增值。

第二个创新是专业化。慈善领域中，既需要专业的人员做保值增值的工作，也需要专业人员开展慈善项目，这就催生了基金会及其下游的许多类型的慈善机构，比如说我国的社会服务机构，在国外有各种各样的非营利组织，以专业化的手段开展慈善项目。这些以开展慈善项目为主要工作的慈善机构，它们的钱从哪里来？很多是基金会捐赠的，因为基金会是资本的聚合体，这样就形成了慈善的专业分工。

第三个是高效化。组织化慈善的出现，慈善机构之间的专业性分工，无不指向一个共同的目标，就是提高慈善资源的利用率。这种理念主要是来自市场，是向商业学习，与传统的慈善只讲施舍救助而不问效率有极大的不同。

所以，我们今天讲中国慈善事业的高质量发展，什么是高质量发展？我理解就是不断地去创新组织化、专业化、高效化的方式。其中的一个关键举措是将金融与慈善相结合，将两个有高度创新需求的领域关联起来，由此产生一些新的慈善工具。

我要讲的第二个方面是金融+慈善。这个方面的集中体现是社会影响力投资。社会影响力投资主要是商业机构、金融机构做的事情，也有为数不多的公益基金会参与。有一项统计数据表明，全球范围内影响力投资的主体，70%是银行、基金等资产机构，公益基金会的占比大约为17%。所以我将金融放在慈善的前面。

社会影响力投资也叫影响力投资，它的核心特征是投资者在设法获取经济回报的同时，还要获得社会回报。所谓社会回报就是想要解决社会问题，推进社会进步。社会问题的领域非常广，基本上我们讲的公益慈善领域，扶贫济困赈灾等，这些问题都是社会问题。如果投资除了赚钱，还想解决一些社会问题，那么这种投资就叫影响力投资。

影响力投资是介于传统投资与慈善事业之间的一种形态，包含三种具体的选择：一是投资者想要获得比较大的经济回报，希望在经济层面回报率大于市场的平均回报；二是只要跟市场的平均回报差不多就行；三是更具有慈善精神的，觉得只要不亏损就行。全球影响力投资机构做过一个统计，在2020年的时候，在所有统计的投资者中，认为不亏就行的有多少？比重只有15%；18%是处于中间的水平，还是想获得市场平均的回报；67%的人想要获得高于市场的回报。影响力投资是2017年由洛克菲勒基金会提出来的，当时的背景是全球经济不太好，很多资本没有地方去，所以他们发掘新的渠道，投入社会领域，解决社会问题。这是很好的渠道，开拓了新的金融市场。所以在这个背景下，绝大多数人还是想赚更多的钱，所以我们也不能太美化它。这个是影响力投资的特点之一。

影响力投资的领域是什么？最重要的领域占比57%，是食品与农业。这也是各个国家，尤其是中国非常关注的领域，我们要有健康绿色的食品，要农业的可持续发展。投资量排在前五的是环境能源、文化教育、食品农业、医疗养老和创业就业。

影响力投资的回报率与商业投资回报率的比较是很受关注的问题。影响力投资的回报率在新兴市场中是9%，在我国前几年能够达到这样的回报率，这两年有所下降。

影响力投资从2012年进入我国，2014年开始南都公益基金会在全国大力推动这个事情，同时也在推动另一个概念——社会企业。因为影响力投资主要投给社会企业。社会企业既可以是企业，也可以是公益慈善机构。国内有一些机构的影响力投资做得还不错，一个是德勤中国，有一个“智启非凡”计划，投资额到2022年是3 395万港元。还有一个是禹闳资本，2013年开始进行影响力投资，60%以上的投资集中在四个领域：绿色农业、低碳环保、养老、文化教育。禹闳资本主要从三个维度对影响力投资项目进行评估，其中非常重要的，也是我们理解影响力投资很重要的一个点，就是强调所投资的机构的可持续发展和创新性。举个例子，浙江绿康医养是禹闳资本影响力投资的对象之一，从2014年开始接受投资，2014～2018年是第一轮投资，期间它发展较快，同时照料老人的成本明显降低。绿康医养的社会目的是很清楚的，就是要提供更多、更优质、更便宜的服务，在禹闳资本的帮助下，这一目的得到了很好的实现

我讲的第三个方面是“慈善+金融”，这个对应的是工具是慈善信托。慈善信托是以公益慈善机构为主体的，主要是基金会，所以是慈善放在金融的前面。

《慈善法》对慈善信托有界定。慈善信托很容易理解成捐赠，因为定义里慈善信托就是委托人基于慈善目的，依法将财产委托给受托人，受托人根据委托人的要求开展慈善活动，看起来很像捐赠。

实际上在1601年的时候，英国就提出了慈善信托的概念，原则

上慈善信托就是捐赠。但是我国引进慈善信托以后，特别强调一点，就是它和一般捐赠的区别，大家都认为慈善信托应该有投资的功能，要实现对捐赠资金的保值增值，因此它不是一般的捐赠。慈善信托的受托人主要是信托机构和慈善组织，信托机构更受欢迎，因为在投资方面更专业。

当前全国的慈善信托一共是 1 762 单，总额是 71.4 亿元，不太大，毕竟是新生事物，很多人不是特别了解。浙江省是目前唯一生产总值突破 15 亿元的省份，这个是 2022 年 12 月的数据，今年肯定有增长。

我国的慈善信托有三种模式：第一种是以慈善组织为受托人，这里（图）有两个例子，这两个信托的额度相对比较少，都是 50 万元的金额。信托需要多少钱才可以做？它没有限额，1 万元、2 万元都可以做，没有资金的限制。第二种是以信托公司作为受托人，很多人愿意把慈善信托给慈善信托做，因为它在投资上更有经验。在这种信托里面会涉及很复杂关系，因为信托公司拿了钱可以投资，但是它做不了慈善项目，所以它有两种选择，一是把慈善项目委托给已有的慈善组织来做，比如说委托给基金会；二是自己成立慈善组织，将项目委托给自己的慈善组织来做。第三种是双受托人模式，即同时委托给基金会和信托公司。这种模式在一定程度上破解了第二种模式面临的问题，现在有两个受托人，一个管钱，另一个管项目，这里面也有问题，就是两个受托人如何进行有效协调。

浙江省在慈善信托方面一直走在全国前列，除了信托总额第一，首笔信托和单个金额最大的信托都在浙江，浙江还首创了不动产信托。有人想把房子捐了，但不是说捐了后，这个房子就被消耗掉了，而是要保值增值，要拿用房子赚来的钱的做公益，在这种诉求下就产生了不动产信托。

我今天给大家做了一个比较简单的分享，在发展新质生产力、各个领域大行创新的背景下，金融创新很重要，慈善创新也很重要，两者相结合就会产生一个新的领域“慈善金融”。我们慈善学院本科生培养中有一个方向就是“慈善金融”，我们希望培养一些专业人才，非常欢迎有金融专业背景的同学到慈善学院来读深造。谢谢大家，我的汇报就到这里。

跨层级制度创新的结构与过程——基于保税燃料油混兑业务的个案分析

黄红华*

自党的十八大提出全面深化改革和全面推进依法治国的重要战略部署以来，改革被正式纳入法治轨道。这意味着改革创新需要在现有法律框架下实现突破。同时，随着改革进入深水区，增量改革逐渐减少，存量改革日渐增多，改革意味着对已有体制机制、政策和利益格局的突破，程序更加复杂、进展更加缓慢，成本更加高昂。改革更加强调"摸着石头过河和加强顶层设计的辩证统一"。也就是说，顶层设计和整体规划并不意味着自上而下地发文并逐级贯彻执行即可，越是整体性、根本性、跨层级、多主体参与的改革，越是需要经过慎重地试点，在路径构建、细节排摸、风险评估、成本效益分析的基础上才能进一步推广。因而，自上而下的战

* 黄红华，毕业于浙江大学，获得管理学博士学位；浙江工商大学教授、硕士生导师；现任浙江工商大学公共管理学院副院长、公共政策研究中心主任；兼任浙江省公共管理学会常务理事、浙江省长三角公共服务标准化研究院副理事长；曾挂职担任开发区管委会党群局局长助理、县政府办公室主任助理、设区市商务局副局长等职务，积累了丰富的公共管理阅历与公共政策拟制、实施和评估的经验；主持省部级以上课题10余项，在《中国行政管理》、*Journal of Chinese Governance* 等刊物发表学术论文数十篇，合作出版《从行政推动到内源发展：中国农业农村的再出发》等专著8部，成果获教育部第七届中国高校人文社会科学研究优秀成果一等奖等省部级以上奖励4项。本研究为国家社科基金项目"加强县级党政机构职能统筹的体制机制研究（项目编号：21BZZ011）"的阶段性成果。

略规划如何落实为个别试点，个别试点如何突破现有法律框架，在试点业务基础上形成新的制度规程，并将其完善升级为具有普遍约束力的国家制度规范，就成为一项有意义的研究主题。

本文试图整理作者在政府部门挂职期间的相关一手资料，对中国（浙江）自贸试验区不同税号下保税燃料油混兑调和加工贸易业务政策突破的全程展开分析，描绘在已有政策框架的规范下，一项看似简单的政策突破是如何找准路径，穿透各个层级，协调相关部门，在获得临时授权的基础上开展试验性操作，并最终获得正式试点许可的。基于这一案例分析，本文试图构建一个“法治环境下跨层级政企协同创新”的理论假说，并对此类创新的各层面主体及其改革权力、创新动力、创新方式、改革关注点、改革态度等因素进行系统分析，在此基础上讨论指出实现此类创新降本增效的路径。

一、问题的提出

当前已经有不少实证研究出色地揭示了改革创新的过程。如，在企业创新领域，郑刚等人在对海尔集团案例分析的基础上指出了战略、技术、市场、文化、制度、组织六大要素对创新绩效的重要影响，并归纳了C3IS五阶段全面协同过程模型。其中C3是指接触/沟通（Contact/Communication）、竞争/冲突（Competition/Conflict）、合作（Collaboration），I是整合（Integration），S是指协同（Synergy）[1]。又如，在政府创新领域，陈贵梧在对公安微博案例研究的基础上提出，地方政府创新过程是正式政治与非正式政治耦合的产物，其中非正式政治在创新的接纳阶段起核心作用，正式政治则成为创新扩散阶段的关键推动力，创新的制度化阶段也需要通过非正式政治支持获取政治制度安排[2]；谭海波等人在剖析广东省J市行政服务中心创建过程的基础上整理出“制度冲突—利益表达—民意吸纳—组织回应”的回应性创新模式；郁建兴等人在考察嘉兴市综合行政执法体制改革案例的基础上提出了“方案设计—请示上级—确认授权—实践探索”的请示授权改革模型，并认为地方政府通过这一形式实现了“自主探索”和“设计试验”之间的良性互动。

不少政府创新需要不同层级、不同类别的主体间协同完成。最早提出协同概念的德国学者 Haken 认为协同是指系统中各子系统的相互协调、合作或同步的联合作用及集体行为，产生 1 +1 >2 的效果。与官僚组织内部创新不同的是，多主体协同创新具有整体性和互动性，需要在创新过程中实现互惠知识共享、资源优化配置、行动最优同步和系统高度匹配，经历一个“沟通—协调—合作—协同”的过程。李林等人的研究发现，协同创新主体间的合作主要受政府惩罚力度、采取的惩罚机制以及创新主体采取投机行为所产生的生产成本的影响[6]。也有研究表明，协同创新还受不同主体间利益关系、利益实现机制、政策协调机制、风险控制机制、创新激励机制和绩效评估机制[8]等因素的影响。俞可平分析了 8 届中国地方政府创新奖 178 个案例后指出：对于政府创新的持续性而言，上级政府的支持是关键，创新绩效和民众支持是合法性基础，法律和制度是保障，良好的舆论氛围是温床[9]。这些研究都不同程度地揭示了协同创新的机理和影响因素，但政府协同创新的过程研究仍然太少，尚不能全面揭示其丰富形态和普遍机理。

法治环境下，政府创新的空间受限，改革的约束增加。在熊彼特看来，创新是创造性破坏。现有的秩序和经济社会结构要由制度来维护，破坏现有制度必然会带来一定的风险，而且创新性越强，不确定性越大。因而在法律、制度和创新之间存在一种张力[10]。制度创新必然要在收益与风险之间寻求平衡，甚至追求以最小的制度创新和政策突破获得最大的收益，因而存量改革比增量改革更倾向于审慎。早期地方政府创新的制度环境是“不管白猫黑猫，抓到老鼠就是好猫”，允许实践与现有基础制度不一致的制度尝试；党的十八届四中全会之后的制度环境是“全面依法治国”，所有创新必须先获得临时授权的制度“豁口”，才能进行创新。因而党的十八届四中全会以后的地方政府创新比早期的总体空间小。就同期地方政府创新而言，之所以政治类创新比行政类、公共服务类和社会管理类创新要少得多[11]，也是因为前者比后者受制度环境的约束更大。同理，从创新层次来看，地方政府创新中的机制创新占比最高，制度创新相对较少，制度、机制、技术三者兼具的复合型创新则乏善可陈[12]，都是因为在法治环境下，要突破既有制度规范是不容易的。在依法治国和改革进入深水区的双重背景下，存量改革需要自下而上和自上而下双向多轮互动才能达成一致。政府创新的具体过程研究越来越重要，只有揭开“黑箱”才能形成对实践有指导意义的政府创新理论。然而当前能够系统阐述政府创新的双向互动过程的研究成果并不多见。

基于以上分析，本文试图通过典型的案例描述和解析，探讨以下问题：法治环境下，跨层级政企协同创新要经历哪些具体环节、突破哪些层级？不同层级的主体在政企协同创新中分别关注什么问题，拥有哪些权力，扮演什么角色，如何形成动力，采用什么方式推动改革？上述问题的答案有利于回答以下问题：如何更有力地推进法治环境下跨层级政企协同创新？

二、案例描述：保税燃料油混兑业务政策突破历程

油品保税混兑调和业务是在中央战略规划下，在实践过程中提出来的。舟山是一个海港城市，宁波舟山港的货物吞吐量已经连续十年世界第一，中国港口外贸货物吞吐量大约是新加坡的6倍，而保税船用燃料油供应量仅为新加坡的1/5。宁波舟山港一年有超过6 000 艘次的国际航行船舶进出港，2 万艘万吨以上国际航行船舶途经舟山海域，保税船用燃料油供应业务发展潜力巨大。早在2013 年国务院批复的《浙江舟山群岛新区发展规划》（以下简称《规划》）中，就明确了舟山“开展保税油供应业务，提高对国际性船舶加油补给服务能力，打造船用燃料油供应基地”的任务，但《规划》并没有给出具体实现路径。现实是，舟山缺乏燃料油生产能力，燃油必须从新加坡等地进口，燃油加注缺乏价格优势。在总结实践经验和进行比较研究之后，舟山市政府在 2014 年的《关于支持外贸稳定增长的若干意见》中提出了“积极拓展油品混兑业务……允许企业同一税号下保税燃料油混罐混兑经营，继续争取不同税号下油品混兑政策”的路径。

燃料油混兑调和，是指企业根据市场需求及产品标准，将不同成分的原料油品按照测算比例，在油罐中经混兑调和成燃料油。在舟山成功开展燃料油混兑调和业务，就可以不必从国外进口调和燃料油，从而降低油品价格、增加供油品种，逐步形成相对于新加坡的竞争优势。

基本明确政策突破的总体方向之后，舟山市通过请示和申报路径将其写入国家战略规划文件中。2016 年 10 月，舟山群岛新区海洋产业集聚区管委会同时向市商务局和舟山海关发函，要求上报在

舟山开展不同税号下保税燃油调和业务试点的请示，并附上新加坡关于不同品种油品的调和方案。同年 11 月，舟山市商务局向浙江省商务厅提出请示。2017 年 4 月，国务院印发了舟山市和浙江省参与编制的《中国（浙江）自由贸易试验区总体方案》，明确了“在符合监管条件的前提下，允许注册在自贸试验区内的企业开展不同税号下保税油品混兑调和”。这意味着不同税号下保税油品混兑调和的路径已经得到中央首肯，接下来的任务是研究如何落地。

实现战略规划落地，需要开展市场调查和政策研究工作。舟山市政府指定由市商务局牵头，会同舟山海关、综保区等多个部门组成专项工作组，并高薪聘请一位“油品高管”，进行专门的政策研究分析，提出政策突破的路径。研究发现，政策障碍主要在于商务部和海关总署出台的加工贸易禁止类商品目录[①]和海关监管模式[②]等对原料进口和加工场地方面的限制。2017 年 5 月，市商务局会同多方并与浙江省商务厅和国家部委沟通，完成了不同税号保税油品混兑调和原料清单、混兑调和方案和政策障碍梳理等工作，得到了商务部的初步支持。

明确政策障碍和突破路径后，还需要通过试验操作形成具体方案。2017 年 7 月，浙江省级相关部门、舟山市部门、中石化舟山公司等多方会商，确定了保税加工和保税物流两条突破路径。市政府召开协调会，确定在保税物流项下试做一单混兑试验，并以会议纪

---

① 商务部和海关总署发布的《加工贸易禁止类商品目录》（公告 2014 年第 90 号）中禁止进口目录中包括“5 – 7 号燃料油，不含生物柴油”等条目。

② 海关总署在《关于修改部分规章的决定》（海关总署令第 227 号）中的《中华人民共和国海关对保税物流中心（B 型）的暂行管理办法》中有“中心内企业不得在物流中心内开展下列业务：……；（二）生产和加工制造”的规定。

要的形式明确了各方明确任务。2017 年 8 月，中石化浙江舟山石油有限公司在兴中公司的油罐内混兑调和出 380CST 燃料油，每吨价格较同期国内减少 5 美元。2017 年 10 月，舟山市领导率市商务局等部门赴海关总署沟通，获得海关总署支持，并被要求提出更为具体的执行方案。

政策突破路径需要在跨层级跨部门对接中不断调整。2017 年 11 月，海关总署、商务部联合调研组到舟山调研，确定不同税号的油品调和属于实质性加工，不适用于保税物流模式。市商务局据此调整研究方向，经多次征集企业意见，寻求保税物流模式的突破路径，列出保税燃料油调和原料清单，然后根据调和原料清单梳理是否属于加工禁限类目录，是否需要进口资质与配额等具体问题，提出解决方案。

确定突破方案后还需要对此进行可操作性的实施细则。2018 年 3 月，舟山市领导带领相关人员赴杭州海关，提出将保税燃料油混兑分为两阶段开展，前一阶段同税号项下，走保税物流方式，后一阶段走加工贸易，去掉有进口资质、进口配额、进口使用权和使用量的原油，形成了可操作的方案。方案报商务部和海关总署并获得基本同意。2018 年 4 月，经过多次修改的方案正式上报商务部和海关总署。并同步上报《中国（浙江）自贸试验区保税燃料油混兑实施方案》和《浙江自贸试验区保税油加工全流程监管体系建设工作汇报》等文件。2018 年 6 月，舟山市商务局根据相关部门意见反馈，赴商务部，就混兑加工的区域范围、混兑后产品流向、混兑加工企业和经营企业的资格条件等内容进行沟通，此后编制了《浙江自贸区企业办理保税燃料油混兑加工贸易生产能力证明的指引》，对加工经营企业备案流程进行了规范。

政策突破方案得到批复后立即着手实施。2018 年上半年，浙江省商务厅向商务部转报中国（浙江）自由贸易试验区开展保税燃料油混兑调和加工贸易业务的请示。2018 年 7 月 4 日，商务部办公厅经商海关总署同意，复函浙江省商务厅①，正式同意在自贸区管委会指定的符合条件的监管场所内开展保税燃料油混兑调和加工贸易业务，并允许进口原规定禁止进口的六种油品加工原料。批复同时对开展业务的企业资质和数量、生产安全、环保标准、产品质量、监管责任、产品出口、试点情况汇报等方面提出了要求。随后，舟山市成立专项工作领导小组来协调落实这项工作，中国（浙江）自由贸易试验区管理委员会出台保税燃料油混兑调和试点方案。2018 年 8 月 24 日，首单不同税号下保税油调和完成，产生约 4.5 万吨保税油。

试验成功后获得批复正式开展试点工作并形成监管方案。2019 年 1 月和 4 月，中国（浙江）自由贸易试验区管委会根据商务部批文中“严格控制企业资质和数量”的要求，分别批复同意浙江自贸区中石油国际事业有限公司和浙江海洋石油仓储有限公司等企业试点开展不同税号下保税燃料油混兑调和加工业务，在企业、库区、原料品种三指定原则下开展工作，并在试点中形成监管方案。政策突破之后，舟山市场需求快速增长，2018 年加注量接近 360 万吨，成为中国第一大加油港，并跻身全球十大加油港之列。

---

① 商务部办公厅．关于中国（浙江）自由贸易试验区开展保税燃料油混兑调和加工贸易业务复函（商办贸函〔2018〕223 号）．商务部官网，2018－07－04．网址：http：//wms.mofcom.gov.cn/article/zcfb/g/201810/20181002797376.shtml.

这项政策突破有三大特点。一是调整了原国家规定的加工贸易禁止类目录限制，一些参与混兑的重要原料不受禁止类目录的限制；二是不再受限于自贸试验区范围，注册在浙江自贸试验区内的企业可以在自贸试验区管委会指定的符合监管条件的库区内开展混兑业务；三是突破了混兑后产品只能用于船舶加油的限制，在一定条件下，混兑产品可以批发出口。我们可以预见，如果试点成效明显且推广风险可控，这项政策突破将作为自贸试验区的经验在全国港口推广①。

三、跨层级政企协同创新的过程

上述案例描述的是由企业、县级功能区、地级市及其部门、省级部门、中央部委等多层级主体共同参与的政策突破和政府创新。在这个创新过程中，既包含了自下而上提出创新诉求、探索突破路径、形成试点方案、试验具体操作、拟订新规范的过程，又包含自上而下指导创新、授权试点和变通监管的过程，还包含横向各部门之间的沟通协调过程；这一创新并非一次达成，而是上上下下、反反复复，不断探索、试错与调适的过程，是一项跨层级多回合的政企协同创新。

从案例描述可知，这一跨层级多回合的政企协同创新经历了“形成诉求—列入战略规划—探索政策突破路径—拟订和调整方案—开展实验和拟订操作细则—请示并获批复实施—正式开展试点—形成正式方案、操作细节和监管方案”的过程，并将经历“总结经验—推广经验—修订制度规范—下一轮突破”的后续阶段（见图1）。

---

① 截至2019年4月，全国自由贸易试验区已有5批经验得到国务院发文，在全国推广。

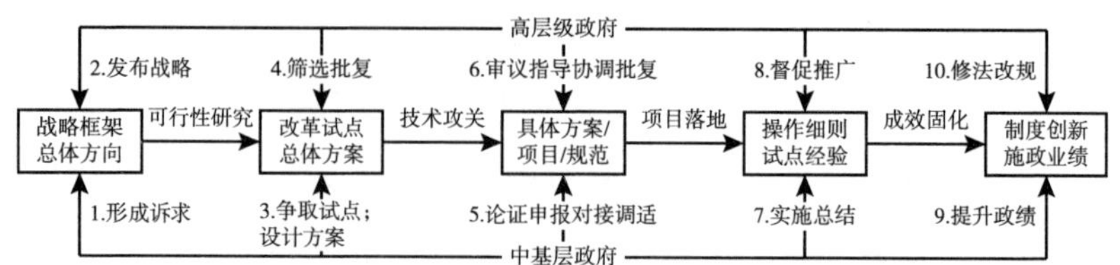

图1　法治环境下的地方政府创新流程

资料来源：笔者自制。

其中，战略构建往往是结合国际国内宏观背景和地方现有基础和条件提出的，具有较强的原则性和目标性。战略构建表面上是由国家制定，但实际上包含了自下而上层层梳理反复调整并逐级上报的过程。这种战略建构是后续制度改革和政策突破的依据，相关职能部门只有在这种战略建构下才有可能积极支持下级政府和部门的改革需求，允许他们探索改革路径。一个证据是：在国务院批复各自贸试验区总体方案之后，国家各相关部委都陆续出台支持自贸试验区建设的若干措施，各省市也积极出台实施方案和地方条例。

政策突破路径通常要自下而上地提出，因为一方面当地政府、企业及相关社会组织更加了解一项创新应该如何操作、会遭遇哪些障碍，另一方面自下而上由“问题导向”提出的改革方案对原有制度的修改最小，不确定性和风险也最小。最为关键的是，通常只有当地政府、企业和相关社会组织积极主动地去争取和试点的政策突破，才是真正值得跨层级跨部门去协同实现的。

为了明确具体的突破路径并形成方案和操作性规范，有时需要进行试验操作。而试验操作通常需要打破原有的制度规范，这就需要相关部门在协调一致的前提下，以会议纪要或领导批示等非正式的文件为试验打开临时通道。

如果试验成功、方案确定，接下来就要落实到实施细则上，因为只有方案和细节都比较清晰可行的情况下，才能让上级部门看到试点和改革的成本和收益、看到风险是否可控，才能判断试点改革是否会形成政策洼地、影响国际国内的竞争格局，才更有可能得到规范制定者（通常是国家部委）的正式发文批复。通常，对国外能形成竞争优势、对国内各地区公平竞争不产生重大影响、可以把经济总量和总收益做大、风险可控的试点创新更容易获得国家部委的支持。

正式发文批复允许试点，意味着政策突破取得了初步成功。下一步需要在试点的基础上，进一步扩大改革成果、减少改革风险、形成具体的经验和规范。如果说争取试点的积极性在当地政府和企业，那么试点推广的积极性则主要在高层级政府和部门。通常情况下，当地政府和企业都希望试点经验迟些时候推广，以便当地能够享受更长时间的政策洼地效应，获得更多超额利润。而高层级政府和部门则希望尽可能快地把成熟的试点经验进行推广，增强全国各地的国际竞争力、减少试点地区政策洼地效应带来的不公平竞争。

至此，我们已经可以理解：为什么已经有顶层设计或者整体规划的改革，也往往不能简单地自上而下逐步推广，而是需要自下而上探索具体的改革路径，找出需要调整的政策条文，并通过试点工作形成操作细则，评估改革的收益和风险。只有从市场操作层出发，才能更好地以问题导向，逐级向上探索开展某项特定业务所要突破的梗阻。而且自下而上地进行政策突破，因为针对性强，不会触动更多的制度，因而相对保守、风险敞口相对较小。

在这个案例里，中央政府主要负责战略规划拟订，国家部委和省级政府及其部门主要掌管法律规范，地市和区县（功能区）政府和部门能够接触到企业、制订实施方案以及在政策实施中进行变通执行，而企业则熟悉市场运作的细则、能够使政策突破落地。所有这些环节以及各层面的主体缺一不可，通过反复互动，使政府创新实现了战略规划、法律规范、实施方案、操作细则之间的协同。

四、跨层级政企协同创新中各层面的改革特征

由上可知，一项跨层级的政企协同创新，需要经受战略规划层、法律规范层、行政监管层、市场操作层四个层面的考验并获得认可。改革的成败，受四个层面的改革态度、改革权力、创新动力、创新方式等因素的影响。

从各层次拥有的改革权力来看，战略规划层作为中央机关，往往具有拟定总体战略规划的权力；而法律规范层以中央部委和地方法规制定部门为主，具有修订制度和通用规范的权力；行政监管层通常是市县级具有直接行政监管和执法权的部门，拥有制订和执行实施方案的权力；市场操作层是指一线企事业单位和社会组织，具有实践操作的权力。

从改革创新的动力来看，战略规划层的动力主要来自国际国内的压力；法律规范层的改革动力通常包括来自战略规划层要求贯彻执行的压力和来自行政监管层请示汇报的压力；行政监管层的改革动力主要来自改革带给当地的经济社会效益，也可以说是来自实际政绩，有调研表明，68.4%的中基层政府领导干部具有强烈的创新意愿[3]；市场操作层的改革动力是通过改革获得超额市场收益或超额利润。

从创新方式来看，战略规划层通过调整战略规划实现，法律规范层通过修订制度规则实现，行政监管层通过开辟临时通道和变通执行实现，市场操作层则通过规避制度约束来实现。

从风险特征和改革态度来看，战略规划层因为多数是原则性规定，改革的现实风险较小，所以改革较为积极；法律规范层一旦发生风险，其影响范围可能是广泛的，同时他们要考虑政策调整对利益失衡和社会公平性带来的影响，还要考虑改革试点的推广价值，因而对改革通常抱有审慎的态度；行政监管层发生风险的概率较高但风险可控，且出于政绩和地方利益的需要[13]，政府会体现出积极的改革态度；市场操作层往往是风险的直接爆发点，但因为他们对风险的感知比较灵敏，能使风险基本可控，同时又有超额利润刺激，因而通常有很迫切的改革诉求（见表1）。

表1　　跨层级协同创新中各层面的改革特征

	改革权力	创新动力	创新方式	改革关注点	风险特征	改革态度
战略规划层	确定方针 战略规划	国际国内压力	战略调整	抢抓机遇 回应社会	现实风险较小	稳中求进
法律规范层	修改制度 规范	双向行政压力	修订规则	把控风险 公平有效	风险影响面广	审慎
行政监管层	制定方案 监督执法	经济社会效益	变通执行	政绩显示 当地效益	风险概率较高	积极
市场操作层	一线操作 细则落地	超额市场收益	规避制度	超额利润	风险可控性强	迫切

资料来源：笔者自制。

五、讨论：跨层级政企协同创新如何降本增效?

从案例分析中，我们可以清晰地看到，即使以2014年提出“继续争取不同税号下油品混兑政策”作为政策突破的起点，到2018年商务部批复正式试点作为终点，这项政策突破也已经跨越了

4年时间。在这期间，舟山市政府及相关部门多次跑省城、京城、园区、企业，耗费了大量的人力物力和时间。跨层级政企协同创新历时长、成本高的原因包括：它往往需要穿透战略规划层、法律规范层、行政监管层、市场操作层，需要在战略规划的认同和指导下用新的操作细则、监管方案、法律规范代替旧的一套体系，前列各个环节相互嵌套并往往在法律规范层面遇到瓶颈。因此，有一个问题值得我们进一步探讨：如何降低跨层级协同创新的成本，增加创新效率？以下我们结合案例提出几条可行的路径。

第一，法治环境下的改革要求提高“制度变迁第一行动集团”的层级。改革创新一方面要放权，另一方面承担改革责任的层级不能太低，否则改革牵头主体能级太小，小马拉大车的能耗太大、往往会导致改革受挫。已有研究表明，近年来副省级城市和省级政府的创新日益增多[14]，地市级和区县级政府的创新案例最多[15]，而且地市级创新的案例占比在上升，区县级创新的案例在下降：第一至五届地级市入围案例占所有案例的42.10%，区县案例比重为48.24%[12]；第一至七届则分别为44.93%和33.65%[11]，乡镇政府创新则呈衰减趋势[15]。地市级和区县政府创新最多，固然是因为它们同时接受来自系统内外的压力，拥有更多创新动力，而且具备完整的职能与较强的财政实力；但地市级、副省级及省级政府创新比重上升的一个重要原因，是因为它们更接近高层，对战略规划层和法律规范层更具有影响力和协调能力；而乡镇政府创新的衰减，则显示了它在法治环境下，通过协调战略规划层和法律规范层来实现制度改革和政策突破的极度困难性。

第二，应该从改革动力最弱、态度最审慎的法律规范层入手，强化其改革创新的主导责任。法律规范层的职能部门处于较高的行政层级，拥有一批高素质的研究机构和科研队伍，由他们主导改革进程，主动指导低层级政府及其部门理解现有制度规范的意图和实现技术，告知当地政府部门和企业突破现有制度规范存在的风险，帮助低层级政府更快地了解改革的壁垒和突破路径，能够有效减少改革创新的弯路，有力协调低层级政府和部门进行协同创新，也能使低层级政府产生紧迫感、增强其创新的积极性。

第三，跨层级的协同创新要求以“群”组织形式代替科层制工作形式。这种组织形式可以减少协调的层级和时间，减少因不同层级意见不一致带来的改革方案的反复与停滞不前。目前，政府最常见的协调形式是各种领导小组、委员会或指挥部[16]，它更多的是一种横向协调机制[17]，一般只是跨两个层级。对于当前制度变迁需求和探索试点在低层、政策突破和规范调整权限在高层的协同创新而言，这种协调机制是低效的，容易造成低层级政府盲目探索和不断遭遇瓶颈，损伤改革创新的积极性，也容易滋生高层级政府及其部门的官僚主义，将改革重担甩给底层政府及其部门，难以感受低层级政府创新试点的困难。在当前信息技术支持下，建立一种基于“群”的扁平式协调机制，开展实时沟通、协调、讨论，有助于极大地提升沟通协调效率。但建立工作群的条件是，改革的责任主体层级要高，而且高层级政府工作人员愿意放弃等级制的沟通协调方式，主动改良工作作风。

参考文献

[1] 郑刚，朱凌，金珺．全面协同创新：一个五阶段全面协同过

程模型——基于海尔集团的案例研究［J］. 管理工程学报，2008（2）：24－30.

［2］陈贵梧. 地方政府创新过程中正式与非正式政治耦合研究——以公安微博为例［J］. 公共管理学报，2014（2）：60－69.

［3］郁建兴，黄飚. 当代中国地方政府创新的新进展［J］. 政治学研究，2017（3）：88－103.

［4］何郁冰. 产学研协同创新的理论模式［J］. 科学学研究，2012（2）：165－174.

［5］陈劲，阳银娟. 协同创新的理论基础与内涵［J］. 科学学研究，2012（2）：161－164.

［6］李林，袁也，刘红. 协同创新主体合作的演化博弈及政府干预的仿真［J］. 运筹与管理，2018（6）：14－20.

［7］刘刚. 政府主导的协同创新陷阱及其演化——基于中国电动汽车产业发展的经验研究［J］. 南开学报（哲学社会科学版），2013（2）：150－160.

［8］张钦朋. 产学研协同创新政府引导机制研究——基于“2011计划”实施背景［J］. 科技进步与对策，2014（5）：96－99.

［9］俞可平. 中国地方政府创新的可持续性（2000—2015）——以“中国地方政府创新奖”获奖项目为例［J］. 公共管理学报，2019（1）：1－15.

［10］陈科霖，谷志军. 论中国地方政府创新的十大关系［J］. 深圳大学学报（人文社会科学版），2018（6）：74－82.

［11］戴祥玉. 我国地方政府治理创新的主要差异与共性要素检视——基于七届“中国地方政府创新奖”获奖项目的分析［J］. 长白学刊，2018（6）：67－72.

[12] 杨雪冬．过去10年的中国地方政府改革——基于中国地方政府创新奖的评价 [J]．公共管理学报，2011 (1)：81－93.

[13] 曹龙虎，段然．地方政府创新扩散过程中的利益契合度问题——基于H省X市2个综合行政执法改革案例的比较分析 [J]．江苏社会科学，2017 (5)：104－115.

[14] 何增科．中国政府创新的趋势分析——基于五届“中国地方政府创新奖”获奖项目的量化研究 [J]．北京行政学院学报，2011 (1)：1－8.

[15] 吴建南，马亮，杨宇谦．中国地方政府创新的动因、特征与绩效——基于“中国地方政府创新奖”的多案例文本分析 [J]．管理世界，2007 (8)：43－51.

[16] 刘新萍，王海峰，王洋洋．议事协调机构和临时机构的变迁概况及原因分析——基于1993－2008年间的数据 [J]．中国行政管理，2010 (9)：42－46.

[17] 朱春奎，毛万磊．议事协调机构、部际联席会议和部门协议：中国政府部门横向协调机制研究 [J]．行政论坛，2015 (6)：39－44.